Pietro Missiaggia (Ed.)

Jean Thiriart, el caballero euroasiático y la Joven Europa

Compilado por
Pietro Missiaggia

Traducción por
Ángel Fernández Fernández

🔲 Hipérbola Janus

Jean Thiriart, el caballero euroasiático y la Joven Europa

Primera edición: marzo 2025
Ejemplar impreso bajo demanda.

ISBN: 978-1-961928-24-4 (Tapa blanda)
      978-1-961928-25-1 (Tapa dura)

Obra original:
Pietro Missiaggia (Ed.), *Jean Thiriart, il cavaliere eurasiatico
e la Giovane Europa*, Milán: AGA Editrice, 2021

Hipérbola Janus no se responsabiliza de las opiniones expresadas por el autor ni tiene por qué compartirlas en su integridad.

Hipérbola Janus

hiperbolajanus.com | info@hiperbolajanus.com | ○❶⊗ @HiperbolaJanus

Índice general

Prólogo

- Ángel Fernández Fernández

Esta obra que el lector tiene entre sus manos constituye un trabajo original publicado en italiano sobre la fascinante figura del político belga Jean Thiriart en septiembre de 2021. Existen unas pocas obras publicadas en lengua castellana sobre la figura y la obra del mencionado autor, y todas ellas acometidas por un puñado de editoriales que, como en nuestro caso, han tomado una línea que es diametralmente opuesta a los contenidos que vienen a sancionar los discursos hegemónicos que se nos propone desde el actual orden de cosas.

Abordar un tema tan complejo y con necesidades tan urgentes como es la idea de Europa como modelo de civilización no siempre es fácil, y más cuando nos hallamos inmersos en pleno cambio de paradigma, con un caos geopolítico global e incertidumbre absolutos. De modo que, dentro de este itinerario, y siempre desde la senda del visionario, tomamos la obra de Jean Thiriart para ofrecer al lector español un discurso diferente, una forma distinta de concebir Europa más allá de las antítesis políticas y los clichés ideológicos que aquellas mentes más adormecidas, que podríamos llamar «bienpensantes», son capaces de vislumbrar. Una perspectiva de Europa que es, al mismo tiempo, totalmente desconocida por parte del gran público, que también ha sido denostada e incomprendida, deliberadamente o no, por multitud de detractores, pero que no se ajusta a etiquetas ni es ajustable al pensamiento político actual, concebido como compartimentos estancos, carente de toda forma de dinamismo y constreñido por los habituales y anodinos discursos políticos de nuestra época.

Pero en este libro el lector no solo va a encontrar referencias biográficas del autor, de Jean Thiriart, y de su pensamiento político, sino que también va a tener acceso al conocimiento de una forma de disidencia que permaneció silenciada y reducida a una serie de «acciones extremistas», sin tener en cuenta el contenido de las ideas y las acciones del órgano político que sirvió a nuestro autor para canalizar todo su proyecto político a escala continental: *Jeune Europe*. La ágil lectura que nos ofrecen estas páginas nos ayudan a desentrañar ciertas connivencias ideológicas y «compañeros de viaje inesperados» que se fueron gestando en la Italia de los años 60 y 70, durante los terribles años del plomo.

Jean Thiriart apostó por las sinergias y los entendimientos, desde un planteamiento, quizás, excesivamente geopolítico, como dirán algunos de sus críticos, pero sentó las bases de una idea de Europa alternativa a los dos bloques que fragmentaron nuestro continente, USA y la URSS, y propuso un planteamiento combativo y revolucionario para tratar de revitalizar a una Europa decadente y subyugada a través de vías extraparlamentarias, al margen de las democracias liberales de la Europa occidental, todas postradas ante el atlantismo y serviles al imperialismo estadounidense. La vía revolucionaria encontró su modelo de acción con la mencionada organización transnacional *Jeune Europe*, que se caracterizó por su disciplina interna, su dinamismo y de acción proselitista, con la firme intención de generar un movimiento revolucionario que implicase a los europeos de la época, con una acción armada y de resistencia contra los ocupantes ilegítimos. Y como siempre ocurre en estos casos, *Jeune Europe* también fue una escuela de cuadros, a partir de la cual, y tras su disolución, proporcionó «material humano» a otras organizaciones que, desde diferentes enfoques ideológicos, trataron de minar las bases del sistema imperante. Un buen puñado de jóvenes con diferentes orientaciones ideológicas nutrieron las bases de este movimiento paneuropeo en sus respectivas delegaciones, cuyas ramificaciones se extendieron por toda la Europa occidental, alcanzando también nuestro país, España, donde se constituyó la asociación en Santander, de la mano de Pedro Vallés Gómez y José Antonio Camporredondo Iglesias en el año 1964.

Desde Hipérbola Janus, y en particular de quien escribe estas líneas, debemos confesar que somos críticos con ciertos planteamientos de Jean Thiriart, especialmente con aquellos que proceden del liberalismo, a pesar del eclecticismo y profundo pragmatismo que caracterizó el ideario del pensador belga. No obstante, no podemos dejar de reconocer la honestidad intelectual de Jean Thiriart y su inquebrantable voluntad, así como su altura de miras, al concebir primero la Europa nación, desde Brest a Bucarest, y posteriormente, como parte del proyecto euroasiático, desde Dublín a Vladivostok.

Enero-febrero 1966. Año IV, nº 1-2 — impreso en Roma

Una vida por Europa. El renacimiento de un pensamiento

- Pietro Missiaggia

Muchos de los que han vivido en Italia y en Europa durante aquel periodo que abarca desde los años 60 hasta los años 80, periodo en el curso del cual se superpusieron acontecimientos como el Mayo del 68 y los llamados «Años del Plomo», recuerdan muy bien la figura de Jean Thiriart y de su movimiento: *Jeune Europa*, conocido en Italia con el nombre de *Giovane Europa* nació y se disolvió antes de los «Años del Plomo» pero también contribuyó después de su disolución a formar a generaciones de militantes (especialmente en el llamado universo del «extremismo de derecha»). Los textos de Thiriart y las publicaciones de su organización fueron leídos con pasión por muchos militantes de la época hasta los años 80, cuando el nombre se puso de moda con la teorización del «imperio eurosoviético desde Vladivostok a Dublín», y Thiriart continuaba siendo apreciado en el universo de las realidades políticas militantes europeas así como en la ex-URSS.

Hoy, después de casi 30 años de su muerte, acontecida en 1992, la figura de Thiriart ha vuelto a tomar impulso; como dijo el profesor Claudio Mutti (que fue, en la época, seguidor y pupilo) hoy se asiste a un auténtico «renacimiento y redescubrimiento del pensamiento thiriartiano».

En Italia y en Europa el fenómeno se viene comprobando desde hace al menos una decena de años: en 2011 fueron publicados dos trabajos, *Da Giovane Europa ai Campi Hobbit*, de Giovanni Tarantino, en el que se narra la recepción de la acción política de Thiriart y de su organización en nuestro País; y una nueva traducción del texto thiriartiano más significativo —al menos por la generación formada entre los años 60-80— *L'Europa*, aparecido por primera vez en italiano en 1965 gracias al editor Volpe.

En 2017 tiene lugar la publicación de un texto precioso de Alfredo Villano, *Da Evola a Mao*, en el cual se aborda también el papel que la *Joven Europa* tuvo en la formación política de los que abandonaron el *Movimento Sociale Italiano* así como otros movimientos extraparlamentarios como «*Lotta di Popolo*». También en 2017 se publicó la traducción italiana de un escrito autobiográfico de Roger Coudroy, *Ho vissuto la Resistenza Palestinese*. Coudroy, militante del movimiento de Thiriart, ha combatido al lado de los palestinos y ha sido el primer europeo en caer por la justa causa de la lucha de liberación emprendida por este pueblo contra la ocupación sionista.

En 2018 las Edizioni all'Insegna del Veltro (Parma), fundada y dirigida por Claudio Mutti, publicaron un texto inédito de Thiriart, *L'Impero euro-sovietico da Vladivostok a Dublino*. En 2020, a través de la misma editorial, ha visto la luz el primer texto monográfico sobre Thiriart, *L'Europa come rivoluzione*.

Fuera de Italia, han ido apareciendo nuevas ediciones de los escritos de Thiriart por toda Europa: especialmente en España, pero también en Francia (a cargo de la casa editorial Ars Magna) y en el mundo anglófono, comprendida Australia (a cargo de Arktos Media Ltd. y de Manticore Press). El continuo florecer de publicaciones constituye el testimonio directo sobre el papel del renovado interés suscitado por la figura de Thiriart y sus ideas.

Pero este *revival* pertenece solo a algunos circuitos del pensamiento a contracorriente, y todavía muchos, especialmente entre las nuevas generaciones, ignoran del todo la figura y la obra de Thiriart. De modo que se hace necesario aportar luz sobre su biografía, sobre los fundamentos de su pensamiento y especialmente responder (o mejor dicho, tratar de responder) a una cuestión de base: «¿Es actual todavía el pensamiento de Thiriart en el siglo XXI? ¿Es posible todavía la idea de un Imperio eurosoviético desde Vladivostok hasta Dublín?».

Se intentará responder a tales interrogantes en esta breve introducción que debe servir al lector profano para orientarse en los capítulos que siguen.

Una vida aventurera

La vida familiar

Antes de hablar de las ideas de Thiriart es necesario clarificar aspectos de su vida, tanto como hombre como militante, y tratar de esbozar una imagen de su personalidad.

Jean-François (después simplemente Jean) Thiriart nació en Bruselas el 22 de marzo de 1922 en el seno de una familia originaria de Lieja. Las pocas informaciones disponibles de su juventud que se pueden encontrar, así como en sus escritos (donde, de vez en cuando, habla de su vida pasada), en dos obras monográficas que se le han dedicado: *Qui-suis je? Thiriart*, redactada por su amigo y biógrafo oficial Yannick Sauveur; y la ya citada *L'Europa come rivoluzione* de Lorenzo Disogra (la cual, sin embargo, se centra poco en los orígenes familiares del personaje).

La familia de Thiriart es definida en los escritos y las obras que le conciernen simplemente como una familia «de la pequeña burguesía belga, anticlerical, con una orientación liberal de izquierdas»[1]. En términos generales la definición es correcta; el padre, Émile, nació en 1883 y era un representante comercial. Se casó con una mujer más joven que él, a la que sacaba 15 años, Fernande Alphonsine Müller (después Miller), de orígenes luxemburgueses y procedente de una familia de condición modesta (el padre, Pierre, ejercía de zapatero).

La personalidad de la madre fue una fuente de grandes tensiones

---

[1] DISOGRA, *L'Europa come rivoluzione*, pág. 17.

para el joven Jean: de vez en cuando, a lo largo de su vida, se habría lamentado. De hecho, la mujer tenía un carácter caprichoso, dominante y muy agresivo: una característica, esta, que fue heredada por el hijo. A consecuencia de sus fuertes personalidades se producían duros choques con frecuencia, al menos verbalmente[2]. Además, la madre tuvo una vida sentimental bastante agitada, frecuentando la compañía de numerosos amantes, y en los años precedentes a la Segunda Guerra Mundial se divorció de Émile para volver a casarse con un judío alemán (que morirá durante la guerra tras una operación de limpieza): según algunos fue este segundo matrimonio el que influenció, bajo el aspecto personal, el paso de Thiriart de la izquierda socialista al nacionalsocialismo durante el periodo bélico[3]. En cuanto al padre biológico, serán Jean y su mujer Alice quienes se ocupen de sus hijos, aunque no recuerdan al abuelo como una persona particularmente afectuosa[4].

Como la madre, también Jean tendrá dos matrimonios. El primero, con Elizabeth Requette, siete años mayor que él, resultó menos feliz. La pareja no superó diferentes dificultades de relación, acentuadas por la prisión repentina de Jean después de la guerra bajo la acusación de colaboracionismo: el divorcio, en agosto de 1956, fue inevitable. Thiriart supo demasiado tarde que su mujer padecía de problemas neuropsicológicos que comprometían su salud mental, lo que le llevó a afirmar que si lo hubiera sabido antes no se habría divorciado.

Sin embargo, a pesar de las traiciones ocasionales y los frecuentes desencuentros, soñaba con formar una familia estable; en cualquier caso nunca perdió la estima y el respeto en los enfrentamientos con su ex-mujer. Después del divorcio, iba a su encuentro con frecuencia para apoyarla en sus necesidades, sin tolerar nunca comentarios ni chismes. Con ella tuvo tres hijos: Jean-Claude-Alexander (fallecido en abril de 1942 a la edad de cuatro meses), Philippe (nacido en

---

[2] SAUVEUR, *Qui-suis je? Thiriart*, pág. 11.
[3] THIRIART, *L'Impero euro-sovietico da Vladivostok a Dublino*, pág. 177.
[4] SAUVEUR, *Qui-suis je? Thiriart*, pág. 12.

1943) y Frédérique (nacida en 1948)[5].

El segundo matrimonio, con Alice Thyssens, salió mucho mejor: como dice Yannick Sauveur, Alice, «más que su mujer, será su cómplice, participando totalmente en su vida, también en el plano profesional y político». En el funeral de Thiriart, en 1992, Alice confirmaría a Philippe Thiriart que había pasado una vida maravillosa junto a su padre; además, en más de una entrevista dará testimonio de su incesante apoyo al marido y a sus ideas políticas[6].

Alice estuvo al lado de su marido también en diversos viajes completados en el curso de los años 60 por Europa Oriental, especialmente en Rumanía, pero también en la DDR[7]. Además, Alice, en 1992 participará en el último viaje del marido (tres meses antes de su muerte) a Moscú, donde encontrará a los exponentes de la oposición al recién nacido gobierno postsoviético de la Federación Rusa de Boris Yeltsin[8]. Por mucho que Alice se sintiera orgullosa y altiva respecto a su marido, no obstante, también estaba preocupada por el hecho de que el virus de la política le afectara de nuevo. Temía que después de haberse retirado de la vida política por un periodo de cerca de veinte años, hasta su vuelta «en calidad de teórico», como afirma Disogra en *L'Europa come rivoluzione*, se afanase en la constitución de un nuevo movimiento — algo que no suponía una alegría para su mujer y para la voluntad del propio Thiriart, cansado de perseguir a los jóvenes, como veremos más adelante[9].

Las voces que afirmaban que *Jeune Europe* (Joven Europa) habría estado financiada por la fortuna de la familia de Alice Thyssens son totalmente esperables. Alice no tenía nada que ver con el magnate del acero Thyssen (sin la «s» final) como se evidencia en la obra

---

[5]Ibíd., pág. 13.

[6]A la pregunta de Del Boca, que le preguntaba si compartía las ideas y la «costosa afición del marido» y si «monsieur Thiriart tenía una misión» en los proyectos que elaboraba, Alice respondió: «Sí. Estoy firmemente convencida. Y también orgullosa, naturalmente»: BOCA, *Da Mussolini a Gheddafi. Quaranta incontri*, pág. 306.

[7]J. Cfr. THIRIART, *L'Impero euro-sovietico da Vladivostok a Dublino*

[8]SAUVEUR, *Qui-suis je? Thiriart*, pág. 111.

[9]SAUVEUR, «Jean Thiriart e la grande Europa».

biográfica de Sauveur[10]. Por el contrario, Alice era de una condición social inferior a la de su marido: su padre trabajaba como auxiliar de farmacia y su madre era costurera. Fiel y devota a Thiriart, morirá el 29 de junio de 1999[11], siete años después de él.

De la izquierda antifascista al nacionalsocialismo

Jean Thiriart terminó sus estudios a la edad de 16 años, pero su notable curiosidad intelectual hizo de él un excelente autodidacta, en posesión de conocimientos más amplios y profundos que muchos diplomados o licenciados[12].

Desde su juventud, Thiriart siempre estuvo sediento de conocimiento. Como relata él mismo, a partir de los dieciséis años se formó en las obras de los principales autores iluministas como Montesquieu, Rousseau y Voltaire[13], pero entre los autores más apreciados y que influyeron en su visión del mundo se deben incluir al jurista y filósofo Carl Schmitt[14], el novelista y disidente soviético Aleksandr Zinoviev, el zoólogo y etólogo Konrad Lorenz y el historiador Edward H. Carr, importantísimo para el conocimiento de la URSS, en especial durante los años de la Guerra Fría. Particularmente importante es Vilfredo Pareto, a quien Thiriart descubre a los 40 años y que fue para él un punto de referencia fundamental, especialmente para sus frecuentes citas en apoyo de sus tesis sociológicas en los capítulos finales de *L'Empire Euro-soviétique de Vladivostok à Dublin*[15].

Viviendo en un ambiente familiar colmado de ideas procedentes

---

[10]Sauveur, *Qui-suis je? Thiriart*, págs. 13-14. Afirmaciones similares vienen también se recogen en la obra de D. Bernardini, *Nazionalbolscevismo*.

[11]Ibíd., pág. 125.

[12]Disogra, *L'Europa come rivoluzione*, pág. 17.

[13]Sauveur, *Qui-suis je? Thiriart*, págs. 14-15.

[14]Carl Schmitt, filósofo y jurista alemán entre cuyas obras conviene recordar *Tierra y mar* o *La teoría del partisano* entre otras obras publicadas en Italia por Adelphi. (**N.d.T.**: Véase en español Schmitt, *El Nomos de la tierra en el derecho de gentes del "Jus publicus europaeus"* y Schmitt, *Teoría del partisano*)

[15]Texto escrito en los años 1984-1985, aparecido como inédito en Italia y posteriormente en Francia en 2018. La edición italiana es Thiriart, *L'Impero euro-sovietico da Vladivostok a Dublino*.

de la izquierda burguesa, pero que todavía valoraba positivamente a la URSS (como Thiriart mismo recuerda, su padre amaba fingir que era un espía del Komintern soviético)[16], fue del todo lógico para él militar, durante la adolescencia, en la izquierda socialista y antifascista durante los años 1936-37, uniéndose a las organizaciones *Jeune Garde Socialiste Unifiée* (JGSU) y *Union Socialiste antifasciste* (USAF).

Durante este periodo apoyará a la República Española[17] y leerá a Pierre Vermeylen, joven abogado socialista que durante la guerra residía en Londres: en 1945 será precisamente Vermeylen, convertido en un brillante político, quien defienda a Thiriart ante el tribunal militar[18].

En 1939, durante la firma del «Pacto Molotov-Ribbentrop» (el tratado de no agresión entre el Tercer Reich y la Unión Soviética), Thiriart militará en la *Ligue Scolaire Internationale pour la Paix* (LSIP), un movimiento pacifista vinculado a la Internacional comunista. Sucesivamente abandonará el mundo de la izquierda pacifista de cuño socialista para pasar al frente opuesto, comprometido en la colaboración con el Tercer Reich alemán.

Antes de hablar de la colaboración con la Alemania hitleriana, debemos entender el motivo de esta elección y como se presenta en un contexto que ve una parte del mundo intelectual europeo apoyar el proyecto político de Adolf Hitler.

Thiriart encontró un gran problema en la izquierda de la época: el aspecto es demasiado detallado. Por lo tanto, en 1939 decidirá saltar el foso y ver con interés el «taller contracorriente»[19] de los simpatizantes de la Alemania nacionalsocialista. Esta elección no debe sorprender excesivamente al lector; de hecho, no fue el único que pasó con entusiasmo de la izquierda, del marxismo y otros movimientos políticos, al nacionalsocialismo. Baste con pensar en el líder trotskista belga Walter Dauge, que incluso mantenía una correspon-

---

[16]SAUVEUR, *Qui-suis je? Thiriart*, pág. 11.
[17]THIRIART, *L'Impero euro-sovietico da Vladivostok a Dublino*, pág. 29 y DISOGRA, *L'Europa come rivoluzione*, pág. 17.
[18]THIRIART, *L'Impero euro-sovietico da Vladivostok a Dublino*, pág. 30.
[19]Ibíd., pág. 30.

dencia con Trotsky[20] y que abandonó el marxismo para convertirse en colaborador del AGRA (del cual hablaremos a continuación), como ha afirmado el propio Thiriart[21]. En cuanto a los intelectuales y los filósofos que vieron en el Reich alemán una «esperanza» de oposición a la modernidad y al capitalismo plutocrático, solo hay que pensar en Heidegger[22] y Schmitt[23], que sucesivamente habían criticado el culto de la personalidad, la dictadura basada en un nacionalismo exacerbado y el racismo biológico concebidos por el nacionalsocialismo — las mismas críticas realizadas por Thiriart. La confianza que Thiriart depositaba en el Reich se basaba en la esperanza de que el nacionalsocialismo pudiera liberarse del nacionalismo alemán para asumir una perspectiva paneuropea.

Esperanza desatendida, porque no era este el objetivo del Reich; las expectativas que nutrieron a muchos intelectuales frente a la Alemania nacionalsocialista como posible líder en condiciones de guiar a Europa hacia su renacimiento y unificación se desvanecieron rápidamente, como recuerda la periodista Anne Louise Strong, pero representaban un sentir muy difundido en la inteligencia europea de la época[24].

Por lo que respecta a Thiriart, al factor político se añadió probablemente un factor personal —en nuestra opinión no decisivo— que surgió en la entrevista recogida por Mugarza: el hecho de que el compañero de su madre fuera judío. También, según Disogra[25] y Sauveur[26] esta circunstancia podía constituir, en relación al paso de

---

[20]Querría subrayar el hecho de que muchos trotskistas y no solo ellos, sino que a menudo muchos marxistas se vieron atraídos por el Tercer Reich. Hace unos años se publicó una documentación en italiano que trataba sobre las relaciones entre el Reich alemán y el movimiento de la IV internacional. No es este el lugar más oportuno para esta discusión, quien esté interesado en profundizar puede remitirse al siguiente texto: Burgio, Leoni y Sidoli, *Il volo di Pjatakov*.

[21]Thiriart, *L'Impero euro-sovietico da Vladivostok a Dublino*, pág. 250.

[22]Sobre las relaciones entre Heidegger y el nacionalsocialismo se puede citar una buena biografía del filósofo: Safranski, *Heidegger e il suo tempo*.

[23]Véase Schmitt, *Ex Captivitate Salus* y Schmitt, *Risposte a Norimberga*.

[24]Strong, *L'era di Stalin*, pág. 98.

[25]Disogra, *L'Europa come rivoluzione*, págs. 18-19.

[26]Sauveur, *Qui-suis je? Thiriart*, págs. 18-19.

una vertiente ideológica a su opuesto, una razón extemporánea pero, ciertamente, no determinante en el recorrido político del personaje.

Thiriart comenzará a colaborar con Theodore Kessemier, director de un órgano de propaganda de inspiración nacionalsocialista (el *Deutscher Fichte-Bund*), con sede en Hamburgo[27]. Posteriormente comenzará a militar con otros exponentes exiliados del campo socialista y marxista, como el mencionado Dauge, en el movimiento de los *Amis du Grand Reich Allemand* o AGRA (literalmente «Los amigos del Gran Reich Alemán»). Este movimiento de inspiración colaboracionista estaba coordinado por los alemanes y trataba de enfrentar o, mejor dicho, contrabalancear la presencia en Bélgica del Rex (Partido rexista), el movimiento católico y conservador animado por Leon Degrelle

Thiriart no conocerá nunca a Ernst Niekisch[28], pero lo citará favorablemente en sus obras contándolo entre los primeros teóricos que habían intuido la necesidad de un bloque compacto euro-soviético[29].

En cuanto a los dos hermanos Strasser, tuvieron destinos diferentes: Gregor fue asesinado en la «Noche de los cuchillos largos» por las SS junto a Ernst Röhm, mientras que Otto emigró a Canadá y volvió a Alemania después de la guerra. Thiriart lo conoció personalmente y lo entrevistó para la «Nation Belgique[30]». El pensamiento strasseriano, que se oponía tanto al proyecto hitleriano de convertir a la URSS en el principal enemigo, como en el intento de realizar

---

[27] DISOGRA, *L'Europa come rivoluzione*, pág. 19.

[28] Niekisch, ya rebelde en la Alemania de Weimar y adscrito a la corriente de la Revolución Conservadora por historiadores como Ernst Nolte, fue una víctima de las purgas hitlerianas. En la posguerra será diputado de la DDR. Desilusionado con los resultados de los movimientos de 1953 en Berlín y amargado por la muerte de Stalin que abrió la vía hacia la desestalinización en los años 60 alcanzó Berlín oeste, en la República Federal, donde murió el 23 de mayo de 1967. Sobre Niekisch véanse dos textos del autor publicados en lengua italiana: NIEKISCH, *Est & Ovest* y NIEKISCH, *Il Regno dei demoni*. Sobre Niekisch véase también el ensayo de Alain de Benoist, *Quattro figure della rivoluzione conservatrice*.

[29] De la introducción de Marco Battarra en MICHEL, *Da Jeune Europe alle Brigate Rosse*, pág. 11 (aquí en la p. 17); THIRIART, *L'Impero euro-sovietico da Vladivostok a Dublino*, págs. 64, 141.

[30] «Nation Belgique», nº 51 del 7 de julio de 1961.

una alianza «aria» con Inglaterra[31], ejerció una fuerte influencia en Thiriart, que mantuvo siempre una gran simpatía hacia la URSS y hacia el mundo del socialismo real, también durante el periodo de la colaboración; bajo ciertos aspectos, esta simpatía se apagará en el transcurso de los primeros años 60 cuando Thiriart teorice una única Europa desde Brest a Bucarest, para después desvanecerse del todo llegando a afirmar con dureza: «*Yo no soy un veleta oportunista o un corcho a merced de las olas*». Por lo demás, como se evidencia a través de diversas fuentes, su personaje histórico preferido, además de Federico II de Suabia, siempre será Iosif Stalin[32]. Desde muchos frentes políticos, especialmente de la izquierda marxista, donde el pensamiento de Thiriart es considerado negativamente (también porque, con plena evidencia, sus textos son poco o nada conocidos) y es considerado como un oportunista.

A menudo y de buena gana, Thiriart se definirá como comunista o, mejor, nacionalbolchevique: a pesar de que la extinción del Estado en el cual pensaba no era aquel teorizado por Marx y Lenin, sino más bien el perfilado por Hobbes. Según Thiriart, el pensador inglés imaginaba un dominio absoluto del Estado, aunque de un Estado no nacional. El Estado nacional, siendo incapaz de afrontar los desafíos de la Historia, hace necesaria la construcción de un gran Estado o bloque geopolítico como, precisamente, la Europa teorizada por el propio Thiriart[33]. En esta perspectiva, tienen sentido las definiciones de «gran nacionalbolchevismo europeo»[34] o de un gran bloque «comunista europeo». Bajo este último aspecto, en cuanto a orientación ideal, Thiriart afirmará «he sido un comunista permanente toda la vida»[35].

Aclarado por qué Thiriart veía en la Alemania nacionalsocialista una esperanza y por qué colaboró con ella, se puede afirmar

---

[31]Cfr. GALLI, *Hitler e il nazismo magico*.

[32]MICHEL, *Da Jeune Europe alle Brigate Rosse*, págs. 11, 16, 61 (aquí en las pp. 17, 23 y relacionada con la n. 12); además, véase SAUVEUR, *Qui-suis je? Thiriart*, pág. 24.

[33]THIRIART, *L'Impero euro-sovietico da Vladivostok a Dublino*, pág. 225.

[34]DISOGRA, *L'Europa come rivoluzione*, pág. 20.

[35]THIRIART, *L'Impero euro-sovietico da Vladivostok a Dublino*, pág. 217.

—como dice su biógrafo oficial Sauveur[36]— que el corpus ideológico thiriartiano no se ha visto influenciado por las ideas hitlerianas, que Thiriart mismo considerará toscas y limitadas; criticará a Hitler por estas razones, no en base a un moralismo abstracto sino porque estaba «limitado en su pangermanismo»[37]. Profundizaremos en esta posición de Thiriart en el próximo capítulo.

Ahora es necesario aclarar el segundo punto, el antiseminismo (verdadero o presunto) de Thiriart como primera atracción política hacia el Reich: aclaramos también esta mixtificación.

El antisemitismo de Thiriart, si queremos llamarlo así, habría sido provocado, como se ha mencionado antes, por un móvil sentimental: el hecho de que su madre eligiera a una pareja de origen judío; pero Thiriart demostrará ser un ferviente antagonista de cualquier racismo, como se evidencia claramente en obras como *La Grande Nazione*[38], o en textos como *L'Europa*, págs. 131-134 y *L'Impero euro-sovietico da Vladivostok a Dublino*[39]. Sobre este punto, es decir, la opinión de Thiriart sobre el racismo, volveremos a continuación, cuando tratemos su recorrido ideológico. Para detenernos en el aspecto específico del antisemitismo, podemos decir que Thiriart, pese a la agotadora oposición al lobbysmo sionista y a las políticas racistas puestas en práctica por los sionistas frente a los palestinos, cumple con un análisis equilibrado sobre la naturaleza del Estado de Israel, en particular modo en el texto *L'Impero euro-sovietico da Vladivostok a Dublino*, donde expresa la idea de que la URSS y Europa Occidental deberían haber liberado su control sobre Cuba para recuperar a Israel como Estado dentro de la órbita geopolítica euro-soviética del Mediterráneo[40]. En síntesis, Thiriart concebía el

---

[36]SAUVEUR, *Qui-suis je? Thiriart*, pág. 22.

[37]THIRIART, *L'Impero euro-sovietico da Vladivostok a Dublino*, pág. 26.

[38]Véase la edición en inglés publicada en Australia: THIRIART, *The Great Nation*, págs. 55-56. También hay que citar la edición italiana, ahora difícil de encontrar, por ello trataré de utilizar especialmente la edición inglesa. Edición italiana: J. Thiriart, *La Grande Nazione. 65 tesi sull'Europa*, op.cit., pp. 15-16.

[39]pp. 85-86 sobre el concepto de negar «la dignidad del adversario» como Israel está haciendo con el pueblo palestino.

[40]THIRIART, *L'Impero euro-sovietico da Vladivostok a Dublino*, págs. 49-58

mantenimiento del Estado israelí despojado, sin embargo, del fanatismo sionista y purgado del racismo intrínseco del Estado sionista frente a los palestinos —discriminación que Thiriart condenaba de manera contundente comparándola con la actuación de la Alemania nacionalsocialista respecto a los judíos, eslavos y gitanos, así como en relación con la colonización del continente americano. Según Thiriart, la praxis antipalestina habría provocado una reacción en cadena, que se produjo rápidamente y todavía se encuentra hoy en progreso, lo cual habría dado lugar a un eterno conflicto étnico y a una continua resistencia armada por parte de los palestinos desalojados de su propia tierra. En síntesis, Thiriart optaba por un «Israel de kibbutz y pomelos[41]».

Hemos subrayado dos aspectos importantes del pretendido antisemitismo de Thiriart:

1. Un aspecto moral, debido a la relación de su madre con una nueva pareja judeo-alemana, algo que lo habría llevado a acercarse al nacionalsocialismo. Pero la cuestión del padrastro judío es un aspecto marginal. De hecho, la atracción de Thiriart por el nacionalsocialismo vino dictada por la idea de crear un nuevo orden europeo anticapitalista y alternativo también a la URSS. Por lo demás, la atracción análoga de numerosos intelectuales y políticos hacia el Tercer Reich se debía a la esperanza en un futuro mejor para el continente europeo: esperanza rota, como el propio Thiriart afirmará, pero que llegó, como en otros muchos contextos históricos, a representar «un mito político» capaz de nutrir muchos idealismos.

---

cap. II. En este capítulo Thiriart se detiene sobre el concepto geopolítico de «costa y frontera», que trataremos a continuación pero que ilustra su posición en el cambio de Israel por Cuba para un eje geopolítico territorial euro-soviético. A pesar del apoyo dado por Thiriart a la revolución cubana de Castro.

[41]Thiriart, *L'Impero euro-sovietico da Vladivostok a Dublino*, pág. 105: «Europa debe proteger un "pequeño Israel" (fronteras descritas por la ONU), un Israel de kibbutz y pomelos. En cambio es necesario denunciar y combatir con fuerza la paranoia bíblica de extrema derecha que sueña con un "gran Israel" hasta el Eufrates.»

2. El legítimo antisionismo y sus reflexiones precisas sobre Israel no presuponían la destrucción de su Estado, sino la discriminación del elemento sionista presente en él, que obstaculizaba una solución pacífica del conflicto. Además, Thiriart ponía en guardia a la URSS: que, según él, debería haber intentado la reunificación de Alemania, dividida en la RFA[42] y la RDA[43] en una perspectiva más general de unificación europea para evitar el retorno de la hegemonía alemana en Europa. Unificación que después, efectivamente, fue realizada, inspirada, no obstante, no en el nacionalismo teutónico o desde el pangermanismo, sino desde el pacifismo alemán de cultura liberal[44]. Además, Estados Unidos debió buscar una solución al conflicto Israel-Palestina[45]; los acuerdos de Oslo fueron rubricados mientras la URSS implosionaba, y se revelaron como no satisfactorios porque la resolución estadounidense solo fue una operación oportunista y de pura fachada. En definitiva, según Thiriart, la URSS debería haber mantenido al Estado de Israel (purgado de todo sionismo y tutelados en sus enfrentamientos con los palestinos) oponiéndose al mismo tiempo a cualquier forma de antiseminismo, ya sea a nivel de retórica como de la llamada «religión holocáustica», definida así por el filósofo marxista

---

[42]República Federal Alemana o Alemania del Oeste.

[43]República Democrática Alemana o Alemania del Este.

[44]Thiriart, *L'Impero euro-sovietico da Vladivostok a Dublino*, pág. 110: «La enorme oleada de pacifismo que desde 1982 sacude a Alemania es la expresión de la humillación alemana, que dura desde 1945», de modo que, en consecuencia, para Thiriart «el pacifismo alemán es una expresión **sustitutiva** (la negrita es de Jean Thiriart) del nacionalismo alemán que no se atreve a expresarse» ÉL dedica un párrafo (pp. 110-111) donde afirma el concepto «La reunificación de Alemania **continuará** (la negrita es de Jean Thiriart) y no precederá a la de Europa».

[45]ibíd., págs. 35-36 Thiriart tomaba como punto de referencia una posible desaparición de la influencia soviética en el Próximo Oriente si Washington hubiera generado una paz ventajosa entre Israel y Palestina. «(...) si por hipótesis de trabajo, imaginamos una solución del problema entre Israel y Palestina, justo para ambas partes (por parte de Washington se entiende) entonces la influencia de la URSS en el Próximo Oriente o en el Magreb ha terminado».

Constanzo Preve[46]; una retórica basada en el antisemitismo, completo con una prohibición de análisis históricos considerados revisionistas sobre la «tragedia holocáustica», y utilizada para justificar la operación imperialista israelí en el Proximo Oriente, y particularmente respecto a Palestina. El propio Thiriart, por ejemplo, salió en defensa de Robert Faurisson[47], el historiador francés considerado como «negacionista del holocausto» y además también defendió su derecho a la libertad de expresión el famoso linguista y ensayista Noam Chomsky.[48]

Hemos aclarado los dos puntos más relevantes de una mentira que quiere hacer de Thiriart una figura bruta y anclada al mito del Tercer Reich, cuando él mismo era el primero en afirmar la necesidad de superar las dicotomías entre fascismo y antifascismo y derecha e izquierda para ir más allá. En apoyo de estos puntos debemos añadir una fuente digna de mención, que se puede encontrar en la monografía de Sauveur, que se pregunta y se responde: «¿Era o fue racista? Es difícil poner de relieve la más mínima línea racista o

---

[46]Término usado por el filósofo marxista Costanzo Preve en PREVE, *Elementi di politicamente corretto*.

[47]Robert Faurisson (1929-2018) fue conocido especialmente por sus trabajos sobre revisionismo del holocausto y por ser considerado un negacionista de este hecho histórico. Entre sus obras traducidas en lengua italiana se pueden citar: FAURISSON, *Il revisionismo di Pio XII* y sobre la relación de Chomsky y Faurisson se cita FAURISSON y THION, *Il caso Faurisson e il revisionismo olocaustico*.

[48]Noam Chomsky (1928) es un ensayista y lingüista estadounidense famoso por ser un referente de la izquierda radical y por sus trabajos en los *mass media* en la sociedad occidental: THIRIART, *L'Impero euro-sovietico da Vladivostok a Dublino*, pág. 102 «Como siempre sucede, hay individuos que rescatan la locura y el fanatismo de sus connacionales o correligionarios. Por ejemplo Kreisky (*Bruno Kreisky 1911-1990 dal 1970 al 1983 cancelliere austriaco, autore di una politica filoaraba nonostante le sue origini ebraiche* cit. p. 105 nº. 14) en Viena; a Noam Chomsky, que escribe un prefacio para Faurisson. Pienso en todos aquellos intelectuales israelís que denuncian incansablemente, quizás a costa de la propia vida, la suerte espantosa que ha sido cruelmente impuesta a Palestina». Si se quiere profundizar en la figura de Faurisson véanse los textos editados por el autor en las edizioni Effepi, All'Insegna del Veltro y Graphos.

antisemita en los escritos de Thiriart»[49]. Y la confirmación viene de las declaraciones de su hija Frédérique: «Mi padre no era racista, no amaba la política de los judíos, pero su colaborador principal en la SOE (Societé d'Optométrice d'Europe[50]), Harvey Rosenwasscr, cra judío, y en la *Jeune Europe* había judíos»[51].

Sucesivamente, la colaboración con el AGRA le saldrá cara a Thiriart, que la pagará con cárcel. El 2 de octubre de 1944 Jean Thiriart es arrestado en su negocio de optometría, y el 5 de octubre entrará en la prisión de Saint-Gilles, dado que estaba incluido en la lista de personas buscadas por crímenes y delitos contra la Seguridad del Estado, en virtud del artículo 118 bis del Código penal belga que rezaba así: «*Será castigado con la muerte cualquiera que haya participado en la transformación de las instituciones y organizaciones legales a través del enemigo, violentada en tiempos de guerra la fidelidad de los ciudadanos hacia el Rey y el Estado o que haya servido conscientemente a la política o los planes del enemigo*»[52]. Además, Thiriart estaba presente en una lista de proscritos divulgada por Radio Londres[53].

El 29 de abril de 1945 será trasladado al cuartel-prisión del Petit-Château, y más tarde enviado de vuelta a Saint-Gilles, el 7 de febrero de 1946.

Thiriart permanecerá en la cárcel cerca de 16 meses, desde el 5 de octubre de 1944 al 9 de febrero de 1946. Esta experiencia le marcará igualmente, como destaca Disogra[54] y como se evidencia a partir de algunos fragmentos de su diario personal referenciados en la monografía de Sauveur:

Hasta ahora es la prueba más terrible de mi vida. Física y moralmente. Salgo más fuerte. La prisión templa los corazones. Me es imposible confiar en papel mis im-

---

[49]Sauveur, *Qui-suis je? Thiriart*, pág. 22.
[50]Sociedad Optométrica Europea
[51]Sauveur, *Qui-suis je? Thiriart*.
[52]Ibíd., pág. 19.
[53]Ibíd., pág. 19.
[54]Disogra, *L'Europa come rivoluzione*, págs. 20-21.

presiones... no es necesario mucho para terminar en prisión».

El problema de las prisiones y de sus horrores, lo he entendido bien. Es lo mismo en todas las épocas y bajo todos los regímenes. Aquí los horrores son el fruto de la bajeza y de la cobardía humana y no de un régimen político. Es necesario buscar las causas en las cualidades piadosas de los subalternos, los sucios y pequeños guardias brutales, analfabetos (*Des primaires? Non! Des primates*[55]!) e indiferentes respecto al régimen político. Hablo con conocimiento de causa: he experimentado los robos, los insultos, los abusos, el intercambio de tabaco, las violencias, la brutal cobardía de los guardias. Entre todas las especies, la humana es la más despreciable

La prisión forma el carácter. Te destruye o te templa[56].

No tenía todavía 24 años cuando salió de prisión... Thiriart está muy afectado y ya ha decidido abandonar la política para dedicarse a su actividad profesional de optometrista, tratando de promover la optometría y la óptica en el ámbito belga, europeo e internacional. Pero la vida apolítica del «honesto oculista de Bruselas»[57], como lo llamaba Adriano Romualdi[58], no estaba destinada a durar mucho.

---

[55]**N.d.E.**: Juego de palabras intraducible... «primarie» en francés significa (también) «alma simple, simplón, mentalmente limitado»; «Primate» significa «primate» en el sentido zoológico, pero familiarmente significa «primitivo, bestia», por lo cual la traducción literal no transmite el concepto.

[56]SAUVEUR, *Qui-suis je? Thiriart*, págs. 19-20 (en referencia, por parte de Sauveur, a la correspondencia privada con el autor datada en el 7/10/1974).

[57]TARANTINO, *Da Giovane Europa ai Campi Hobbit*, pág. 19.

[58]Adriano Romualdi (1940-1973), fue un ensayista e historiador italiano de la cultura de Derecha profundamente influenciado por varios pensadores, entre los cuales se encuentra Julius Evola.

De la OAS al movimiento de Jeune Europe

Como he dicho anteriormente, la inactividad política de Thiriart no estaba destinada a durar mucho tiempo. De hecho, el 30 de junio de 1960, el Congo conquista la independencia de Bélgica: un hecho que para Thiriart, como él mismo explicará al historiador y periodista italiano Angelo Dal Boca, constituyó una verdadera tragedia[59].

Con una mirada superficial, Thiriart podría ser definido sumariamente como un simple nostálgico del colonialismo o del nacionalismo de cortas miras, pero esto no es del todo exacto:

1. El poderoso eurocentrismo, a nivel geopolítico y filosófico, lo llevó a apoyarse en grupos a favor de los intereses belgas en el Congo y la OAS francés[60], que se oponía al proceso de descolonización de Argelia, pero estos grupos fracasaron por su incapacidad (la misma inherente al Estado francés) para ir más allá de un estrecho nacionalismo (por lo que respecta a la OAS) y de defender los intereses europeos de una descolonización que enmascaraba pretensiones expansionistas por parte de Estados Unidos y la URSS. Además, Thiriart acusa a Francia de ser incapaz de integrar a Argelia en sus proyectos políticos euroafricanos; por esto, por haber tratado a los argelinos como parias y por no haber integrado a Argelia en un proyecto político común, ha tomado cuerpo el proceso de deslocalización[61].

2. Thiriart no se propone continuar el colonialismo y la sumi-

---

[59]Cfr. Boca, *Da Mussolini a Gheddafi. Quaranta incontri*, págs. 300-306.

[60]OAS (*Organisation de l'armée secrète*), sobre tal organización, que obtuvo financiación de los Estados Unidos y también entró en algunas regiones italianas como Liguria. Véanse los últimos capítulos del Galli, *Piombo Rosso*.

[61]Véase Cfr. Thiriart, *L'Europa* (citado en Sauveur, «Jean Thiriart et le National Communautarisme Européen»). La relación entre la OAS y Thiriart fue máximo en logística y comunicación y en la idea que, Thiriart había tomado como «trampolín para una revolución europea», pero los vínculos fueron muy limitados y terminaron con el fracaso de la propia OAS.

sión de los países africanos, sino de integrarlos en un proyecto «mononacional» más amplio. De hecho, habla de una suerte de «simbiosis» entre Europa y África, fruto de un proyecto geopolítico unitario, según una tradición «schmittiana». Thiriart enseña que el *continuum* de Europa no son (como muchos suponen y como la actual Unión Europea piensa) los Estados Unidos de América: sino África y Asia.

Después del fracaso de la OAS y del intento de utilizar esta organización como «trampolín» para una revolución europea (el proyecto estaba demasiado anclado en las nostalgias de los viejos generales franceses, perdidos en el mito del pequeño nacionalismo), la actividad política de Thiriart retomó la constitución de un grupo decididamente innovador: «*Jeune Europe*».

Jeune Europe nació en 1961, pero llegó a ser operativa solo a partir de 1962[62] y rápidamente tuvo una configuración supranacional. Ramificada a nivel europeo, comprendía secciones actuando en toda la Europa occidental: Bélgica, Francia, Portugal, España, Holanda, Suecia, Noruega, Finlandia, Alemania, Inglaterra, Austria, Italia y Suiza. Formarán parte integrante de la misma el grupo *Europan*, formado en Sao Paulo, Brasil, por algunos exiliados checoslovacos; el grupo *Europ Front*, que actúa en la semiclandestinidad en Berlín; el *Fiatal Europa*, compuesto por emigrantes europeos en Colombia; el grupo *Eurafrika*, que actúa en Sudáfrica; y el grupo turco *Genç Avrupa*. Estos grupos tienen sus propios referentes y dirigentes nacionales en el interior del Comité Central Europeo que elige los componentes de la Dirección Europea, máximo órgano decisional de la organización[63].

Inicialmente las ideas de Thiriart y de la propia *Jeune Europe* son reasumidas en los puntos enumerados a continuación, que se prefiguran en la realización de una Europa nación como realidad geopolítica europea independiente de ambos bloques de la Guerra Fría, y como «tercera potencia» en condiciones de contrarrestar a

---

[62]DISOGRA, *L'Europa come rivoluzione*.

[63]TARANTINO, *Da Giovane Europa ai Campi Hobbit*.

Estados Unidos, la URSS y las nacientes potencias china e india. Los puntos son los siguientes:

1. Ni Moscú, ni Washington: por la Europa nación.

2. Europa unida de Brest a Bucarest (expulsión de la OTAN de las provincias europeas del Oeste y del ejército soviético de las provincias europeas del Este).

3. Rechazo de la democracia parlamentaria; Europa será unificada gracias a un partido de vanguardia europeo y revolucionario; en los textos *L'Europa, un impero di 400 milioni di uomini* y en *La Grande Nazione* Thiriart dice expresamente que Europa será unificada, no gracias a unos pocos parlamentarios charlatanes que se sientan en Estrasburgo sino por un partido revolucionario y ramificado en toda Europa.

4. Contra «la Europa de las patrias» y la Europa federal; para Thiriart el federalismo y «la Europa de las patrias» son solo los medios para disolver las energías en la creación de un gran nacionalismo europeo y permanecer en los angostos ideales de las nostalgias y de los pequeños nacionalismos. Sobre la vía de Karl Haushofer y Carl Schmitt, Thiriart cree que el final de la segunda conflagración mundial representó esencialmente dos cosas:

   - El fin de la posibilidad de construir una gran Europa, a causa del pequeño nacionalismo de una potencia unificadora, incapaz de ir más allá del propio particularismo y decidida a imponerlo a las otras realidades que habría formado la Europa Nación: como ha fracasado Napoleón, también lo ha hecho Hitler.

   - A partir de 1945 los Estados-nación se han convertido en obsoletos e ineficaces en la defensa de los intereses nacionales, súcubos como son de las grandes potencias: USA y URSS. Como ha declarado en una entrevista Claudio Mutti «hoy (como en la época de Thiriart) los únicos Estados que pueden ser independientes y desarrollar una función histórica son los Estados de dimensión continental, es decir, aquellos Estados que disponen de un territorio con una superficie de algunos millones de kilómetros cuadrados, de una demografía calculable en cientos de millones, de una riqueza natural suficiente y de tecnología desarrollada»[64]. Ya sea en la época de Thiriart como hoy (en el mundo post-guerra fría) la única entidad que podría aniquilar a los Estados Unidos es una realidad estatal de dimensiones continentales y tecnológicamente avanzada, y con abundantes recursos naturales: para Thiriart, inicialmente, esta realidad era la Europa Nación de Brest a Bucarest.

5. Para un nacionalismo europeo; Thiriart se propone un nacionalismo paneuropeo; libre de todo particularismo pequeño-nacional y unificante para la futura Europa-nación.

6. Ni con el comunismo ni con el capitalismo; Thiriart propone un socialismo de características europeas y patrióticas. El nacional-comunitarismo europeo (el comunitarismo thiriartiano es esencialmente un socialismo desmarxistizado y adaptado a la situación europea; así, por ejemplo, vio positivamente la libre empresa y los experimentos económicos del socialismo de mercado emprendidos por Hungría y en China: un comunitarismo que difiere radicalmente del teorizado por los marxistas no dogmáticos como Costanzo Preve). A este propósito, hay que destacar que el símbolo adoptado por la *Jeune Europe*, la «cruz céltica[65]», retomado sucesivamente por los movimientos de la derecha extraparlamentaria europea, simbolizaba el perfecto paneuropeísmo. Introducida en Alemania por los monjes

---

[64]MUTTI, *A domanda... risponde*, pág. 15.

[65]El símbolo de la cruz céltica fue adoptado por primera vez en los años 30 por el «Partido Popular Francés» de Jacques Doriot; pero se debe su difusión y su fortuna al uso que hizo de ella Thiriart y su movimiento. Cfr. TARANTINO, *Da Giovane Europa ai Campi Hobbit*, págs. 28-29.

irlandeses en el 850, era un antiguo símbolo solar «común a todos los pueblos europeos, que significa la renovación de la vida, y por tal significado ha sido adoptada como emblema de los grupos que luchan por la renovación de Europa[66]». Adcmás, la cruz céltica era un símbolo paneuropeo porque está presente desde la Península Ibérica hasta Turquía. Thiriart, cuando se le preguntó por la razón del uso de este símbolo, respondió pragmáticamente que era un «símbolo fácil de escribir en las paredes[67]».

7. Neutralidad estricta y armada para Europa; Europa debía liberarse de los estadounidenses y de los soviéticos, recuperar el material bélico dejado por sus invasores sobre su territorio y dotarse de armas nucleares. Para Thiriart, la paz debe ser mantenida por una poderosa fuerza militar y, a partir del siglo XX, esta fuerza viene representada por las armas atómicas.

8. Europa fuera de la OTAN y del Pacto de Varsovia: Europa es militarmente independiente.

Estas ideas innovadoras atrajeron a muchos jóvenes, tanto de Italia como del mundo francófono *Jeune Europe* vio constituirse sus secciones más nutridas y animadas por los elementos más brillantes. Los jóvenes que componían las filas de *Jeune Europe* en sus diferentes secciones europeas debían ser auténticas vanguardias revolucionarias, dispuestas a intervenir en operaciones de guerrilla urbana contra los dos ocupantes de Europa: los USA y la URSS. Para Thiriart era necesario crear ejércitos o brigadas europeas; en esta perspectiva, buscará apoyo y financiación en los países de la Europa del Este (Yugoslavia y Rumanía) y en el mundo árabe (Egipto e Irak) — parece que llegó a pedir ayuda incluso a Zhou Enlai, el célebre y carismático primer ministro chino en los tiempos de Mao, pero sin

---

[66]ibíd., pág. 30. (Como grupos se entienden, obviamente, los grupos aquí tomados en consideración).

[67]ibíd., pág. 30.

éxito[68].

Después del apoyo fallido de los países árabes y socialistas, *Jeune Europe* tuvo que enfrentarse a la dura realidad; y, no queriendo llegar a una lucha política de larga duración sin un apoyo estable, en 1969, con el retorno de Thiriart de su viaje a Egipto, la organización termina disolviéndose. ¿Qué fin corrieron sus militantes esparcidos por toda Europa? Muchos de ellos se adhirieron, al menos en lo que respecta a Italia, a otras organizaciones extraparlamentarias como «Lotta di Popolo» (los llamados «nazi-maoístas»), mientras que otros terminaron por desinteresarse de la política o se integraron en los partidos del régimen.

Como ha afirmado Tarantino en *Da Giovane Europa ai Campi Hobbit*, muchos ex-militantes de la organización recordarán con nostalgia y afecto aquel periodo, y muchos todavía permanecerán agradecidos por siempre a Thiriart por sus enseñanzas: es suficiente con pensar en el historiador Franco Cardini y el editor Claudio Mutti, que consideran a Thiriart como uno de sus maestros.

La Europa más grande desde Dublín a Vladivostok

Después de cerca de veinte años de su retiro a la vida privada y meramente profesional de optometrista, acontecido en 1969, el controvertido político belga vuelve a la escena de la actualidad política europea, pero ya no con los ropajes de un activista político sino de un teórico puro, satisfecho por el nuevo papel que le permite no depender ni rendir pleitesía a nadie; y lo hace con una entrevista recogida por Bernardo Gil Mugarza (periodista y ex-militante de *Jeune Europe*), en la cual ilustra las nuevas teorías sobre su visión

---

[68]A tal propósito véase: MICHEL, *Da Jeune Europe alle Brigate Rosse* y VILLANO, *Da Evola a Mao*. El primer texto, aquí reproducido (en la pág. 1) en una nueva edición, trata de las relaciones entre China y los movimientos maoístas con J. E. El segundo texto se centra sobre estos últimos en el panorama italiano. Véase sobre movimientos maoístas y *Jeune Europe* el texto ROSATI y GIANNULLI, *Storia di Ordine Nuovo*.

de la Europa-Nación, en primer lugar reevaluando el papel del comunismo y de la URSS en el contexto de una posible integración europea.

Para él los principales enemigos de Europa eran y siguen siéndolo los Estados Unidos de América, e identifica claramente al amigo: la Unión de las Repúblicas Socialistas Soviéticas. Thiriart teoriza sobre una gran Europa unida hasta formar «el Imperio Eurosoviético», que deberá extenderse desde Dublín a Vladivostok.

Entonces, la Rusia Soviética pasa de ser enemiga a ser amiga; ¿cuáles son las razones de este viraje?

En primer lugar, desde 1975 Thiriart considera a los pequeños nacionalismos como el principal enemigo para la integración europea: a merced de los Estados Unidos, destruyen la posibilidad de una unión continental completada por un gran nacionalismo europeo (o, si se prefiere, euroasiático). En cambio, el comunismo es considerado por Thiriart como un sistema fracasado desde el punto de vista económico y con una ideología débil, que no puede dar problemas a Europa.

La URSS, a pesar de sus defectos, es vista por Thiriart como el último Estado independiente que queda en Europa, porque está libre de la influencia del imperialismo estadounidense y sionista; además, la URSS es un Estado totalitario, lo que es positivo porque reina sobre un territorio de enormes dimensiones manteniendo un control férreo sobre su población, y en ella no hay lugar para el neoliberalismo, cuya naturaleza es apolítica y amorfa[69].

La URSS, que para el pensador belga[70] posee notables lagunas a nivel de sistema económico e ideológico, gracias a una integración con la Europa Occidental, podrá cumplir el propio «destino geoestratégico», o el de expandirse hasta las costas del Atlántico.

Sin embargo, para Thiriart el comunismo debe ser reformado, o desmarxistizado; y convertido en más racional. Así como es, el

---

[69]THIRIART, *L'Impero euro-sovietico da Vladivostok a Dublino*.

[70]Por lo que respecta al término «belga» aquí es utilizado para evitar la repetición del nombre de Thiriart en el texto. Thiriart no se consideraba ni belga ni valón y odiaba ser llamado así (De la biografía de SAUVEUR, *Qui-suis je? Thiriart*).

marxismo-leninismo es dogmático e ineficiente, pero no horrible. De hecho, para el teórico belga el comunismo es solamente «idiota» y hay que sustituirlo por un «comunismo eficiente», es decir, un comunismo en condiciones de superar tanto «la abolición del Estado teorizada por Marx» como el obsoleto federalismo soviético: un Estado fuerte, esto es, un comunismo hobbesiano. El comunitarismo nacional-europeo deberá permitir la creación de una «Ciudad del sol[71]», que permitirá construir lo que el comunismo se proponía hacer: templar el materialismo con un fuerte eurocentrismo geopolítico y filosófico, que en las cuestiones políticas se traducirá en un racionalismo pragmático desvinculado del dogma marxista-leninista.

Para Thiriart, la edificación de la sociedad perfecta se alcanzará no gracias al «democratismo» de los parlamentarios europeos y estadounidenses, sino a través de un carácter positivo y el totalitarismo iluminado del comunismo soviético bajo una versión reformada. Para Thiriart el comunismo soviético es banal e incluso tosco, pero al menos no está imbuido del revisionismo anunciado por los «eurocomunistas» de la Europa occidental, dispuestos a escapar a Washington en caso de guerra (en clara referencia a Berlinguer). Desde esta perspectiva, el Estado totalitario soviético es, de cualquier forma, preparatorio para el advenimiento del superhombre. El comunismo soviético, a pesar de todas sus carencias, es mejor que el democratismo occidental, porque pone la primacía de lo político sobre lo económico y sobre cualquier otro ámbito de la vida humana: es aquí donde Thiriart sitúa sobre el mismo plano los dos totalitarismos nacionalsocialista y soviético, porque ambos, a diferencia del neoliberalismo, no colocan el beneficio por encima de la política, sino la política por encima del beneficio.

Thiriart espera así el advenimiento de un «nuevo Stalin[72]», en condiciones de reformar el comunismo y de hacer un discurso «convincente» en clave paneuropea para unificar las dos realidades: la URSS y Europa.

Todo cuanto había planificado Thiriart debería haberse realizado

---

[71]**N.d.E.**: La que fue teorizado por Tommaso Campanella y no por Hobbes.
[72]**N.d.A.**: Al final vino Gorbachov.

por los siguientes motivos:

1. La URSS debe expandirse necesariamente hacia el oeste integrando a la Europa occidental, y abandonar el dogmatismo ideológico para dedicarse a un proyecto pragmático y real de construcción de un proyecto geopolítico eurosoviético. Ya no habrá un partido revolucionario capaz de construir a Europa salvo el Ejército Rojo. Obviamente, la URSS no debe cometer el error de Napoleón y de Hitler, tratando de aplicar su propia hegemonía de nación a Europa, más bien buscar una relación dedicada no a la mera dominación sino a la integración[73]. La afirmación de Thiriart «¿Europa rusa? ¡No, Europa soviética!» implicaba la necesidad de constituir en Europa un partido soviético (no los partiditos eurocomunistas filoestadounidenses), formado por una élite capaz de apoyar a los soviéticos ante un choque previsible (de guerrilla armada o atómico) contra los estadounidenses.

2. Para Thiriart, gracias al advenimiento de un «nuevo Stalin», la URSS, una vez abandonado el dogmatismo ideológico, podrá presentarse a los europeos no como un ocupante sino como potencia amiga y unificadora contra los verdaderos ocupantes: los Estados Unidos. Un discurso, este, convincente en clave paneuropea.

3. La URSS, integrada con la Europa occidental, dando vida a una República Imperial Eurosoviética extendida desde Vladivostok a Dublín realizará una verdadera *pax europaea*. El nuevo Estado y la nueva sociedad eurosoviética elaborarán una «doctrina Monroe» paneuropea para integrar a África y para crear un nuevo hombre racional. Gracias al «totalitarismo iluminado», de hecho, deberá nacer un superhombre a lo Nietzsche: un «hombre nuevo», no solo soviético, como se proponía la URSS, sino eurosoviético.

---

[73]PERRA, «Grande spazio e spazio vitale nel pensiero politico cinese», pág. 29.

En 1991 la URSS se disuelve, pero Thiriart está decidido a no abandonar la actividad de teórico. La Rusia postsoviética está caracterizada por una profunda crisis económica y social, debida a las reformas neoliberales de Boris Yeltsin, pero pese a todo también mantiene una fuerte actividad política y cultural[74]. Thiriart decide entonces, en 1992, viajar a Moscú, donde encuentra al politólogo y filósofo ruso Aleksandr Duguin, al historiador Anatoli Ivanov, Gennadij Zjuganov (líder del recién nacido partido comunista de la Federación Rusa), Egor Ligaciov (ex-miembro del PCUS en los tiempos de Gorbachov), Marco Battarra y Carlo Terracciano (en nombre de la revista italiana «Orion»), Geydar Dzemal, del partido del Renacimiento Islámico etc.

Participa con interés en las discusiones de los nuevos movimientos nacionalistas, euroasiáticos y neozaristas, que se mantienen en la capital rusa; además es entrevistado por el diario ruso «Den». Pese a las diferencias ideológicas con los miembros de la disidencia a Yeltsin, encuentra a diferentes exponentes de la llamada oposición «rojinegra» y, aunque ha tenido lugar recientemente la caída de la URSS, cada vez está más convencido de que todavía hay esperanza en el futuro.

Tres meses después de su regreso de Moscú, en la noche entre el 22 y el 23 de noviembre, Thiriart muere de forma imprevista a causa de una crisis cardiaca. «De París a Moscú, pasando por Milán hasta Marsella, voces consternadas lloran su desaparición»[75].

Notas sobre la ideología de Thiriart

Es difícil y complejo, aunque no errado, etiquetar a Jean Thiriart sobre la base de los constructos ideológicos de los años 90. Tanto sus enemigos como sus amigos han tratado de encasillar a Thiriart en esquemas preconcebidos. Para algunos era un «fascista» (espe-

---

[74]Sobre la Rusia postsoviética y los movimientos nacional-populares que la han animado véanse los siguientes textos: AA.VV., *La Russia che dice di no*, MEDVEDEV, *La Russia post-sovietica* y BORGOGNONE, *Capire la Russia*.

[75]DISOGRA, *L'Europa come rivoluzione*, pág. 67.

cialmente según muchos autodenominados marxista-leninistas de la época), para otros era marxista (especialmente después de los años 80): en síntesis, era «Demasiado europeísta para los nacionalistas, demasiado nacionalista para los regionalistas y demasiado comunista para los fascistas»[76]. Según el «sentir común» de muchos intelectuales y estudiosos que se han ocupado de analizar el complejo mundo de las variadas realidades extraparlamentarias que han eclosionado en Europa durante la segunda mitad del siglo XX, Thiriart ha sido catalogado simple y superficialmente como un «ideólogo de extrema derecha»; y esta, más que una afirmación inexacta, es un error simplificador.

Bajo ciertos aspectos, Thiriart retoma temas apreciados por la derecha extraparlamentaria, citando a Oswald Spengler a menudo. Pero es igualmente cierto que algunos teóricos como Francis Parker Yockey[77] (de extracción spengleriana) se acercan mucho en sus tesis al «primer Thiriart[78]», así como es cierto que la recepción de la obra de Thiriart ha sido asumida especialmente por la derecha extraparlamentaria y por grupos nacional-populares que pretendían «ir más allá de la derecha y de la izquierda» (como precisamente quería Thiriart): es el caso de la italiana Lotta di Popolo, y de los grupos políticos de la Rusia postsoviética. Después de los años 80, Thiriart, como ya se ha dicho, dirigió su mirada hacia la URSS pero la llamada izquierda extraparlamentaria continuaba profesándole odio o, simplemente, ignorándolo; lo mismo sucedió por parte de un amplio sector de la derecha.

---

[76] Ibíd.

[77] Francis Parker Jockey (1917-1960), filósofo estadounidense de extracción spengleriana, considerado por algunos como «el Evola estadounidense», autor de la obra filosófica y política sobre los pasos de *La decadencia de Occidente* de Spengler *Imperium* (**N.d.T**: En español existen ediciones piratas de la obra, pero ninguna editorial ha publicado la obra del autor estadounidense, en la que originalmente adoptó un pseudónimo: Ulick Varange). Considerado cercano a los ambientes de la *Alt Right* estadounidense, buscó contactos con los países socialistas (en particular con la República Democrática Alemana). De regreso a los Estados Unidos, en 1960 fueserá asesinado por el FBI por «actividades anti-estadounidenses».

[78] Con el «primer Thiriart» se refiere al Thiriart de la época de *Jeune Europe*.

Que encuentren la paz las almas sensibles que todavía creen que el mundo de hoy, al igual que el de la época en la que luchaba Thiriart, pueden catalogarse como de «derecha» e «izquierda»: Thiriart ha luchado por una única Europa nación, fuerte, independiente y armada. Una Europa primero teorizada desde Brest a Bucarest y después como Europa eurosoviética (una «gran Europa») desde Dublín a Vladivostok.

Thiriart fue un hombre pragmático, campeón de una auténtica *Realpolitik*. De hecho, rechazó las ideologías con un fin en sí mismas, convencido de la necesidad de que un aparato ideológico debía discurrir en paralelo con la necesidad de no hacer un dogma, como en la URSS; al mismo tiempo, ponía en guardia ante la comisión del error de confiar en el pequeño nacionalismo y el racismo, como había hecho el Tercer Reich. No es casualidad que Thiriart se definiera como «iluminista y realista», y que fuese un ávido lector de Lenin, Gramsci, Voltaire, Robespierre, Rousseau, Pareto etc[79].

El pensamiento de Thiriart se puede sintetizar en los siguientes puntos:

1. La naturaleza humana: para Thiriart el hombre no es bueno ni malo, sino que es simplemente absurdo. ¿Qué entiende Thiriart con tal afirmación? Para evitar que cometa delitos o cause daño a la comunidad, el hombre, instintivo e irracional, debe ser sometido a un mandato político. Thiriart esperaba, como hemos visto, el advenimiento del superhombre, pero también estaba convencido de que el comunitarismo nacional-europeo mejoraría al hombre trabajando sobre el hombre, aunque no había que ilusionarse con la idea de cambiar la naturaleza humana. Además considera que el hombre, gracias a la ciencia, aprenderá a ser un hombre prometeico (es decir, un superhombre) y no un hombre polinesio (que se ahoga en el consumismo y el capitalismo actual) en cuanto al ser humano aprenderá a usar toda la «corteza del propio cerebro[80]».

---

[79]SAUVEUR, *Qui-suis je? Thiriart.*

[80]**N.d.E.**: Cfr. también THIRIART, *L'Impero euro-sovietico da Vladivostok a*

2. La visión de la historia de Thiriart está en la línea progresista y no pesimista. Consciente de que actualmente Europa atraviesa una fase de marcada decadencia, considera que compete a la élite del futuro Imperio eurosoviético frenar esta decadencia «a patadas en el trasero[81]». Sobre la vía de Vilfredo Pareto y Gaetano Mosca, está convencido de que somos la élite que hará la historia guiando a las masas: la voluntad política elitaria, por lo tanto, determina el progreso de toda la humanidad.

3. La visión de lo «político» de Thiriart es muy interesante y original, así como innovadora. De hecho, distingue entre el espacio estatal del *Imperium* y el del *Dominium*, que concierne al ámbito de lo privado del ciudadano y contiene la libertad de pensar. Se puede ejemplificar de la siguiente forma:

   - *Imperium* = Esfera de lo público, es decir, esfera de la vida estatal y pública. Para Thiriart es necesario imponer al hombre un mínimo de disciplina para impedir el surgimiento de la explotación de muchos hombres en ventaja de unos pocos[82] (como, por ejemplo, sucede con el neoliberalismo). A tal respecto se puede citar todo cuanto se ha mencionado en torno a la entrevista publicada por Mugarza en 1982; «El actual estado cultural de mera americanización en la cual se encuentra Europa, me obliga a decir que, desafortunadamente, debemos considerar límites al *Dominium*. En la esfera cultural ya no somos libres, sino con permiso. Todavía es más grave, en psicopatología. Existe ya una pintura, una música, una literatura

---

Dublino. En relación al «hombre proletario» Thiriart escribe: «El polinesianismo es entonces una conducta de vida, una práctica de vida. Para los polinesios la cúspide de la fidelidad será alcanzada a través de un hedonismo realizado. Más allá no hay nada. Fin. Todos se van a la cama o a la mesa». Asumir el polinesio como figura negativa a contraponer al «modelo prometeico» occidental es una de las afirmaciones de Thiriart cuanto menos discutibles.

[81]Cfr. DISOGRA, *L'Europa come rivoluzione* y THIRIART, *L'Impero eurosovietico da Vladivostok a Dublino*.

[82]THIRIART, *L'Europa*, pág. 80.

pretendidamente psicopatológica. Esta no es una responsabilidad de la «libertad cultural» sino de la salud mental pública. Y la salud mental pública es competencia del *Imperium*... La glorificación de la pedofilia (un ejemplo de cientos) es competencia de los tribunales y del ámbito de la reeducación «fuerte».

- *Dominium* = Esfera de lo privado, es decir, la esfera de la vida privada del ciudadano singular, es decir, todos aquellos dominios que no competen a la jurisprudencia pública: elecciones culturales, elecciones de vida privada (ocio), elección de un lenguaje cultural. Por ejemplo: el ciudadano puede decidir como vivir su propia vida cultural (sus aficiones, sus lecturas, los deportes a practicar etc), como organizar mejor su familia y vida privada etc[83]. De hecho, para Thiriart «la política debe permanecer totalitaria, pero esto no significa que, al mismo tiempo, ella deba anular completamente, por la fuerza de las cosas, la esfera de las elecciones individuales. La política solo debe mantener intacta la propia autonomía y su primacía sobre cualquier otro ámbito del actuar humano»[84].

Entonces, para Thiriart, el *Imperium* es el poder político puro del Estado que debe hacerse obedecer (reprochaba al liberalismo que no llegaba a hacerse obedecer y, según él, por este motivo desaparecerá). En cambio, en el *Dominium* se encuentra la esfera de lo privado y de la libertad de pensar. Así, porque el hombre es por su naturaleza «absurdo», es el *Imperium* quien debe controlar el *Dominium*.

En conclusión, merece ser analizada la idea de «Estado de derecho y legalidad» a propósito del cual Thiriart afirma: «Hablar del régimen de derecho significa razonar como un creyente, no como un científico». Thiriart considera que un

---

[83]A tal respecto véase la entrevista publicada por Mugarza Gil Mugarza, *Entrevista a Jean Thiriart (1983)*.

[84]Disogra, *L'Europa come rivoluzione*.

acto de fuerza se mantiene, eventualmente y si el Estado está en crisis, por medio de la coerción física: entonces el *Dominium* se establece a través del derecho y se mantiene con la fuerza. Desde esta perspectiva el pensamiento thiriartiano recuerda mucho al decisionismo schmittiano o, de alguna manera, el mero realismo de Maquiavelo.

4. El pensador belga ve con sospecha la ideología propia en virtud de su realismo político; para Thiriart las dicotomías derecha-izquierda y fascismo-antifascismo pertenecen al pasado y han sido superadas. Esta es una idea común a diferentes teóricos, a menudo puestos en ridículo por la prensa occidental que, incapaz de una crítica seria, los ridiculiza: si pensamos en el filósofo Costanzo Preve y en su seguidor Diego Fusaro, en el ya citado Aleksandr Duguin, en Claudio Mutti, en el ensayista francés Alain de Benoist o en los propios teóricos marxistas (solo son perdonados aquellos de «Nueva Izquierda») — en particular los del socialismo real (Batalov[85]) que considera-ban su ideología como científica y no idealista (de hecho, el marxismo se basa en presupuestos de análisis científicos de la realidad) y en consecuencia criticaban las desviaciones de derecha e izquierda. El debate fascismo-antifascismo, que a menudo en nuestra prensa alcanza clamorosos picos de histeria, para Thiriart pertenece ya al pasado y el imperativo es progresar hacia el futuro.

Thiriart está firmemente convencido de que un Estado (comprendida la Europa Nación) debe dotarse de una ideología eficaz, capaz de orientar a los individuos que forman parte de él; a tal propósito pone en guardia a China invitándola a no abusar de su ideología comunista, porque de esa forma retrasará su desarrollo, enturbiándolo (se podría decir que China, del todo inconscientemente, ha hecho un tesoro del consejo de Jean Thiriart).

---

[85]BATALOV, *Filosofia della rivolta*.

Actualidad y herencia del pensamiento de Thiriart

Después de la muerte de Thiriart, acontecida en 1992, se puede afirmar que el mundo ha visto el triunfo del americanismo y del mundo unipolar bajo el liderazgo estadounidense. Europa, actualmente, se ha dotado de una moneda común pero es incapaz de ser independiente de los Estados Unidos de América y todavía permanece como un súcubo de los intereses atlantistas. La Unión Europea, que representa a Europa no como potencia independiente sino como un organismo supranacional vinculado a los Estados Unidos y a merced de los intereses alemanes y franceses sobre los pueblos de la unión, es un «no-organismo político». La UE está privada de voluntad propia porque pertenece a Estados Unidos, está privada de voluntad unificadora (ya sean los llamados «europeístas» como por los llamados «soberanistas», tanto unos como otros apuntan a una Europa federal en base al modelo estadounidense, donde se preservan los pequeños nacionalismos chovinistas con el fin de mantener el «divide et impera» entre la población europea impidiendo la adhesión a un modelo de Europa-Nación independiente, unificador y especialmente iliberal). Europa, además, estando a merced de los USA es impulsada a través de la OTAN a maniobras suicidas contra la Federación Rusa que, gracias a la actuación de Vladimir Putin, ha reencontrado su fuerza.

¿Y qué podemos decir de la actualidad? En la actual crisis vinculada a la pandemia del Covid-19 asistimos a maniobras de la plutocracia europea contra su propio pueblo con el beneplácito de los Estados Unidos de América. ¿Cómo olvidar las palabras del actual primer ministro de nuestro país, quien ha declarado: «Europa está ligada con un vínculo indisoluble al atlantismo»? ¿Cómo no recordar a los líderes de nuestra «Unión Europea» que hacen de todo para destruir la identidad y naturaleza de los pueblos europeos? ¿Cómo no darse cuenta de que vivimos no en un Estado totalitario sino en una mera distopía a lo Orwell y Huxley, donde el hombre es, día tras día, deshumanizado gracias a una técnica y a una tecnología ya sustraídas del dominio humano?

Y la lista es larga... Se podría hablar durante horas del cuadro desolador al cual Europa y el mundo se han visto abocados a causa del orden unipolar instaurado después de la caída del Muro de Berlín en 1989 y de la URSS en 1991.

Entonces, parafraseando a Lenin, ¿Qué hacer?

Obviamente no queremos ilusionar al lector con un optimismo fácil, pero es necesario, si se quiere afrontar la época de disolución que nos trae el capitalismo que estamos viviendo, exponer algunas ideas de Thiriart y de sus enseñanzas.

Actualmente, a pesar de esta tétrica realidad, el unipolarismo americanocéntrico atraviesa una fase de fuerte inestabilidad: las crisis internas de los Estados Unidos lo demuestran, y sin embargo, la Unión Europea es incapaz de actuar en función de una decidida línea política. Si las cosas no cambian, es decir, si los Estados Unidos no se retiran de Europa, del Próximo Oriente y del resto del mundo, si la Unión Europea no construye una realidad paneuropea completamente independiente e iliberal (cosa improbable), los USA implosionarán y entonces se abrirán grandes espacios nuevos allanando el camino para el «sol del futuro». Vale la pena repetir todo cuanto se ha afirmado anteriormente en relación a Claudio Mutti: «Hoy (como en la época de Thiriart, N.d.E) los únicos Estados que pueden ser independientes y desarrollar una función histórica son los Estados de dimensión continental, es decir, aquellos Estados que disponen de un territorio con una superficie de unos cuantos millones de kilómetros cuadrados, de una demografía calculable en cientos de millones, de suficientes riquezas naturales y de tecnología desarrollada[86]». Un espacio europeo, uno ruso, uno chino, uno indio y un espacio vinculado al área islámica y africana, porque la continuidad de Europa está representada por Asia y África. De hecho, para Marcel Mauss, «desde Corea a Inglaterra existe una única historia, la del continente euroasiático»; para Mircea Eliade es necesario afirmar la «unidad fundamental no solo de Europa, sino

---

[86]Este espacio estará interconectado en un primer periodo y posteriormente unido a nivel tricontinental: África, Asia y Europa.

de todo el ecumene que se extiende desde Portugal a China y desde Escandinavia a Ceilán»; finalmente, Giuseppe Tucci «resumiendo el concepto decía: "Yo no hablo nunca de Europa o de Asia sino de Eurasia[87]"». Entonces podemos decir que Thiriart ha sido y es nuestro maestro al mostrarnos el camino hacia un mundo multipolar y la construcción de un futuro bloque euroasiático en nombre de un auténtico realismo geopolítico, por esto la juventud debe tomarlo como ejemplo.

En la época actual, la juventud europea vive en un estado que se podría sintetizar con el «mito de la caverna» descrito por Platón en su *República,* La juventud está completamente aniquilada por el neoliberalismo y el mundialismo; ¿qué hacer, para aquellas élites que todavía nutren cuanto menos la esperanza de transmitir el testimonio de un futuro diferente de aquel miserable que propone el neoliberalismo y el mundialismo? En primer lugar, es necesario anteponer al mundialismo dos cualidades esenciales: una sobre el plano del condicionamiento inmanente y otra sobre el plano trascendente y espiritual; por citar a Julius Evola:

Dejemos que los hombres de nuestro tiempo hablen, a este respecto, con mayor o menor suficiencia e imprudencia, de anacronismo y antihistoria (respecto a nuestras ideas, consideradas antiguas y utópicas. N.d.E.). Sabemos bien que éstas no son más que las coartadas de su derrota. Que se los dejemos con sus «verdades» y que presten atención a una sola cosa: mantenerse en pie en un mundo en ruinas[88].

Es necesario que la juventud de hoy fortalezca sus propias ideas no solo con la praxis militante y el estudio teórico sino también con el espíritu, si se quiere resistir.

Existe un plano propiamente realista y de análisis geopolítico: es el realismo de Thiriart, una auténtica brújula para comprender la realidad en los años venideros.

Muchos geopolíticos y teóricos como Claudio Mutti, Aleksandr

---

[87]Cita de Mauss y Eliade que aparece en Mutti, *A domanda... risponde,* págs. 59-60.

[88]Evola, *Rivolta contro il mondo moderno,* pág. 405.

Duguin, Robert Steuckers, Alain de Benoist, Guillaume Faye, Egor
Ligaciov, Carlo Terracciano, Franco Giorgio Freda[89] y muchos otros
han reconocido la actualidad de las ideas de Thiriart y de sus análisis.

Hoy más nunca es necesario volver a partir de estas ideas, fusio
nadas con una conciencia espiritual, para construir el nuevo sol del
futuro: el de Eurasia o, si se prefiere, del Imperio Eurosoviético de
Vladivostok a Dublín.

---

[89]Sobre Carlo Terracciano en relación a Thiriart véase: «Orion» nº 252 —Nuova Serie a. XIV nº 9— Septiembre 2005, pp. 52-57, artículo publicado en
TERRACCIANO, *Alle radici del «Rossobrunismo»*.

Julio 1966. Año IV, nº 15 — Milán

El crepúsculo de los héroes

- Aleksandr Duguin
Obituario sobre la muerte de Jean Thiriart[90]

Después del crepúsculo de los ídolos

POR LO QUE PARECE, las profecías de Friedrich Nietzsche sobre la venida del «dominio del último hombre» viene haciéndose realidad en nuestro tiempo con una creciente evidencia. Después de la «muerte de Dios», o después de la eliminación de lo sagrado de la civilización moderna, y más tarde, después del «crepúsculo de los ídolos», o tras el colapso de todos los fetiches ideológicos que han reanimado a la humanidad, obligándola a la búsqueda y a la lucha en nombre de «nuevos valores», nos acercamos al último estado del «hastío de la civilización» —al reino planetario de la mediocridad victoriosa— «ni caliente ni frío: templado», que ha encarnado la mezquindad de su insignificante imaginación en apelaciones demagógicas a los «valores universales del hombre». El último «ídolo» capaz de inspirar todavía de cualquier forma a los pueblos la superación de sí mismos, o al menos de reconocer algo de trascendente en los estrictos confines de la escuálida individualidad profana, con su ser completamente inauténtico, imitativo y quimérico, era el «socialismo soviético», que, a partir de un esquema materialista y utilitarista, se ha transformado en Rusia en un ordenamiento imperial místico-idealista. El fin de la «era proletaria» ha coincidido, paradójicamente, con la

---

[90]DUGUIN, *Konservativnaja revoljucija.*

desaparición de las últimas trazas de idealismo social, porque el materialismo soviético, como surgió, se limitó a camuflar un cierto tipo de espiritualidad especial, seguramente heterodoxa, pero siempre una espiritualidad, mientras que la indiferencia del capitalismo hacia la esfera del espíritu finalmente ha llevado al triunfo real y absoluto del materialismo práctico y social. Se ha descubierto que negar directamente la existencia del Espíritu es menos eficaz que ignorarlo o admitirlo como una hipótesis «abstracta», «condicional», junto a la «evidencia» del ambiente material. Así, en agosto de 1991, cayó el último ídolo.

Un año después, el 22 de noviembre de 1992, murió en Bruselas el más eminente defensor y teórico del «sovietismo», el imparable Caballero del anticonformismo social radical, uno de los pensadores más profundos y rigurosos, que había entendido la lógica oculta en la entropía histórica y se había rebelado frente al dominio del «último hombre», descendió inexorablemente sobre Europa junto a la sombra del continente americano de Ultramar — Jean-François Thiriart, el último héroe de Europa. La muerte del Héroe ha sellado el fin de la era del «crepúsculo de los ídolos». La Medianoche de la muerte del Mundo, el momento que preocupaba tanto a Martin Heidegger, parece haber triunfado. La muerte de Jean Thiriart cierra un ciclo particular.

El caballero de Europa

Thiriart era un hombre de la Idea, a la cual subordinaba todas sus energías mentales, intelectuales y físicas. Esta idea tiene un nombre: «Europa». Europa era para Thiriart el valor más elevado y absoluto, al cual se supeditaba todo lo demás. Había un elemento casi místico en la reflexión de Thiriart hacia Europa como en la reflexión de los poetas rusos hacia Rusia (Si un ejército santo dijese: / Deja Rusia, vive en el paraíso, yo diré: / No tengo necesidad del paraíso, dame mi patria» — S. Esenin). Para Thiriart, Europa era una patria amada con pasión absoluta, por encima de la cual no admitía valores, realidades o «ídolos». A partir de esto, Thiriart articuló incluso una modalidad particular de reflexión intelectual: el «pensar a partir de Europa». Pero, de hecho, él no entendía la decadente y monstruosa civilización de mercaderes, a la cual está asociada hoy Europa, que durante ciertos periodos de tiempo se ha encarnado en las formas poderosas, gigantescas y majestuosas del Imperio Romano, en el Imperio de Alejandro Magno y sucesivamente en el Imperio Sacro Romano Germánico bajo el cetro de los Hohenstaufen. Thiriart entendía Europa como Imperio, y este es el nombre que lleva uno de sus libros programáticos[91]. Thiriart veía a Europa como un patriota ardiente y apasionado, como un nacionalista, y así después de él, a partir de los años 60, muchos patriotas europeos han empezado a definirse como «patriotas europeos» o «nacionalistas europeos».

La Europa del imperio, de la verdad, del suelo, desde el punto de vista de Thiriart, está en decadencia desde hace muchos siglos y hoy se encuentra incluso en contradicción total con su propia lógica interna. La Europa fragmentada, mercantil, capitalista y talasocrática, y después de 1945 directamente ocupada por el continente que representa su antítesis (USA) — esta es la AntiEuropa, prisionera, encadenada a los sólidos grilletes de la política, de la economía y de la geopolítica. Thiriart consideraba que la Europa contemporánea estaba privada de la libertad política, económicamente no autosuficiente, geopolíticamente (estratégicamente) esclava. El objetivo de toda la vida de Jean Thiriart fue la Liberación de Europa, la destrucción de sus cadenas, la REVOLUCIÓN EUROPEA.

Los estudiosos de la vida y de las actividades políticas de Jean Thiriart, el «Lenin» de la Revolución Europea, como a veces se le llama, son a menudo sorpresas de la lógica de su recorrido, iniciado con el activismo entre los comunistas belgas, para después pasar al nacionalsocialismo alemán y, más tarde, con la derrota del Reich y la «desnazificación» en prisión, continuado con la adhesión a una concepción política «nacional-europea», evolucionando de la cooperación con la OAS y con los partidarios del Congo belga a la «sovietofilia» y al «maoísmo» de finales de los años 70. Sin embargo, si uno «piensa a partir de Europa», entonces todas estas cosas son

---

[91] **N.d.E.**: THIRIART, *L'Europa*.

contradicciones o alianzas pragmáticas de un político anticonformista. Para Thiriart, el comunismo era y seguía siendo «el mejor medio de liberación económica de Europa del arbitrio del utilitarismo capitalista, que está guiado por el único concepto del beneficio económico y no tiene en cuenta los intereses nacional-continentales». En los años 60, Thiriart, junto con el economista Dastier, formuló una concepción propia del «comunismo», dando a su teoría el nombre más apropiado y preciso de «nacional-comunismo». El apoyo al Reich alemán se debió a su comprensión de la necesidad de unir Europa a toda costa, y en un cierto momento para los nacionalsocialistas alemanes el ideal del Imperio Hohenstaufen fue, en efecto, una estrella polar. Además, como muchos nacional-bolcheviques de aquella época, Thiriart consideraba la orientación antibritánica y antiamericana del Tercer Reich el punto decisivo, mientras que los motivos antieslavos y anticomunistas eran un error que podía ser superado en el futuro. El hecho de que las cosas podrían haber sido muy diferentes y que la línea antieslava se convirtiese incluso en la dominante en la política exterior alemana fue una terrible tragedia para Thiriart, porque la conclusión fatal de la aventura antioriental y antirrusa de Hitler, para todos los partidarios de Europa con una conciencia geopolítica, había sido clara desde el comienzo[92]. Junto a Evola y Ortega y Gasset, Thiriart en los años 40 participó en una publicación de las SS, especialmente concebida para la juventud europea —«La joven Europa»— y entró en el círculo «de izquierda», «antihitleriana» de las SS, que ingenuamente intentaron hasta el último momento cambiar la lógica de la guerra absurda y suicida con Oriente y, después de haber eliminado a Hitler y al lobby anglófilo que le rodeaba, completar junto a los soldados soviéticos el gran *Drang nach Westen*, poner fin a la plutocracia anglosajona y terminar la guerra no en una Berlín devastada, sino junto a los rusos en una Londres derrotada y en una Nueva York arrodillada. En los años 60,

---

[92]Para enmarcar mejor el concepto geopolítico al cual se alude, véase TERRACCIANO, *Geopolitica* en particular p. 25ss. (**N.d.T.**: Véase la edición española: TERRACCIANO, *Geopolítica* a partir de la p. XXI del texto de la «Introducción» a cargo de Donato Mancuso).

Thiriart volvió a la política después de la pausa obligada y esta vez fue como el portador de una ideología reelaborada en pureza — la ideología de Europa, esta vez liberada de la necesidad de una alianza política pragmática con el comunismo y con el nacionalsocialismo. Thiriart eligió «Joven Europa» como nombre de su movimiento. Este nombre resonó durante los años 60 en todo el mundo, como el primer y único caso en la política europea, cuando el movimiento, que se oponía resueltamente a la ideología liberal-democrática dominante en Occidente y rechazaba todas las pretensiones y convenciones del Sistema, comenzaba a difundirse (especialmente entre los jóvenes) y en un cierto punto estaba a punto de transformarse en un temible partido militante revolucionario, que amenazaba la existencia misma del Sistema. A partir de la aparición de «Joven Europa» tuvo inicio la «americanofobia» de los nacionalistas europeos. Sin embargo, la revolución europea no tuvo lugar. La obra extremadamente eficiente de control de los servicios políticos, la propaganda, la represión, la corrupción, las amenazas y otras intervenciones del Sistema liquidaron todas las posibilidades de la «revolución imperial» de Thiriart. (Es curioso que, como método de división, hayamos jugado, antes que nada, sobre las contradicciones entre los componentes de «derecha» y de «izquierda» de «Joven Europa»). Después de otra pausa a comienzos de los años 70, el «Lenin de la Revolución Nacional Europea» propuso un nuevo cuadro de referencia en el que reasumía su recorrido ideológico: el concepto de «Imperio eurosoviético[93]».

El Isócrates de Bruselas

La teoría del «Imperio eurosoviético» también desconcertó por su radicalismo a los propios compañeros de los primeros años de Jean Thiriart. Su significado repite tipológicamente la historia del patriota ateniense Isócrates, el cual, contrariamente a la opinión pasiva de la mayoría de los atenienses, propugnaba la sumisión de Atenas a Filipo el Grande, sabiendo bien que solo la sangre fresca

---

[93]**N.d.E.**: THIRIART, *L'Impero euro-sovietico da Vladivostok a Dublino.*

y la pasión geopolítica de los reyes del Norte podía transformar la ciudad portuaria en decadencia, talasocrática y «capitalista», en un Gran Imperio Continental. Thiriart, como Isócrates, propuso abrir las puertas de Europa occidental al ejército soviético para formar un estado continental «completo», libre de los vínculos económicos de la Banca Mundial, de la ocupación geopolítica de las tropas estadounidenses y del servicio político a los intereses de Israel.

Thiriart, antes que todos, antes que la Nueva Derecha, antes que los propios patriotas rusos en la época de la *perestroika*, se dio cuenta de que en aquel momento histórico solo el «modelo soviético» representaba la posibilidad de independencia cultural, política y geopolítica de aquellas fuerzas globales que, de hecho, han sojuzgado el planeta y que a menudo han terminado todas bajo la definición de mundialismo. «Pensando a partir de Europa», Thiriart afirmó no solo la pertenencia de toda Rusia a la masa continental europea —si para De Gaulle era la Europa «del Atlántico a los Urales», según Thiriart se hablaba de «Europa hasta Vladivostok»— pero también concluye que el modelo soviético debía ser acogido como la base para una nueva Europa libre, y que solo en virtud de este modelo —naturalmente con las oportunas modificaciones y añadidos los contenidos de la teoría del «nacional-comunitarismo», se podía integrar orgánicamente a los pueblos del continente. Thiriart, identificó en la URSS y en su estructura la forma moderna de un verdadero Imperio Federal continental telurocrático basado, como todo Imperio, en un principio transnacional, espacial, colectivista y autoritario, directamente opuesto al modelo liberal capitalista-utilitarista, filoamericano o individualista, que es letal para Europa. De la fórmula correcta, pero de cualquier modo abstracta de «ni comunismo, ni capitalismo», característica de los nacional-revolucionarios europeos de los años 60, Thiriart adoptó finalmente la fórmula del «Imperio eurosoviético», eligiendo no tanto el «comunismo, en cuanto a doctrina económica y política abstracta, como al «sovietismo», que es la realización concreta del socialismo en Rusia.

El guardián del huevo del mundo

Jean Thiriart era ateo. Como es obvio, este es un motivo suficiente de escándalo para los «neófitos ortodoxos» de hoy, que han llegado a ocultar con mucha facilidad sus carnets de partido, olvidando los juramentos y las promesas hechas a los pioneros del *Komsomol* y que no están en condiciones de pronunciar una sola frase sin moralismos hipócritas. Cierto, quien ayer apenas seguía a los creyentes, y hoy posa descaradamente en el Templo, percibe el ateísmo de este Caballero de Europa como una razón suficiente para rechazar sus ideas. Pero no es casualidad que entre los amigos, los compañeros de armas y los seguidores de Thiriart, ya sea en Europa como en Rusia, la mayoría no solo sea creyente, sino tradicionalista, o partidario radical de la Civilización Sagrada (a este propósito, se puede decir algo análogo en relación a Nietzsche o Heidegger). Thiriart veía en la religiosidad inherente al mundo moderno solo una forma de fariseísmo, un engaño proyectado para ocultar un insidioso cálculo geopolítico (como en el caso de la religiosidad estadounidense o de la política pro-americana del Papa), o un rechazo respecto a la realidad, con la política, con el mundo social circundante (como en el caso de numerosas sectas neoespiritualistas). Thiriart odiaba la «Biblia» en cuanto a «principal libro de Estados Unidos», que los exégetas talasocráticos usan para justificar su agresiva expansión planetaria y la visión de los Estados Unidos como epítome de una Nueva Israel llamada a juzgar a las naciones[94]. Es curioso percibir que muchos tradicionalistas ortodoxos e islámicos consideran la religión estadounidense exactamente del mismo modo (si bien, obviamente, no extienden estas consideraciones a las Sagradas Escrituras).

Además, el ateísmo de Thiriart también puede ser entendido de otra forma. Desde el momento que todo su pensamiento tendía siempre y antes que nada al frío, al cruel realismo —por poner un ejemplo, el rechazo de las abstracciones sobre la «Tercera Vía» y la elección responsable, valiente y arriesgada del «Imperio soviético europeo de Vladivostok a Dublín»— entonces el ateísmo en su caso

---

[94]**N.d.E.**: Sobre este tema véase KLEEVES, *Un paese pericoloso*.

equivale al firme deseo de permanecer en el interior de la realidad
visualizada, equivale al rechazo a disolverse en aquellos laberintos
nebulosos de la *soft ideology*, en los cuales los teóricos modernos del
mundialismo tratan de calmar la conciencia del hombre, apelando,
en particular, a sujetos místicos, ocultos y espirituales. René Guénon,
el representante más importante del pensamiento tradicionalista, en
su principal obra, *El reino de la cantidad y los signos de los tiempos*
ha escrito que la era moderna puede ser simbolizada por el Huevo del
mundo, que se abre desde abajo después del fin de la fase precedente
(la fase del materialismo grosero), en el curso de la cual ésta se
cierra desde lo alto (a las influencias espirituales, supercósmicas).
Esta apertura del Huevo del Mundo desde lo bajo significa, según
Guénon, el inicio de una nueva «pseudoespiritualidad», que no es sino
la penetración en el mundo de los hombres de influencias subhumanas
y demoníacas — las hordas de «Gog y Magog». En esta era realmente
apocalíptica, el materialismo y el ateísmo (en la fase precedente
puramente negativos) se convierten, si no en una bendición, en el
último de los males, porque la verdadera espiritualidad ortodoxa,
completa durante este periodo, es el destino de una minoría, una élite
espiritual de elegidos capaz de gestas heroicas. En esta perspectiva,
Thiriart aparece como un verdadero «guardián del Huevo Cósmico»
de las influencias subhumanas. También es significativo que en la
Tradición la propia idea del Imperio está estrechamente conectada a
la idea de la frontera que separa el mundo humano de los mundos
demoníacos y subhumanos. Tal sería en particular el simbolismo del
«muro de hierro», construido, según la leyenda, por el gran fundador
de imperios Alejandro Magno para impedir la invasión del ecúmene
humano por parte de las «hordas de Gog y Magog». Thiriart era
un «fanático del Imperio». Su idea era Federico II de Hohenstaufen,
otro emperador, sobre el cual se basaron las leyendas del Medievo,
similares a las de Alejandro Magno.

Entonces, ¿el ateísmo de Thiriart no era quizás una forma especial
de expresión de una lógica puramente espiritual, que prescinde
de las palabras y de los atributos exteriores, que sabía reconocer
perfectamente el rostro siniestro del Enemigo del hombre tras la

máscara farisaica, y que desafiaba heroicamente las fuerzas, la guerra intransigente con las cuales es el principal deber religioso de todo creyente — de un creyente no en la letra sino en el espíritu?

El último viaje

Es extraño y simbólico que el último viaje en la vida de Jean Thiriart haya sido un viaje a Rusia. En agosto de 1992, exactamente un año después de los acontecimientos de agosto que pusieron fin para siempre al sueño de un «Imperio soviético europeo», Jean Thiriart fue por primera vez a Moscú, la ciudad que amaba y en la cual pensaba desde hacía más de 50 años.

A finales de los años 60, en Irak, Thiriart estaba más cerca que nunca de la realización de su proyecto de larga duración: la creación de las Brigadas europeas de liberación que, en su opinión, habría debido emprender una lucha armada contra las fuerzas de ocupación estadounidenses en Europa y en el Próximo Oriente. Los campos ya estaban montados y miles de jóvenes voluntarios europeos estaban dispuestos a ocuparlos. Pero en aquel momento llega desde Moscú una severa advertencia: «ninguna acción antiamericana», «ningún contacto con Thiriart». Así que debió volar urgentemente hacia el Egipto de Nasser (el único consuelo era que este vuelo sucedió a bordo de un avión militar soviético). Moscú ya estaba paralizada en su interior, incapaz de dar pasos geopolíticos radicales, impregnados de una red de «agentes de influencia» atlantistas. Sin embargo, sea como sea, los proyectos de guerra partisana en Europa se vieron comprometidos. El encuentro con los «maestros del Kremlin» fue pospuesto de manera indefinida. Y sólo después del final de la URSS, tras la humillante caída de aquella poderosa potencia geopolítica que había inspirado terror a todo el planeta, que estaba lista para moverse hacia el Sur y hacia el Oeste, se frenaron los apetitos predatorios de la talasocracia estadounidense. Jean Thiriart, teórico del «Imperio eurosoviético de Vladivostok a Dublín», pudo visitar la ex-capital de Eurasia y encontrarse con quienes, en un tiempo, hizo depender el éxito de su misión europea y a quienes hoy, a pesar de una traición sin precedentes, a pesar de la devastación y del caos, a pesar de la apatía nacional, se está moviendo valientemente hacia la creación de un Gran Imperio Euroasiático.

Yegor Ligachov y Guennadi Ziugánov, Sergey Baburin y Nikolái Pávlov, Aleksandr Projánov y Eduard Volodin, Heydar Jamal y Viktor Alksnis — cada uno de ellos de diferente forma, pero con idéntica atención e interés, ha discutido y se enfrentado a Jean Thiriart, acogiendo con gusto su no-conformismo, tratando de comprender su lógica, reflejando sus paradojas, asombrándose de su energía totalmente juvenil en contraste con su edad, con la severidad y el peligro de sus intensas luchas, vicisitudes y práctica revolucionaria del destino.

Un eco de esta visita fue la fotografía que dio la vuelta por toda Europa: Jean Thiriart estrangula simbólicamente a un Yeltsin de cartón en Arbat[95]. Había visitado el país, heraldo geopolítico del cual había sido durante muchos años, solo cuando el poder ya había pasado a las manos de los infames enemigos de Eurasia, enemigos de la Europa libre, miserables títeres en el teatro de las marionetas estadounidense. En la Plaza Roja solo había visto a especuladores y prostitutas maquilladas, y un puñado de nostálgicos en el Museo Lenin no hacía más que evidenciar el abismo de la caída de la que en un tiempo fue una Gran Potencia, por amor de la cual el Isócrates belga desafió a los ciudadanos de la Europa decadente y plutocrática. Tenía todas las razones para odiar el «Mobutu sin dedos», que había destruido la gigantesca estructura continental en un vórtice de frenesí alcohólico. Todavía estaba más indignado por el traidor proclamado que se había metido en el bolsillo el premio israelí Harvey, una pequeña ofrenda para la entrega del Imperio (fue Thiriart quien llevó a Rusia la revista de los sionistas «Regard» —«la mirada»— que proporcionaba todos los detalles del premio a Gorbachov). Detrás de su alegría y habitual optimismo, Thiriart ocultaba la experiencia de un inmenso drama. El «Lenin de la Revolución Europea», veía, ante sí, un abismo abrirse en la ciudad que consideraba la principal

---

[95]**N.d.T.:** Arbat es un distrito de la capital de Rusia, Moscú, que cuenta con una población de 26.900 habitantes.

fortaleza del futuro imperio. . .

Sin embargo, su voluntad política permaneció inflexible: «¡Yeltsin es Kerensky, es el Barras de la Revolución Francesa, no es un Stalin!», dijo Thiriart saludando a sus amigos rusos. «Stalin vendrá más tarde, después de él. Seguramente vendrá, no podrá dejar de venir. La hora del gran imperio europeo llegará tarde o temprano, y sin Rusia tal imperio, simplemente, no podrá existir». Los periodistas demócratas con sus capacidades de informadores ejemplares no dejaron de sugerir que el Frente de Salvación Nacional fue creado poco después de la visita de Jean Thiriart a Moscú. . . [96]

Caído sobre el campo de batalla

Inmediatamente después de la liberación de Thiriart de las cámaras de tortura democráticas, después de la «desnazificación», uno de los máximos funcionarios de la seguridad belga aseguró a Thiriart de forma confidencial: «No debe temer que le asesinemos. Nuestro sistema conoce perfectamente las bases de la psicología política: si le matamos, se convertirá en un mártir. No, es demasiado peligroso. Le mataremos en silencio, con la indiferencia. . . Se asfixiará en la incertidumbre económica. Desaparecerá. Entonces, duerma tranquilo, señor Thiriart». Y así fue: Jean François Thiriart murió por un infarto en su cama. Por la mañana fue encontrado ya muerto, con una sonrisa calmada en el rostro — No había tenido ni idea de que se estaba muriendo.

Y sin embargo, todos aquellos que son llamados por el Espíritu al frente del Imperio saben que antes o después la razón del Sistema será violada por otra ley: la ley de la Voluntad, la ley de la Verdad, la ley

---

[96]En la revista «Orion» en su nº 96, septiembre de 1992, se publicó el diario de viaje a Moscú de aquellos días con algunas intervenciones públicas y privadas en las que participó una delegación de la redacción de «Orion». Otras intervenciones fueron publicadas en los números 97 y 98. En «Orion» nº 252, septiembre de 2005, (ahora en TERRACCIANO, *Alle radici del «Rossobrunismo»*) se publicó un recuerdo de Carlo Terracciano (que formaba parte de la delegación del pensador belga, **N.d.E.**)

de la Fuerza, la ley del Espíritu, la ley del IMPERIO. Saben que Jean Thiriart, Caballero de Europa, cae como un héroe sobre el campo de batalla, en medio de la batalla, en el fuego y en el humo del Gran Choque. También saben que de las profundidades de la vergüenza nacional, de las cenizas de un Estado poderoso, bajo los escombros del gigante continental, está surgiendo una ola de Renacimiento y Despertar. Los pueblos del continente están acumulando su sagrada furia hacia los ocupantes transatlánticos y sus secuaces. El Frente de Liberación Europeo es el Frente de Salvación Nacional. Nuestra lucha es hoy una Lucha Común, donde las naciones del continente están llamadas a realizar una única Revolución anticolonial, cuyo profeta y heraldo fue y sigue siendo JEAN THIRIART, el último europeo verdadero, que con su destino y su lucha anticipó Otra Era, la Era del Imperio de más allá de la Medianoche del Mundo, en el MAÑANA euroasiático.

— ¿Jean Thiriart?
— ¡Presente!

Parte I

Historia de Jeune Europe (1962-1969)

SETTEMBRE 1966

EUROPA COMBATTENTE

APPASSIONARSI PER L'OCCI-DENTE? NO.

COMBATTERE E VINCERE PER L'EUROPA? SI'. JEAN THIRIART

Organo della GIOVANE EUROPA
Conca del Naviglio, 9 - Milano

L'EUROPA DEI RAZZISTI

NOI COSTRUIAMO L'EUROPA (vedi a pag. 3)

SERVILITA' A WASCHINGTON

Septiembre 1966. Año IV, nº 17 — Milán

Breve historia del movimiento *Joven Europa*

- Yannick Sauveur
Artículo original: SAUVEUR, *Giovane Europa*

Premisa

EL MOVIMIENTO «JEUNE EUROPE», bajo la dirección de Jean Thiriart (1922-1992), es el intento más exitoso de crear un movimiento genuinamente europeo y transnacional. Thiriart defiende la idea del Partido Histórico, «un pequeño grupo iluminado, un grupo de vanguardia, un grupo capaz de hacer nacer una nación». El partido prefigura la nación a construir (o comunidad de destino), la nación europea. Desde 1962, *Jeune Europe* se difundió por toda Europa y más allá. En la época, la influencia de *Jeune Europe* era más bien marginal, dada la escasez numérica de sus redes. *Jeune Europe* fue prohibida en Francia debido al apoyo activo dado a la OAS. Solo las redes belga e italiana vivieron aquel periodo en su máximo esplendor. Respecto a la organización italiana de «Giovane Europa», se puede hablar legítimamente de un relativo éxito tanto en términos de acción y organización, como en sus estructuras y en la originalidad de los temas. Este éxito también se traduce en términos de longevidad porque la filial italiana es la última en desaparecer en 1970. El siguiente estudio sobre «Jeune Europe» se remonta en su mayor parte a 1980, salvo unas pocas modificaciones y el añadido de nuevos elementos surgidos entretanto.

La génesis de *Jeune Europe*

La génesis de «Jeune Europe» es de «Destra» (Derecha), de hecho es desde «Giovane Nazione», de donde nacerá «Giovane Europa». La referencia a la organización francesa «Jeune Nation» y a sus fundadores, los hermanos Jacques y Pierre Sidos, es evidente, porque su popularidad es conocida más allá de los Alpes. Inicialmente, «Giovane Nazione» era una organización estudiantil fundada por Pierfranco Bruschi (nacido en 1940) y Renato Cinquemani. Su primer boletín interno apareció en noviembre de 1962 y a este le seguirían otros once números hasta noviembre de 1963.

Percibamos, y esto también tiene una nota anecdótica, las referencias elogiosas hacia el «camarada Renato Curcio». El que se convertiría algunos años después en el líder de las «Brigadas Rojas» fue responsable de «Giovane Nazione» como se evidencia de la lectura de los boletines internos del movimiento (números 4 y 5 de febrero y marzo de 1963). Renato Curcio forma parte del grupo de Albenga y la dirección de *Giovane Nazione* no deja de elogiar la cualidad de este delegado, más allá de la perfecta organización y distribución de las funciones en el interior de las diferentes federaciones, también está el hecho de haber dirigido el trabajo de «traducción de nuestra prensa europea[97]».

En aquella época, la organización italiana estaba presente principalmente en Milán, Brescia, Bolonia, Turín, Génova y, en general, particularmente en el Norte de Italia.

La organización italiana sigue la misma evolución que la belga. El activismo de derecha concluye en 1962 con una represión de la

---

[97]Renato Curcio (1941) es muy discreto respecto al apartado político de su militancia juvenil. Leyendo las entrevistas del periodista Mario Scialoja, vemos como R. Curcio quería inscribirse en la Academia de Bellas Artes. Frente a esta pretensión estaba el rechazo de la madre: «Quiero que vaya a otra escuela, la elegiré al azar. Y la elegí abriendo aleatoriamente la guía telefónica. Me encontré en el Instituto Técnico de Química de Albenga». En el otoño de 1963 comienza su primer año académico en la Universidad de Trento en sociología. A partir de esto se puede deducir que su conversión a la extrema izquierda se remonta alrededor del otoño de 1963 (cfr. SCIALOJA, *Renato Curcio: A cara descubierta*).

4

policía hacia los principales responsables italianos.

> Poco después, Bruschi y Cinquemani, convencidos de la
> necesidad de organizar la lucha a escala europea, man-
> tienen estrechos vínculos con *Jeune Europe*, adoptando
> la cruz céltica y publicando el manifiesto a la nación
> europea[98].

El nacimiento de *Giovane Europa*

En Bolonia, el 4 y 5 de mayo de 1963, tiene lugar la primera asamblea de «Giovane Europa», la cual reunió a 60 delegados de toda Italia. En esta asamblea intervienen Jean Thiriart, Oswald Mosley y Pierfranco Bruschi, presidente de «Giovane Nazione». Renato Cinquemani hace una retrospectiva del trabajo completado durante los tres años de actividad de «Giovane Nazione». Fue al término de este trabajo cuando Bruschi anunció a los activistas italianos la creación de la red autónoma «Alto Adige», independiente tanto de la red Italiana como de la red Austriaca.

Inmediatamente después, en junio de 1963, se publica el primer número de «Europa Combattente», en la cual aparecían las actas de la reunión de Bolonia con la firma de Antonino de Bono. En este mismo número se incluyó un suplemento, «el Manifiesto a la nación Europea».

En el mismo periodo nacía «Alleanza nazionale-rivoluzionaria» por iniciativa de «Giovane Nazione», alianza que reunía a un cierto número de grupos entre los cuales estaban «Giovane Nazione», «Giovane Europa», «Giovani italiani Fncrsi», «Gruppo San Marco del Fronte Nazionale Giovanile» y otros grupos estudiantiles. De hecho, hay que decirlo, la alianza, cuyo objetivo evidente era constituir un polo relacionado con el M.S.I., no alcanzó su objetivo. La principal fuerza política, en esencia nacionalista revolucionaria, la de Pino Rauti y Antonio Lombardo de «Ordine Nuovo», quedó al margen.

---

[98] «Europe Communautaire», nº 16, marzo 1965, cit. p. 63.

Antonio Lombardo, que participó en la reunión de la A.N.R. (*Alleanza Nazionale Rivoluzionaria*), continuó denigrando la acción de la propia A.N.R.

En cualquier caso, «Giovane Nazione» subraya que: «Las diferentes organizaciones adheridas a la A.N.R. tienen un origen ideológico común que se expresa en la misma concepción del mundo y de la vida y en la misma visión de las soluciones a plantear ante los problemas contingentes de quien actúa hoy en Italia y en Europa. "Giovane Nazione" propone la fusión de todas las organizaciones adheridas a la A.N.R. ANR en un nuevo organismo unitario...»[99].

Este será el tema del encuentro que tuvo lugar en Bolonia el 27 de octubre de 1963 con la participación de Bruschi, Cinquemani, De Bono (*Giovane Nazione*), Cesarini, Smantelli, Gigliarelli (*Ordine Nuovo Perugia*), Pintus (*FNG La Spezia*), Paganini (*Gruppo V. Catullo dé Verona*). Andrioni (*FISN Napoli*) y otros amigos de Grosseto, Catania, Reggio Calabria, y Messina. Además se señala la presencia de Claudio Mutti (que después se convertirá en miembro de *Giovane Europa*), en la época miembro de *Giovane Nazione* desde el 1 de septiembre de 1963 (carnet número 88).

Al término de este encuentro, la *Alleanza Nazionale Rivoluzionaria* es disuelta y algunos grupos que se habían adherido se unen a *Giovane Nazione* y dan vida a *Giovane Europa*. Entre estos grupos destacan el de *Ordine Nuovo* de Perugia, dirigido por Cesarini y los grupos estudiantiles *Gruppo V. Catullo di Verona* y *FNG La Spezia*, dirigidos respectivamente por Paganini y Pintus. Significativamente, el número 4 de «Europa Combattente» (febrero de 1964) se convierte en el órgano de «Giovane Europa» y no más de *Giovane Nazione*. «El programa de la nueva organización es el manifiesto por la nación europea[100]». La dirección del Consejo Nacional espera a Gianfranco Bruschi, mientras el doctor Rinaldo Barbesino de la FNCRSI es invitado a aceptar la presidencia de Giovane Europa. Junto a Bruschi encontramos a Ugo Cesarini, Eros Perugini, Antonino De

---

[99] *Giovane Nazione, Direzione nazionale* (sin fecha).
[100] *Alleanza Nazionale Rivoluzionaria/Giovane Europa*, circular nº 7 del 28 de octubre de 1963.

Bono y Renato Cinquemani.

El desarrollo de la red italiana

El periódico «Europa Combattente» se convierte en el órgano del movimiento[101], desde aquel momento en adelante la red italiana moldeará de cerca su acción y sus estructuras en base a la central belga, como testimonian, por ejemplo, las «comunicaciones» que nos proporcionan perfectas informaciones sobre las actividades de «Giovane Europa»[102].

En estos años 1964-1966, *Giovane Europa* desarrolla una intensa propaganda, los grupos se multiplican, durante el periodo de junio de 1963 a junio de 1964, los grupos más fuertes son los de Bolonia, Verona, Perugia y Génova[103]. Aparecen multitud de boletines, muy a menudo cada federación tiene su propio boletín, como Bolonia (*Giovane Europa*), Nápoles (*Gioventù Europea*), Verona (*Nuova Europa*), Turín (*Torino Europa-Continente*), Milán (*Eurofront*), Toscana (*Giovane Europa - Croce Europea*), Ferrara (*Il Primato d'Europa*), Parma (*Battaglia Europea*).

Así, con su vigor, la red italiana muestra que un punto de inflexión político es posible, y que, de Bolzano a Reggio Calabria, de Venecia a Imperia, de Bolonia a Parma se podía construir un movimiento paneuropeo válido.

Su originalidad es evidente también a nivel ideológico y, en particular, se distingue del espacio de derecha que en un origen era el suyo. A propósito del *Movimento Sociale Italiano*: «El M.S.I. es un partido profundamente parlamentario con matices nostálgicos. Todo su discurso político está centrado en la esperanza ilusoria de poder ser utilizado en un gobierno de centro o de centro-derecha».

---

[101]Veinte números publicados de junio a diciembre de 1966.

[102]Comunicaciones de la *Direzione Nazionale* de GIOVANE EUROPA, nº 1 del 23 de noviembre de 1963 al nº 125 del 16 de junio de 1970 (comunicaciones 1963: 2, 1964; 22, 1965: 26, 1966: 27, 1967: 19, 1968: 13, 1969: 12, 1970: 4).

[103]Comunicación del 7 de mayo de 1964.

El M.S.I. es acusado de anticomunismo reaccionario y conservador: «El M.S.I. sigue una política occidental, atlantista y nacionalista...». Un juicio así de duro se hace también extensivo a *Ordine Nuovo*, acusado de vivir solo en función del M.S.I.: «En O.N. encontramos de forma indiferente nacionalsocialistas, tradicionalistas católicos, neopaganos, fascistas republicanos, monárquicos, nacionalistas europeos, conservadores, socialistas etc.».

La diferencia de fondo entre *Giovane Europa* y estos otros movimientos es fundamental a los ojos de los dirigentes de *Giovane Europa*: algunos tienen un discurso claro y revolucionario, otros deben renunciar al occidentalismo y al nacionalismo[104]. Como la central belga, la red italiana muestra una gran intransigencia tanto desde un punto de vista doctrinal como desde un punto de vista militante. Las comunicaciones proporcionan muchos ejemplos de alabanzas y culpas para activistas y líderes. Así, una sentencia del 8 de diciembre de 1966 señala un lento pero continuo progreso... «Esto se debe al coraje y al sacrificio de muchos de nuestros declarantes... Balzano, Barsacchi, Cerati, Cinquemani, Colucci, Costanzo, Fiori, Giubilo, Leone, Martelli, Moglia, Mutti, Orsi, Papalia, Ruocco, Smorto y Vella[105]». Otro ejemplo de la intensa actividad y de su poderosa representatividad en el interior de la estructura de *Giovane Europa* nos viene de su participación, tanto intelectual como activista. En la *Nation Européenne* (octubre-diciembre 1965), son 42 el número de nacionalidades que lanzan una llamada a «unirse a ellos en la gran lucha por la unidad europea». Entre ellas, 8 proceden de la península italiana: Bruschi, Cinquemani, Costanzo, Destefanis, Martelli, Mutti, Orsi y Smorto.

En el Congreso de Madrid de 1967, son 58 líderes de siete países europeos, diez procedentes de Italia, como son Barsacchi, Bruschi, Cinquemani, Fiori, Grandi, Magni, Maranelli, Martelli, Salis y Smorto.

---

[104]Cfr. Comunicación nº 33 del 7 de junio de 1964.

[105]Pietro Giubilo será excluido de «G.E.» a comienzos de 1967; poco después entrará a formar parte de la Democracia Cristiana y se convertirá en alcalde de Roma en 1988-1989.

Estructura y organización de *Giovane Europa*

La red italiana está construida sobre el modelo de la central belga. En cabeza encontramos desde el principio a Pierfranco Bruschi, que permanecerá como líder de la organización prácticamente hasta el final. A continuación ofrecemos en detalle la composición de la dirección nacional. Por un lado, se observará una fuerte representación del Norte de Italia y, por otro lado, sustanciales modificaciones en la composición de esta dirección, salvo la permanencia continuada de P. Bruschi y de C. Orsi.

El plano organizativo gestado sobre la central belga, es el siguiente:

- Primera oficina: Instrucción política

- Segunda oficina: Administración

- Tercera sede: Propaganda

- Cuarta oficina: Acción

- Quinta oficina: Información

30 de noviembre de 1965:

- Presidente: Pierfranco Bruschi (Milán)

- 1ª sede: Massimo Costanzo (Roma)

- 2ª sede: Eros Perugini (Milán)

- 3ª oficina: Claudio Orsi (Ferrara)

- 4ª sede: Renato Cinquemani (Milán)

20 de enero de 1967:

- Presidente: Bruschi

- 1ª oficina: Cinquemani

- 2ª oficina: Cinquemani

- 3ª sede: Orsi

- 4ª oficina: Claudio Destefanis

27 de octubre de 1968:

- Presidente: Bruschi

- 1ª sede: Orsi

- 2ª sede: Destefanis (provisional)

- 3ª oficina: Leonardo Fiori

- 4ª oficina: Destefanis

30 de enero de 1969:

- Composición idéntica excepto:

- 3ª oficina: Claudio Mutti (PARMA)

25 de octubre de 1969:

- Secretario Nacional: Claudio Orsi (FERRARA)

- 1ª sede: Pierfranco Bruschi (MILÁN)

- 2ª oficina: Claudio Destefanis (GÉNOVA)

- 3ª sede: Pino Balzano (TORRE ANNUNZIATA)

- 4ª oficina: Claudio Mutti (PARMA)

Propaganda

Bastante clásico en sus acciones, es decir, encuentros públicos y privados, vallas publicitarias, murales, periódicos y comunicaciones. El carácter original de esta propaganda reside principalmente en su densidad más que en el deseo de italianizar lo más posible *Jeune Europe*: publicaciones específicamente italianas, libro de Thiriart traducido al italiano y comercializado[106]. Dos publicaciones en la prensa han sellado la vida de *Giovane Europa*: «Europa Combattente» y «La Nazione Europea[107]», menos lujosa que «La Nation Européenne». La difusión media del diario italiano es de 5000 ejemplares. La redacción comprende a los principales responsables de «G.E.», como son Pino Balzano, Pierfranco Bruschi, Renato Cinquemani, Francesco Egon Colucci, Leonardo Fiori, Claudio Mutti y Claudio Orsi.

La Nazione Europea, por su forma pero también por su adaptación al contexto local, adopta un tono mucho más militante que la convierte más en un diario que en una revista. Los temas son muy antiamericanos, incluso tercermundistas. Los títulos son indicativos de este estado de ánimo: «NATO: strumento di servitù», «La strategia USA nel Mediterraneo», «Sostegno al Vietnam», «Italia: una colonia americana», «Sostegno alla rivolta nera negli USA» etc.

Evolución de *Giovane Europa*

A diferencia de la filial francófona, la cima de *Jeune Europe* fue en 1969, mientras que en 1967 selló el pico de actividad en Francia y Bélgica. De hecho, parece que se dio una posibilidad de explotar la situación italiana en aras de una radicalización de la lucha de liberación nacional (entendida en sentido europeo). En 1969, en

---

[106]THIRIART, *L'Europa*.

[107]De «Europa Combattente» fueron publicados 18 números (entre julio-agosto de 1963 a diciembre de 1966. También de «La Nazione Europea» se publicaron 18 números (entre febrero de 1967 y junio de 1970).

Italia, es el año de la oleada de luchas estudiantiles, luchas que *Giovane Europa* entendía que debía canalizar y tomar su control. «Hoy actúan en Italia una quincena de grupos espontáneos prácticamente sobre nuestras posiciones. ES NECESARIO LLEVAR A ESTOS GRUPOS ESPONTÁNEOS A G.E.[108]». «...La idea de hacer algo nuevo con los grupos espontáneos debe ser combatida como un romántico y estúpido propósito. SOLO INTEGRANDO a los grupos espontáneos en G.E. no ponemos en discusión nuestras conquistas en el ámbito doctrinal, político y organizativo».

Es con este espíritu que nace el «Movimento Studentesco Europeo» (M.S.E.) sobre la iniciativa de «G.E». Sin embargo, pronto se hará evidente que era difícil si no imposible hacer algo con los movimientos espontáneos. Por tanto, una reunión del M.S.E., que debió tener lugar el 26 y 27 de abril de 1969 en Florencia, tuvo que ser anulada. Los grupos espontáneos son acusados de falta de homogeneidad política y de dedicarse al activismo por amor al activismo. En consecuencia, «G.E.» propone que, preliminarmente, se constituya un verdadero «debate político para verificar y profundizar sobre un discurso político unitario». «La Nazione Europea» debería haber constituido el foro para el debate[109].

Además, «G.E.» revela que tiene dos enemigos a combatir: el M.S.I. y a los Nacional Revolucionarios (N.R.), dado que ambos tratan de recuperar el movimiento espontáneo (por otro lado por razones opuestas). En este caso parece que los N.R. —comprendido Ugo Gaudenzi— son combatidos más por razones personales que por razones ideológicas.

Así, el centro de gravedad de las luchas se movió hacia el sur para «G.E.», de modo que no tiene el control directo de la situación.

---

[108]**N.d.T.**: Acrónimo de «Giovane Europa».
[109]Comunicación n⁰ 111 del 18/02/1969.

El fin de *Giovane Europa*

El 27, 28 y 29 de junio de 1970 tuvo lugar el segundo y último congreso de *Giovane Europa*. Mientras tanto, la redacción de «L.N.E.[110]» se trasladó a Nápoles, pero es un movimiento sin aliento, habiendo perdido la vitalidad de los años buenos. Cunde un gran desánimo entre los militantes que, sin lugar a dudas, creían, muchos de ellos, que la «gran noche» estaba próxima. Se producen algunas dimisiones, reclasificación para otros, que terminan uniéndose a la Democracia Cristiana (¡sic!), a la extrema izquierda[111] o a los núcleos de «Lotta Di Popolo» (E.M. Dantini y Ugo Gaudenzi) en Roma, Nápoles, Milán e Imperia.

La importancia y el éxito de *Giovane Europa* se pone en perspectiva porque, según la confesión del propio Claudio Mutti, a duras penas el movimiento habría contado un un centenar de militantes como máximo en su mejor época.

Queda el hecho de que la red italiana se desarrolló mejor que en los demás países —a excepción de Bélgica— ¿Y a qué se debe? Entre las muchas explicaciones podemos citar la historia de Italia. A diferencia de Francia, España o Inglaterra, Italia tiene un pasado nacional reciente; su unidad tiene poco más de cien años. El nacionalismo tiene menos significado que en Francia y es más fácil que trascienda hacia el nacionalismo europeo. También se puede sostener la mayor politización de Italia respecto a otros países europeos — comprendida Francia. En Italia, todos los partidos tienen proporcionalmente muchos más miembros que partidos similares en Francia.

Más allá de los testimonios históricos, es evidente que la influencia intelectual de las ideas desarrolladas por *Giovane Europa*, y más en general por Thiriart, están muy presentes en Italia, incluso si las interpretaciones de algunos dejan mucho que desear.

---

[110]**N.d.T.**: Acrónimo de «La Nazione Europea».
[111] «Nazione Europa», abril 1969.

Diciembre 1966. Año IV, nº 20 — Milán

Nota sobre el origen de la obra

- Pietro Missiaggia

EL SIGUIENTE TEXTO EN VERSIÓN «INTEGRAL» (de la cual se han eliminado algunas citas colocadas por la redacción editorial al comienzo de los capítulos como epígrafes) respecto al publicado como «anónimo» tanto en lengua italiana por la Società Editrice Barbarossa, como en lengua francesa, se ha remontado por algunos a Luc Michel y a otros como José Cuadrado Costa. Nosotros, para esta edición, preferimos mantener el texto con el autor «Luc Michel» por los siguientes motivos:

1. El texto original publicado en el número de «Conscience Euro-péenne» (Marzo 1985) como escrito por Luc Michel. De hecho, Luc Michel firma el artículo en la revista.

2. El estudioso Xavier Raufer cita ampliamente el documento en «Notes et études du Centre de recherche sur les menaces contemporaines» (París, 1991) y especifica que tal documento no está datado y ha sido publicado como «anónimo».

Según lo publicado por Raufer:

> El texto que sigue es un texto mítico y, como todos los mitos, plantea un problema a los historiadores. En este caso, nos preguntamos desde hace tiempo quien fue su autor. Hasta hoy (1991, N.d.E.) siempre se ha publicado de forma anónima (en francés por Ars edizioni, en español por Tribuna de Europa y en

italiano por Edizioni Barbarossa). Este anonimato
no ha impedido que su paternidad se atribuyera a
una media docena de potenciales autores, los más
probables de los cuales son el mismo Jean Thiriart
y José Cuadrado Costa. Varias comprobaciones cruzadas recientes, así como las confidencias tardías de
testimonios de la época, finalmente han concluido
en que fue precisamente éste último, bajo consejo de
Jean Thiriart, y con su ayuda, quien escribió esta
obra.

El texto es anónimo en las ediciones italiana, francesa y española publicadas en el pasado, sin embargo en estas ediciones
está fechado, y además en la copia original procedente del volumen de *Coscience Européenne* (marzo 1985) se evidencia la
pertenencia a Luc Michel, que firma el artículo con su nombre.

3. En la premisa de las *Edizione Barbarossa* aquí publicada,
«Charleroi 1985» como lugar y fecha de redacción del texto,
induce a considerar que Luc Michel está involucrado, de cualquier forma, si no en la propia redacción del texto al menos sí
en su publicación (entonces se considera, en base a las fuentes
que poseemos, que el texto ha sido elaborado por Luc Michel).

Por estas razones, y para atenernos a las fuentes históricas,
creemos que es oportuno mantener como autor del texto a Luc
Michel; para facilitar al lector una reflexión y una oportuna búsqueda
de informaciones posteriores, integramos el escrito de algunas partes
de la copia francesa original (que contiene la foto y los documentos
inéditos para el público italiano).

Prefacio

- Marco Battarra

«Independientemente de las circunstancias, el deber de un revolucionario es hacer la Revolución»

— Carlos Marighella[112]

«Haced de la causa de la Nación la causa del pueblo y la causa del pueblo será la de la Nación[113]».

— Vladímir Ilich Uliánov (Lenin)

JEAN THIRIART, cuyo nombre es prácticamente desconocido en el seno del mundo nacionalrevolucionario italiano, es, sin lugar a dudas, el teórico político al cual más debemos. Es a él a quien se debe, ya en 1966, la denuncia de Occidente y de sus lacayos, la designación de los Estados Unidos como el principal enemigo de Europa, la idea de una Europa independiente y unida desde Dublín a Vladivostok y la idea de una alianza con los nacionalistas y revolucionarios del Tercer Mundo. A él le debemos también el esbozo, con la organización *Jeune Europe* (en español: Joven Europa), de un Partido Revolucionario Europeo, inspirado en los principios leninistas, y la versión moderna de un socialismo que quería ser al mismo tiempo nacional, comunitario y «prusiano».

---

[112]**N.d.A:** Véase: MARIGHELLA, *Piccolo manuale di guerriglia urbana*
[113]**N.d.A:** Sobre los aforismos de Lenin véase ULIÁNOV, *Pensieri Scelti*.

¿Pero quién es Jean Thiriart? Nacido en una familia liberal de Lieja[114] que profesaba grandes simpatías por la izquierda, Thiriart milita en un principio en la *Jeune-Garde Socialiste*, después, durante la Segunda Guerra Mundial, en el *Fichte Bund* —liga surgida del movimiento nacional-bolchevique de Wolfheim y Laufenberg— y en los *Amis du Grand Reich Allemand*, asociación que en Bélgica reúne a los elementos de extrema izquierda favorables a la colaboración europea, es decir, a la anexión al Reich alemán.

Como nacionalista europeo, Thiriart apoyará durante los años 60 la lucha por el Congo belga, del Katanga y de Rhodesia, porque el control de África le parece necesario para Europa, económica y estratégicamente. Además llevará el apoyo de su organización a la OAS, porque una eventual conquista del poder en Francia por parte de esta organización le parecía de tal naturaleza, que podría servir como trampolín de lanzamiento para una futura Revolución Europea. Después de la caída de esta operación, pero especialmente del alejamiento del ala reaccionaria del movimiento, en el periodo 1964-1965, *Jeune Europe* experimentará un sólido «viraje a la izquierda» e intentará trabajar esencialmente el concierto con China (Thiriart tendrá un encuentro con Zhou Enlai en 1966), con los países del Este no alineados con Moscú (en 1966 tendrán lugar contactos con Yugoslavia y Rumanía) y con los países revolucionarios árabes (en 1968 Thiriart será recibido oficialmente en Irak y Egipto, donde se reunirá con Nasser). Añadamos que desde el exilio Perón dará apoyo oficial en reiteradas ocasiones a *Jeune Europe*[115], y que el primer europeo que será asesinado, con las armas en la mano, en las filas de la resistencia palestina, Roger Coudroy[116], era un militante de *Joven Europa*.

Sin embargo, desilusionado por el fracaso de su movimiento y por la tibieza de los apoyos externos, Thiriart renunciará a la lucha militante en 1969.

---

[114]**N.d.E:** Jean François Thiriart nació en el seno de una familia originaria de Lieja en Bruselas el 22 de marzo de 1922.

[115]**N.d.E:** Véase a tal propósito THIRIART, «Juan Domingo Perón, Carteggio».

[116]**N.d.E.:** Cfr. COUDROY, *Ho vissuto la Resistenza Palestinese*

A pesar de ello es a él a quien tomarán como referencia en los años 70 en la organización *Lucha del Pueblo* en Francia, Italia, Alemania Federal y España, y en los años 80 el *Parti Communautaire National Européen* en Bélgica y el periódico francés «Le Partisan Européen».

La nueva situación que se creó en Rusia después del alejamiento de Gorbachov, con la «derecha» nacional-popular y la «izquierda» comunista que luchan unidas contra un enemigo común —la occidentalización—, hizo que Jean Thiriart volviera a la vida política, y hoy se define como un nacional-bolchevique europeo en la línea de Ernst Niekisch[117] y dice tener por modelo histórico a Joseph Stalin y Federico II de Hohenstaufen. Sus artículos han aparecido en el periódico «Nationalisme & République» y, además, ha participado en algunos encuentros con los dirigentes de *Nouvelle Résistance*.

Hasta hoy (1992) de Jean Thiriart en lengua italiana estaba disponible solo la obra *Europa. Un impero di 400 milioni di uomini*[118] (Volpe, 1965). Sin embargo, todavía faltaban obras sobre la historia y los contenidos políticos del movimiento *Giovane Europa*. La Società Editrice Barbarossa[119] ha decidido emprender su progresiva publicación. Nace así esta colección, editada directamente por el Consejo Directivo del movimiento político *Nuova Azione*, con el objetivo de proporcionar herramientas rápidas para el análisis histórico y político y contribuir de este modo a la constitución de un Frente Unido contra el Nuevo Orden Mundial.

Milán, 1992

---

[117]**N.d.E.:** Sobre Niekisch véase: NIEKISCH, *Il Regno dei demoni* y NIEKISCH, *Est & Ovest*. Thiriart menciona favorablemente a Niekisch en su obra THIRIART, *L'Impero euro-sovietico da Vladivostok a Dublino*, págs. 64, 141.

[118]**N.d.E.:** Ahora publicado por la editorial Avatar Editions que además de publicar en francés también lo hace en italiano: THIRIART, *L'Europa*.

[119]**N.d.E.:** Absorbida por AGA Editrice.

Octubre 1967. Año I, nº 8 — Milán

Premisa

- Luc Michel

N̲O SE ENCUENTRA ENTRE LOS MÉRITOS de este estudio el de hacer la historia de *Jeune Europe* (Joven Europa), la organización europea transnacional, entre 1960 y 1969, dirigida por Jean Thiriart y que estuvo presente en once países europeos, entre los cuales, en Bélgica e Italia tuvo cierto peso político. Para la mera historia de esta organización, el lector podrá hacer referencia a la tesis publicada en 1978 por la Universidad de París y titulada *Jean Thiriart et le national-communautarisme européen*[120].

Aquí nos ocuparemos de las relaciones que existieron entre *Jeune Europe* y la extrema izquierda maoísta, relaciones que han conducido particularmente a la presencia de viejos cuadros de la organización en las filas de las Brigadas Rojas, y al nivel más alto. En el momento en el cual, tras retomar la guerrilla antiamericana en Europa, la prensa habla a menudo, con frecuencia erróneamente, de «convergencias de los extremos», nos parece importante dar otra visión del fenómeno y otras orientaciones y explicaciones.

Nuestro trabajo se sitúa en dos planos muy diferentes. Por una parte, responden a las necesidades de un estudio histórico riguroso y objetivo, con el que se le da importancia a las fuentes. Por otra parte, se trata de un trabajo «comprometido», escrito por un militante

---

[120]SAUVEUR, «Jean Thiriart et le National Communautarisme Européen». (Nota de L.M.). La edición inglesa de la tesis de licenciatura de Sauveur publicada por la Universidad de París y revisada en algunas páginas. El autor está considerado el biógrafo principal de Thiriart, y a él se le debe una reciente monografía sobre el ideólogo: SAUVEUR, *Qui-suis je? Thiriart* (N.d.E.).

revolucionario europeo. Nosotros no creemos en el acto gratuito de un mundo donde todo es político. Es la razón de las conclusiones políticas dadas a este trabajo. En varias ocasiones hacemos por primera vez revelaciones cuyo carácter sorprendente no escapará al lector más atento. En todo momento estas revelaciones se apoyarán en documentos.

Luc Michel en Charleroi, 1985

Jeune Europe. Una organización revolucionaria transnacional

- Luc Michel

LA GRAN PRENSA DEL RÉGIMEN se caracteriza por el conformismo más rotundo.

Una de las manifestaciones más sorprendentes de ello es la marcada voluntad de otorgar a cada corriente política una etiqueta que la sitúe en un tablero convencional que va de la extrema derecha a la extrema izquierda. Y cuando un movimiento revolucionario se sitúa fuera del sistema, ya nada vale. Entonces vienen las pseudoexplicaciones sobre la «convergencia de los extremos» y otras ensoñaciones procedentes de la no-política, de las especulaciones o de la simple falta de honestidad.

Jeune Europe no ha escapado a este fenómeno y se encuentra catalogada en los años 60 como «extrema derecha» y también como «neofascista» a pesar de la realidad y de la objetividad.

Pero si se estudia esta organización europea a través de su verdadera historia, sus publicaciones y numerosos documentos, la realidad es otra bien diferente: nos encontramos ante un movimiento revolucionario original e inclasificable, que se ubica resueltamente fuera de los conformismos de derecha e izquierda.

Organización para la formación de un cuadro político[121], partido

---

[121]Es así como se presenta la organización misma en el encabezamiento de sus periódicos y de sus documentos.

revolucionario de vanguardia, *Jeune Europe* recuerda, por sus métodos y su proyecto político, al partido Bolchevique de 1903: «Una revolución exige la conjunción de diferentes factores: poseer una ideología global (y no solamente un pequeño programa electoral); ser un grupo determinado, organizado, homogéneo, disciplinado, es decir, ser un partido de lucha: finalmente encontrar un momento de crisis... la ideología la tenemos, el grupo estructurado lo estamos preparando, el momento de crisis lo esperamos al acecho[122]».

Viejo militante estalinista durante las entreguerras[123], Thiriart ha estructurado su movimiento siguiendo los principios de la ortodoxia organizativa leninista, mientras que la jerarquización de ésta viene directamente del «centralismo democrático». En diferentes ocasiones Thiriart ha reconocido la influencia ejercida sobre él en este ámbito por Lenin.

Revolucionario coherente, Thiriart no excluye ninguna vía para hacer la revolución europea. Influenciado por los ejemplos concretos de los revolucionarios extraeuropeos o del Tercer Mundo, vio en la lucha armada una posibilidad no desdeñable. En particular escribe: «Entonces un revolucionario europeo debe considerar como una hipótesis de trabajo una eventual lucha armada e insurreccional contra el ocupante estadounidense... Aquel al que esta posibilidad le asusta no es un revolucionario. No es ni tan siquiera un nacionalista europeo. Cuando se quiere el fin se quieren los medios. Cuando se quiere a Europa se quieren todos los medios para realizarla. Es necesario hasta ahora incluir en la lista de las posibilidades una acción al estilo de Vietnam en Europa... [124]».

La formación física y paramilitar también juega un papel considerable en los cursos de las Escuelas para la formación de los cuadros de la organización, donde se preparan a los militantes para la creación de futuros partisanos y guerrilleros antiamericanos. Las directivas de

---

[122]THIRIART, «Vers une paralysie du régime», pág. 2

[123]**N.d.A.**: En 1975, declaraba en una entrevista publicada en la revista universitaria *Cahiers du CDPU*, nº 12: «He empezado, como sabéis, muy joven mi "recorrido", mi "búsqueda del Grial político" en el Partido Comunista. Era durante la época de Stalin».

[124]THIRIART, «L'EUROPE nous devrons la faire nous-mêmes», pág. 6

Jeune Europe en este ámbito son, por otra parte, muy precisas: «En el caso de un conflicto, nos involucraremos en acciones paramilitares y militares...[125]».

Por otro lado, *Jeune Europe* no se encuentra en su primera experiencia de acción directa clandestina. Entre 1960 y 1962, la organización ofrece el apoyo de sus redes belgas, francesas, españolas, italianas y alemanas a la OAS[126] francés, que constituye las principales estructuras de la *Mission III*, encargadas de la acción sobre el territorio metropolitano. Como reconocerán todos los observadores, *Jeune Europe* se mostrará muy eficaz[127].

Varios de sus militantes, entre los cuales se encuentra el propio Jean Thiriart, en esta ocasión conocerán la cárcel. Se trataba entonces de una alianza táctica destinada a procurar, en caso de victoria de la OAS, un pulmón exterior, un «trampolín francés» a la organización en aras de una acción revolucionaria en Europa. Un abismo separaba ideológicamente las posiciones atlantistas y pro-americanas de los coroneles de Argel y las opciones revolucionarias antiamericanas de Thiriart.

Sobre el plano ideológico, los Estados Unidos son designados como el principal enemigo. Desde 1960, Thiriart afirma claramente su antiamericanismo que no dejará de crecer con el curso de los años. El eslogan «US go home» hará su aparición sobre las columnas de «Nation Belgique», semanal en lengua francesa de la organización desde 1962[128].

---

[125] *Communication*, nº 385, 26 septiembre 1966 (Se trata del boletín francófono interno de J.E.).

[126] **N.d.E.**: OAS (*Organisation Armée secréte* o, en español, «Organización Armada Secreta») fue un movimiento paramilitar contrario al proceso de descolonización de la Argelia francesa. A tal propósito nos remiten las informaciones sobre el movimiento en los capítulos finales de Galli, *Piombo Rosso*.

[127] Así, Patrice Chairoff, poco sospechoso de simpatías, escribirá en Chairoff, *Dossier néo-nazisme*: «*Jeune Europe*... no regalará su apoyo a la OAS y muchos de sus militantes conocerán, en esta ocasión, la cárcel. Una mención importante, característica de la eficacia del movimiento fascista belga, si la inconsistencia de varios miembros de la OAS llevó al arresto de diferentes militantes de Jeune Europe, lo contrario nunca ocurrió»

[128] *Nation Belgique*, nº 109, 21 septiembre 1962.

A partir de 1965, los USA se convertirán en el único adversario, como subraya muy apropiadamente Etienne Verhoeyen en un estudio por otros aspectos muy discutibles: «Se tiene la impresión de que en la ideología de *Jeune Europe* el antiamericanismo ha reemplazado poco a poco al anticomunismo[129]». El progresivo y previsible deslizamiento, desde 1961, de Thiriart hacia el «nacional-comunismo», del que hablaremos más adelante, no resulta extraño.

En *Jeune Europe* no se hacían ninguna ilusión respecto a las capacidades del ocupante estadounidense. Así, Thiriart tratará incansablemente con los aliados tácticos en su lucha de liberación nacional-europea. Y es en este ámbito más que en ningún otro donde destaca el carácter indiscutiblemente revolucionario de la organización.

El apoyo de *Jeune Europe* a las luchas antiimperialistas

Desde 1962, *Jeune Europe*, tras el fracaso de la OAS, sabe que ya no puede contar con ningún apoyo en Europa. Ahora debe buscarlo en los aliados del Tercer Mundo, donde se multiplicaban las luchas anti-imperialistas. Thiriart proclama sinceramente la necesidad de una «lucha de marcos continentales» contra el imperialismo estadounidense. Entiende que hay una respuesta en la creación en La Habana, en enero de 1966, de una organización permanente, «Organización Tricontinental de Solidaridad de los Pueblos», destinada a unificar y a coordinar los movimientos antiimperialistas. Volveremos sobre este tema. Sus posiciones encontraron, de forma incontestable, un largo y favorable eco.

Los diarios en lengua francesa, «La Nation Européenne», e italiana, «La Nazione Europea[130]», de la organización sostendrán sin

---

[129]Verhoeyen, «L'extrême-droite en Belgique (I)»

[130]**N.d.E.:** Las Edizioni all'Insegna del Veltro de Parma dirigidas por el Profesor Claudio Mutti, (antiguo militante del movimiento de Jean Thiriart) están republicando todo el recopilatorio de *La Nazione Europea* en la revista de

reservas la lucha del pueblo vietnamita por su unidad frente a la agresión estadounidense en Indochina. Un título significativo a tal respecto: *Vietnam: les tortionnaires*[131], *L'enfer du Vietnam*[132], *Da Nang: un Dicn-Bicn-Phu U.S.?*[133] Tran Hoai Nam, líder de la misión del FNL (Vietcong) en Argel, firmará un largo artículo en «La Nation Européenne» titulado *La paix américaine: la paix des cimetières*[134].

Desde sus inicios, *Jeune Europe* transmitirá su apoyo incondicional a la lucha por la independencia de la nación hispanoamericana. En respuesta, el general argentino Juan Domingo Perón, líder histórico del antiamericanismo en Hispanoamérica, durante su exilio en Madrid, ofrecerá su apoyo en dos publicaciones a la organización[135]. En particular, Perón declarará «leo regularmente "La Nation Européenne" y comparto completamente sus ideas. No solo en lo que concierne a Europa, sino al mundo[136]».

Es en este marco en el que se sitúa el apoyo dado por *Jeune Europe* a la revolución cubana. La portada de «La Nation Européenne» de noviembre de 1967 (n.º 22) titula: *Castro, ¡la Revolución continúa!* Y el mismo número contiene un extenso artículo titulado *Guerrilla*, donde se da un apoyo incondicional a las guerrillas hispanoamericanas y a Cuba. Se hizo un vibrante homenaje a la figura del Che Guevara. Por su parte, la agencia de prensa oficial cubana *Prensa Latina*, ha publicado el artículo *L'exemple de Cuba* aparecido en «La Nation Européenne» (n.º 22, noviembre 1967).

Geopolítica *Eurasia*.

[131]**N.d.E.:** «Los torturadores de Vietnam».

[132]**N.d.E.:** «El infierno de Vietnam», en *La Nation Européenne*, n.º 21, octubre de 1967.

[133]**N.d.E.:** «Da-Nang: ¿un Dien-Bien-Phu estadounidense?». En *La Nation Européenne*, n.º 24, Febrero 1968.

[134]«La paix américaine: la paix des cimetières», en *La Nation Européenne*, ibíd., pp. 10-12, traducido y publicado en el n.º 3/2021 de *Eurasia*: «La pace americana: la pace dei cimiteri».

[135]**N.d.E.:** Cfr. la carta del general Perón publicada en el semanario *Nation Belgique*, n.º 97 del 25 mayo de 1962. Y la entrevista de Perón en *La Nation Européenne*, n.º 30, febrero 1969 (N.d.A.). Véase también sobre las relaciones entre Thiriart y Perón: Thiriart, «Juan Domingo Perón, Carteggio».

[136]*La Nation Européenne*, ibíd., p. 20/22.

Más inesperado todavía, por parte de personas calificadas como «fascistas», es la intervención del líder negro estadounidense, Stockeley Carmichael[137], líder de los *Black Panthers*, en un encuentro en Argel, y publicada en el nº 21 de «La Nation Européenne» (octubre 1967), con el título *We want black power!*. Pero más incontestable es en la lucha contra el sionismo y el apoyo dado a las luchas del pueblo palestino y de la Nación árabe a la que *Jeune Europa* dara una amplia dimensión sobre la base de un esfuerzo revolucionario y antiimperialista. Recordemos también el apoyo oficial recibido por parte del mundo árabe, para no limitarnos al apoyo dado a la causa antisionista.

Personalidades árabes como Nather El-Omari, embajador iraquí en París[138] o Selim El-Yafi, ministro plenipotenciario, encargado de los negocios de la República Árabe de Siria en Bruselas[139], publicarán algunos artículos en «La Nation Européenne». Así como el secretario ejecutivo del Frente de Liberación Nacional de Argel[140], Cherif Belkacem[141], coordinador del secretariado ejecutivo del FLN, el comandante Si Larbi, responsable de las relaciones exteriores del mismo, y Djam-Il Bendimred, responsable del departamento de «orientación e información» del FLN y director del periódico «Révolution Africaine», órgano central del FLN, acordaron una entrevista exclusiva en «La Nation Européenne[142]».

Jeune Europe estará entre los primeros apoyos de la Resisten-

---

[137]**N.d.E.:** Stokely Standiford Churchill Carmichael (1941-1998) fue uno de los miembros más conocidos del activismo afroamericano de la época considerado como «Primer ministro de las Panteras Negras», sucesivamente se vinculó al nacionalismo negro y al panafricanismo.

[138]Artículo «Les Arabes et l'Occident». En *La Nation Européenne*, nº 28, junio 1968, p. 14/16.

[139]Artículos «Palestine, nouveau Vietnam» en *La Nation Européenne* nº 17, mayo 1967 y «La menace israélienne au Moyen-Orient» en *La Nation Européenne*, nº 13 y 14, enero y febrero 1967.

[140]Artículo titulado «Israel: pion de l'imperialisme», en *La Nation Européenne*, nº 21, octubre 1967, p. 18.

[141]Chérif Belkacem (1930-2009), ministro del gobierno argelino durante los años 60.

[142]En *La Nation Européenne*, nº 21, octubre 1967.

cia palestina todavía en estado embrionario, en una época en la que el solo apoyo a la causa palestina todavía no estaba de moda. Las portadas de «La Nation Européenne» también son muy explícitas: *Palestina, una guerra no terminada*[143], *Los innobles métodos de la gestapo de Israel*[144] y *Palestina, guerra de liberación*[145]. *La Nation Européenne* publicará una entrevista exclusiva con Ahmad al-Shukeiri[146], primer presidente de la Organización para la Liberación de Palestina (OLP), donde declara particularmente: «Damos nuestra bendición a vuestro movimiento *La Nation Européenne*. Es un movimiento progresista. Os deseamos de todo corazón que llegue a difundirse por toda Europa[147]». Y si bien el proyecto de lucha militar común entre la OLP y *Jeune Europe* no podrá materializarse finalmente, algunos militantes de la organización combatirán individualmente en la Palestina ocupada, como Roger Coudroy[148], el primer europeo caído con las armas en la mano en las filas de Al-Fatah. Aquellos que se sorprenderán por este apoyo a los movimientos revolucionarios no han entendido el sentido que claramente dio Thiriart a la lucha de liberación nacional-europea.

El giro de Jean Thiriart hacia el «Nacional-Comunismo»

Si en los primeros años del movimiento, Thiriart tuvo que contar con el ala derechista (esencialmente franco-belga) que alimenta un anticomunismo virulento, sin embargo desde 1960 afirmará

---

[143]En *La Nation Européenne*, nº 21, octubre 1967.

[144]En *La Nation Européenne*, nº 30, febrero 1969.

[145]En *La Nation Européenne*, nº 29, noviembre 1968.

[146]**N.d.E.:** Ahmad al-Shukeiri (1908-1980), líder de la Organización para la Liberación de Palestina (OLP) entre 1964 y 1967, será sustituido a causa de una serie de «golpes internos» por el ya conocido Yasser Arafat.

[147]*La Nation Européenne*, nº 23, diciembre 1967, cit. pp. 6-9.

[148]Roger Coudroy (1935-1968) fue un simpatizante de *Jeune Europe* de origen belga. Su testimonio sobre la experiencia como vanguardia en la guerrilla palestina viene contenida en Coudroy, *Ho vissuto la Resistenza Palestinese*.

las posiciones que están en línea directa con las que defiende hoy:
«Creación de una Gran Europa de Dublín a Vladivostok», «Nacional-
comunismo» y «cooperación entre la URSS y Europa occidental[149]».
En 1962, Thiriart escribía: «Creo que existen posibilidades de ver
formarse en los próximos 20 años los siguientes bloques: las dos
Américas (volveré en otro lugar al deseo de ver a Hispanoamérica
salvada de los yanquis), el bloque asiático China-India y el bloque
Europa-África-URSS. Algo que nos permite hablar ya no «de Brest
a Bucarest» sino de Brest a Vladivostok. La geopolítica diseña ya
este porvenir...[150]».

Después de la eliminación definitiva del ala derechista de la organización[151], Thiriart orienta *Jeune Europe* en una dirección en

---

[149]El lector puede hacer referencia al estudio de José Cuadrado Costa, *L'Union
Soviètique dans la pensée de Jean Thiriart*, publicado en la edición de cuatro
volúmenes de la tesis SAUVEUR, «Jean Thiriart et le National Communautarisme Européen» (N.d.A.). En realidad Thiriart no renegó nunca de un cierto
acercamiento a la URSS aunque en los años del movimiento *Jeune Europe* estaba
a favor de una Europa continental de Brest a Bucarest que se oponía a las dos
superpotencias de la Guerra Fría (USA y la URSS) después, con el fracaso, por
así decirlo, como un intelectual puro y militante teorizando sobre la ampliación
de Europa gracias a la Unión Soviética, que había hecho del paneuropeísmo la
nueva ideología dominante y se había desmarxistizado a favor de un «comunismo
hobbesiano» que recuerda al concepto del «Estado Fuerte» expresado por el líder
del Partido Comunista de la Federación Rusa Guennadi Ziugánov. Ziugánov
ilustrará su idea de un marxismo patriótico en el texto *Stato e potenza* publicado
por Edizioni all'insegna del Veltro y en *La mia Russia*, publicado por Anteo
Cavriago. Sobre Ziugánov y su ideología véase también: MEDVEDEV, *La Russia
post-sovietica*, págs. 260-300. Para Thiriart —que expresará sus conceptos de
«Nacionalcomunismo» en el texto *L'Impero Euro-sovietico*, publicado póstuma-
mente— la URSS era el único estado europeo libre del capitalismo y del sionismo
americanocéntrico y la esperanza de una Europa independiente debía nacer del
Kremlin. En definitiva, Thiriart no renegó nunca de sí mismo y tal es así que
afirmó «En el fondo y a pesar de todo soy un "comunista"», y a menudo se
definirá como un «comunista hobbesiano» o también «nacional-comunista gran
Europeo», sobre estos temas se remite al lector al texto: THIRIART, *L'Impero
euro-sovietico da Vladivostok a Dublino* y al texto monográfico de DISOGRA,
L'Europa come rivoluzione (N.d.E.).

[150]Bajo el pseudónimo de «Tisch», «L'Europe et l'URSS, un Rapallo européen
pourqoi pas?» en *Nation Belgique - Jeune Europe*, n⁰ 85, 2 marzo 1962.

[151]El año 1964 será testigo de la exclusión del grupo franco-belga animado

la que dominan dos orientaciones: por una parte un radical anti-americanismo, por otra parte un progresivo viraje hacia posiciones «nacional-comunistas». Thiriart teoriza el Comunitarismo como una superación del comunismo y no como su adversario. En 1965, definía el comunitarismo como «un socialismo nacional-europeo[152]» y precisaba que «en medio siglo el comunismo llegará, a su pesar o de buen grado, al comunitarismo[153]». Aquí la historia le dará la razón porque los correctivos económicos introducidos hoy en Hungría o en Rumanía pliegan a la economía comunista en el sentido del comunitarismo[154]. También es necesario poner de relieve las fuertes analogías entre el comunitarismo definido por Thiriart y la NEP[155] introducida por Lenin en la URSS, después del llamado período «del comunismo de guerra». En 1984, Thiriart precisará claramente que el comunitarismo es un «comunismo europeo desmarxistizado[156]».

Esta evolución ideológica en los hechos se traducirá de dos formas muy diferentes: por una parte una visión cada vez más prosoviética[157] que llevará a la creación en 1981 por parte de Thiriart de la «Escuela doctrinal euro-soviética». Por otra parte, un acercamiento de la organización a los regímenes de la Europa del Este que evolucionan en el sentido del «nacional-comunismo»: esencialmente la Yugoslavia de Tito y la Rumanía de Nicolae Ceaucescu[158]. En un

---

por Lecerf, Nancy y Jacquart (Thiriart hablará de «liquidación de la extrema derecha racista») y el retiro del doctor Teichman, animador de la «corriente anticomunista» de la organización.

[152]**N.d.E.**: Es célebre la frase de Thiriart «Nosotros ofrecemos una ideología vital y agresiva: el comunitarismo nacional-europeo» citado en Thiriart, *L'Europa*, pág. 50.

[153]Véase *65 tesi sull'Europa* (aquí en la p. 71), ya publicado en Thiriart, *La Grande Nazione*

[154]**N.d.E.**: Hay que tener en cuenta que este ensayo fue escrito antes de los acontecimientos de los años 90 (N.d.T., en la edición de 1992), además se tiene presente el hecho de que la transición hacia una forma de «socialismo de mercado» tuvo lugar en países como Vietnam o China con excelentes resultados.

[155]La NEP (Nueva Política Económica) hacía cohabitar formas mixtas de economía y en particular otorgaba a la gestión privada la economía de distribución.

[156]Thiriart, *106 questions sur l'Europe*

[157]*L'Union Soviétique dans la pensée de Jean Thiriart*, op.cit.

[158]**N.d.E.**: Los modelos yugoslavo y rumano serán exaltados en el texto Thi-

artículo titulado *Tablero mundial y nacional-comunismo*[159]. Thiriart afirma que «el concepto revolucionario será en los próximos años la creación de una Europa socialista de estilo revolucionario, nuestra Europa comunitarista y en esta construcción los cuadros y los militantes comunistas de la Europa del Este tienen que jugar un papel inmenso».

En el verano de 1966, Thiriart viaja a Rumanía[160] y a Yugoslavia, multiplicando los contactos oficiales. La publicación por parte de «La Nation Européenne» de diferentes artículos proporcionados por la Agencia de prensa gubernamental rumana AGER PRESS[161] o por los periodistas yugoslavos Dragutin Solajic[162] y B. Rumesic[163], testimonian estos contactos. A comienzos de agosto de 1966, la revista diplomática oficial del gobierno yugoslavo «Medunarodna Politika» publica en lengua serbo-croata un largo artículo de Thiriart bajo el título «Europa od Bresta do Bukuresta[164]». Es el signo visible del interés encontrado al más alto nivel de las tesis europeístas de *Jeune Europe*. En el mismo periodo, diferentes dirigentes europeos de *Jeune Europe* viajaron a Europa del Este. Así Jean-Claude Pabst, uno de los cuadros de la organización, irá de visita a la República Democrática Alemana. A su vuelta publica en *La Nation Européenne* un artículo elogioso titulado «Sin Plan Marshall, el verdadero milagro

---

RIART, *¡Arriba Europa!: Una Europa unida* y criticado en el sucesivo THIRIART, *L'Impero euro-sovietico da Vladivostok a Dublino*.

[159]En *La Nation Européenne*, nº 11, 15 noviembre 1966, p. 12.

[160]En junio de 1966. Después de este viaje, *La Nation Européenne* publicará un amplio reportaje de Thiriart titulado «Roumanie 1966» en los números 11, 12 y 13.

[161]Artículos como «L'industrialisation de la Roumanie» en *La Nation Européenne*, nº 11, noviembre 1966 y «Science et art en Roumanie» en *La Nation Européenne*, nº 12, diciembre 1966.

[162]El artículo titulado «Les Balkans et les courants européens» en *La Nation Européenne*, nº 12.

[163]Los artículos «Le nouveau rôle de la Méditerranée dans la stratégie américaine» en *La Nation Européenne*, nº 11 y «Les motifs et les effets de la révolution culturelle» en *La Nation Européenne*, nº 13.

[164]Revista *Medunarodna Politika*, Belgrado, números 392-393, agosto 1966.

alemán[165]». Claudio Mutti[166], dirigente de la red italiana, , que el «nacionalmaoísmo» hará famoso, viajará a Bulgaria, Rumanía y Yugoslavia[167]. Relatará su visita al primero de estos países en un reportaje titulado «Autostop en Bulgaria[168]». Pero el resultado más espectacular de estos contextos al más alto nivel, será el encuentro de Jean Thiriart y Chou En-Lai, organizado por los servicios de Ceaucescu con ocasión de una visita del primer ministro chino a Bucarest en el verano de 1966.

El encuentro Thiriart - Zhou Enlai en Bucarest y Rumanía

El encuentro entre Zhou Enlai y Jean Thiriart del verano de 1966 en Bucarest, es poco conocido. El propio Thiriart ha sido hasta hoy poco locuaz sobre este tema[169]. Interrogado por nuestra parte[170], ha querido, con algunas reticencias, levantar un poco el velo sobre esta conversación. Le cedemos la palabra:

En su fase inicial, mi encuentro con Zhou Enlai no fue más que un intercambio de anécdotas y recuerdos. Zhou

---

[165]*La Nation Européenne*, nº 18, Julio 1967, pp. 12 y 13.

[166]Claudio Mutti (1946) es un ensayista, estudioso de lenguas ugrofinesas y editor. Ha fundado la casa editorial Edizioni all'Insegna del Veltro con sede en Parma, donde trata textos clásicos, sobre tradiciones de la Europa oriental, sobre el pensamiento tradicional, nacionalcomunismo, historia de los fascismos de la Europa del Este etc.

[167]Cfr. *La Nation Européenne*, nº 22, noviembre 1967, p. 22.

[168]Cfr. *La Nation Européenne*, ibíd., aquí en la p. 219.

[169]**N.d.E.:** El encuentro entre Jean Thiriart y el premier chino es puesto en duda por el mismo Thiriart, que en una carta personal a su biógrafo Yannick Sauveur escribirá: «Un libro de denuncia-chantaje se acaba de poner a la venta en Bélgica (...). En él me han dedicado veinte páginas de chismes. Ni una palabra sobre mis escritos o mis libros. Me entero de que he tenido un encuentro con Zhou Enlai en Bucarest. Nada menos...». Cfr. Sauveur, *Qui-suis je? Thiriart*, págs. 71-72. Véase además las fuentes publicadas en el texto monográfico Disogra, *L'Europa come rivoluzione*, pág. 45.

[170]Entrevista de Jean Thiriart con el autor, enero 1985.

Enlai se interesó por mis estudios sobre escritura china[171] y su estancia en Francia, que para él representaba un agradable recuerdo juvenil. La conversación se orientó después sobre el tema de los ejércitos populares — tema apreciado tanto por él como por mi. Las cosas se estropearon cuando, de forma progresiva, se llegó a lo concreto. Tuve que seguir entonces un verdadero curso de catecismo marxista-leninista. Luego, Zhou hizo un inventario de los graves errores psicológicos cometidos por la Unión Soviética. Y la lección se detuvo sobre las nociones de «alianza jerárquica» y «alianza igualitaria». Para distensionar el ambiente, abordamos el tema de los desórdenes que había organizado en Viena en 1961, durante el encuentro Jrushchov-Kennedy[172]. Pero el intento de hacerle entender el concepto de la lucha global marco-continental de todas las fuerzas antiestadounidenses en el mundo, cualesquiera que fueran sus orientaciones ideológicas, fracasó. Atraje su atención al hecho de que también era la opinión del general Perón, un viejo amigo. Se molestó un poco cuando le señalé que en Argentina Perón —sobre el plano psicológico— era una fuerza inconmensurablemente más fuerte que el comunismo.

Yo soy un hombre pragmático. Le pregunté entonces por los medios —el dinero para desarrollar nuestra prensa y un santuario para nuestra organización— para la preparación y la estructuración de un aparato político-militar revolucionario europeo. Me remitió a sus servicios. El único resultado fue, al final del encuentro, una excelente comida, consumada en un clima muy distendido. Enton-

---

[171]Thiriart estuvo estudiando durante tres años escritura china antes de la guerra. Cfr. THIRIART, *106 questions sur l'Europe*.

[172]Una vigorosa acción de los militantes de *Jeune Europe* contra el orden de Yalta, simbolizado por el encuentro Jrushchov-Kennedy en Viena, junio 1961, provocó numerosos incidentes. A este propósito cfr. *Nation Belgique*, nº 46 (2 junio 1961) y «La dernière heure, Bruxelles», 4 y 5 de junio 1961.

ces reaparecieron los oficiales rumanos, que no habían asistido a los encuentros políticos. Después no pude obtener nada de los servicios chinos, cuya incomprensión de Europa era total, tanto en el plano psicológico como en el político.

Hay que destacar que Patrice Chairoff, cuyos contactos con diferentes servicios secretos (entre los cuales estaban los israelíes) han sido desvelados en diferentes ocasiones y cuyo libro cargado de odio —el conocido *Dossier néo-nazisme*—, que se ha beneficiado de diferentes indiscreciones, confirma este aspecto de las cosas:

> El PCE[173] formado en octubre de 1965 a partir de *Jeune Europe* y de sus devotos militantes, ofrecían una logística apreciable para los servicios especiales chinos representados en Bruselas por Wang-Yu-Chant, ya que se interesaban mucho por los organismos de la OTAN y del SHAPE, con base en territorio belga, pero la particular personalidad de Thiriart hizo que cesase bruscamente esta colaboración. A pesar del encuentro del líder del PCE con Zhou Enlai en Rumanía durante la primavera de 1966, algunos meses más tarde se produjo la ruptura[174].

> Abordaremos más adelante la continuación real de este encuentro.

China: un aliado táctico del movimiento de liberación europeo

Para Thiriart, la China maoísta es un simple aliado táctico del movimiento de liberación nacional-europeo y no un modelo político e ideológico, o un ejemplo a seguir. Se trata de poner en funcionamiento una lucha cuatricontinental contra el imperialismo, como explica Jean Thiriart:

---

[173]Parti Communautaire Européen o, en español, Partido Comunista Europeo.
[174]Chairoff, *Dossier néo-nazisme*, pág. 445.

La tricontinental (Asia-África-Hispanoamérica) no tendrá éxito contra los Estados Unidos. Solo la Europa occidental posee medios cincuenta veces superiores a la tricontinental... Es necesario, según nosotros, introducir la acción revolucionaria en la colonia más rica de los Estados Unidos. Esta colonia rica de los EE.UU. es Europa[175].

Thiriart opone a la política de solidaridad ideológica dirigida por los chinos (alianza ideológica entre marxista-leninistas) una política de alianzas tácticas entre las fuerzas antiestadounidenses:

El dogmatismo inspirado por la *solución ideal* conduce al inmovilismo. Actualmente es de una evidencia cegadora que la lucha antiestadounidense debe inscribirse en el marco de una coalición mundial del tipo «Frente de los nacionalistas»... Nacionalismo árabe, cubano, chino y europeo[176].

Dos necesidades reclaman estas alianzas tácticas. Por una parte la fuerza de la superpotencia estadounidense:

No se puede derrotar a los Estados Unidos sino a través de una coalición de guerras y de insurrecciones locales. Contra los Estados Unidos es necesario aplicar el principio del silencio, como saben hacer los lobos para derribar a una bestia más fuerte que cada uno de ellos. No hay que dejar respirar a los Estados Unidos, es necesario dispersarlos sobre teatros de operaciones muy lejanos unos respecto a otros[177].

Es más o menos la táctica preconizada por el Che Guevara: «Creemos uno, diez, cien Vietnam». Por otra parte, todo movimiento revolucionario necesita de un «pulmón» externo, de un santuario. Como explica Thiriart:

---

[175]THIRIART, «Inventaire de l'anti-américanisme».
[176]Ibíd.
[177]Ibíd.

Si cada acción revolucionaria necesita de un *humus* local y nacional, es raro que pueda alcanzarlo sin un pulmón externo... El pulmón o el trampolín externo, juegan un papel capital en toda acción subversiva. Se necesita en toda lógica y en toda eficacia que cada país antiestadounidense pueda ser un trampolín respecto a no importa que tipo de acción antiestadounidense. La revolución nacional-europea comenzará, sobre el terreno, cuando haya encontrado un santuario para sus bases logísticas. No antes[178].

En el marco de esta lucha cuatricontinental, China y Europa son, de hecho, solidarios. Son de los aliados privilegiados, afirma Thiriart:

Sobre el plano lógico... China y Europa son aliados de facto, de los aliados obligatorios. China sola no puede esperar para tomar su lugar en la jerarquía de la política planetaria, Europa no puede expulsar a sus ocupantes si estos no son preventivamente debilitados o preocupados por el crecimiento chino[179].

En esta alianza, la China maoísta no es en absoluto un modelo:

La irritación intelectual o estética que sentimos los europeos ante el espectáculo de las payasadas de la revolución cultural no debe hacernos perder de vista nunca que la política real es un negocio de intereses y no de gustos[180].

Como discípulo de la escuela neomaquiavélica, Thiriart exalta una *realpolitik*:

En primer lugar es necesario liberarse de todo enfoque sentimental que nos distraiga de la realidad. El castrismo

---

[178]Ibíd.
[179]THIRIART, «Pour une alliance tactique de dimension planétaire».
[180]Ibíd.

o la revolución susceptible de seducir nuestros espíritus. Esto no debe hacernos perder de vista que Castro, de una manera pequeña, y Mao, a lo grande, forman parte actualmente de esos hombres que debilitan a los Estados Unidos. Ciertamente, no es el ejército cubano o el chino los que ocupan Frankfurt o ensucian Bélgica, es el ejército de los Estados Unidos. Nuestros ocupantes son los estadounidenses. Los enemigos de nuestros enemigos no son nuestros amigos, pero son nuestros aliados del momento.

La colaboración entre *Jeune Europe* y los maoístas

Los desarrollos del encuentro entre Thiriart y Zhou Enlai en Bucarest fueron espectaculares. Los chinos petrificados en el dogmatismo de su catecismo marxista-leninista, buscaban vasallos ideológicos y no aliados tácticos. Como señaló entonces Thiriart desencantado:

> Los dirigentes de Pekín se encuentran actualmente en un notable aislamiento. Jugaron torpemente contra Yugoslavia, insultándola de manera grosera e injusta. Tito, se ha aislado del mundo a causa de sus excesos. Estos excesos que son útiles para la propia preparación psicológica en la lucha en el interior de China, no son exportables. En Europa el ejército antiestadounidense será el nacional-comunitarismo. Pekín debe darse cuenta de que el nacionalismo europeo será la única palanca para una acción antiestadounidense de importancia histórica. Los excesos, el puritanismo marxista, están y estarán sin control sobre las masas europeas... Mao todavía no se ha dado cuenta, y es aquí donde reside su actual error político-estratégico[181].

---

[181]THIRIART, «L'erreur stratégique de Mao».

Por otra parte, para los chinos, Europa es un terreno de acción secundario donde solo les interesa la agitación que sirva a su propaganda dirigida contra las superpotencias. A este propósito, es revelador un artículo de Lin-Piao, entonces gran rival de Mao, publicado en «Peking Information» (7 de agosto de 1967):

> Si se toma el mundo en su conjunto, América del Norte y la Europa occidental pueden ser consideradas urbanas, mientras que Asia, África e Hispanoamérica serían rurales. El movimiento revolucionario del proletariado de los países capitalistas de América del Norte y la Europa occidental, ha marcado temporalmente, por diversas razones, el paso; el movimiento revolucionario de los pueblos de Asia, África e Hispanoamérica se ha desarrollado vigorosamente. Y, en un cierto sentido, la revolución mundial conoce hoy una situación que ve las ciudades rodeadas por el campo. Al fin y al cabo, se trata de la lucha revolucionaria de los pueblos de Asia, África e Hispanoamérica, donde vive la inmensa mayoría de la población global, de la que depende la causa revolucionaria mundial[182].

Frente a una China obsesionada con la tricontinental, poco cuenta la lucha cuatricontinental propuesta por Thiriart. Los beneficios directos de este encuentro fueron prácticamente nulos. Pero, por el contrario, sobre otro plano, psicológico, serán importantes. *Jeune Europe* llegó a salir de su aislamiento, del gueto político donde se veía confinada bajo la difamante acusación de «fascismo» difundida por las policías del régimen y los servicios de acción psicológica estadounidenses. Zhou Enlai ofrecía una fianza «progresista» a la organización que verá abrirse numerosas puertas, especialmente en la extrema izquierda. Y es a partir de aquí cuando «La Nation Européenne» se convierte en una importante tribuna antiestadounidense donde se expresarán numerosas fuerzas revolucionarias. Para las organizaciones maoístas, *Jeune Europe* deja de aparecer como

---

[182]Cfr. *Peking Information*, 7 de agosto de 1967.

un adversario más o menos «fascistizante», para convertirse en un posible aliado. Así, el líder del Parti Communiste Suisse (suizo) de tendencia filochina, Gérard Buillard, no dudará en conceder una entrevista a «La Nation Européenne[183]».

Pero es en Italia donde se producirán las consecuencias más importantes. En este país donde ningún «cadáver» separa a los dos bandos (no es el caso, como veremos de Bélgica) tendrá lugar un espectacular acercamiento, la mayor parte de las veces en la base, entre *Jeune Europe* y los grupos maoístas. El paso de diferentes cuadros y militantes de *Giovane Europa* a las filas maoístas con ocasión de las luchas estudiantiles del 1967-1968 preparó el terreno para ello. Maoístas y nacional-europeos concretarán numerosas acciones comunes sobre algunos temas antiimperialistas. Lo testimonia, por ejemplo, un folleto titulado «Il Fronte del Terzo Mondo passa per il fiume Ussuri» y ¡firmado conjuntamente por la Federación provincial de Imperia de *Giovane Europa* y el Comité de Imperia del Partido Comunista de Italia (marxista-leninista)! La convergencia de los temas entre las dos partes aparece claramente: hostilidad hacia el imperialismo y las dos superpotencias, lucha de concierto con China y el Tercer Mundo, rechazo hacia la ocupación estadounidense en Europa, antisionismo y anti-Israel y socialismo. Si se hace excepción del «romanticismo» chino y tercermundista, asistimos aquí a la adopción por parte de los maoístas de los temas fundamentales de *Jeune Europe*. Este documento[184] aporta nueva luz a la ulterior evolución de numerosos cuadros de *Giovane Europa* que, después de la desaparición de la organización, «pasaron» a la extrema izquierda maoísta. De hecho, ¡realmente no deberían haberse sentido desorientados! También tenemos que hablar del importante lugar que jugó la lucha estudiantil del *Movimento Studentesco Europeo*. Esta organización estudiantil universitaria fue creada por iniciativa de *Giovane Europa* con el objetivo de orientar a los grupos estudiantiles autónomos en un sentido favorable a la organización.

---

[183] «Les déceptions d'un chef communiste» en *La Nation Européenne*, nº 13, enero 1967, p. 5.

[184] Documento que figura en el archivo personal de Jean Thiriart.

Del concepto de «Brigadas Europeas» a la praxis de las Brigadas Rojas

Hemos visto que la lucha armada en el marco de una insurrección antiestadounidense en Europa es una hipótesis seriamente prevista por Thiriart. Entonces buscó los medios para dotar a *Jeune Europe* de un aparato político militar y para encontrar un terreno donde adiestrarlo y formarlo. Y desde esta perspectiva es en la que interviene el proyecto de creación de las Brigadas Europeas, partiendo de la organización y encuadradas por estas.

A consecuencia del dogmatismo chino, Thiriart rápidamente se desengañó sin querer hacerse más ilusiones procedentes de Pekín. Era necesario encontrar otros aliados: serán los países árabes progresistas en lucha contra el imperialismo israelita y sionista, y obviamente su inseparable aliado estadounidense. Las condiciones son favorables: un naciente movimiento de resistencia palestina en estado embrionario; de los países árabes humillados por Israel y deseosos de venganza (este sentimiento no hará más que acrecentarse después de la agresión sionista de junio de 1967); una ausencia de cuadros de alto nivel y de alta tecnología de los gobiernos revolucionarios; nacionalistas pero no marxistas. Por lo tanto existe, de manera incontestable, un terreno. Falta ocuparlo. Será la ocasión para que Thiriart desarrolle el concepto de Brigadas Europeas:

> El carácter ineluctable de un próximo enfrentamiento militar entre Israel y los Árabes —todo el determinismo histórico conduce a ello— debería llevar a alentar la creación de Brigadas Internacionales reclutadas aquí, en Europa, y destinadas a formar las divisiones de tipo altamente mecanizado y especializadas, a utilizar para la ruptura[185]. Lo he dicho antes: la guerra de liberación de Palestina nos interesa al más alto nivel porque es una guerra antiestadounidense. Los nacionalistas paneuropeos

---

[185]**N.d.T.**: O el avance.

deben formar los cuadros, probarlos, (...). Una participación militar en la acción de liberación de Palestina constituiría al mismo tiempo para los Árabes una ayuda material y moral, y para nosotros la oportunidad para la constitución de una formación armada de intervención que podrá servir después, tras la campaña de Palestina, en otros escenarios[186].

Entonces se trata de crear una fuerza político-militar europea, desarrollada siguiendo el modelo de las Brigadas Internacionales constituidas por el Komintern durante la guerra civil española (1936-1939). Estas Brigadas Europeas, encuadradas por militantes de *Jeune Europe*, habrían desarrollado el papel de «cubanos de Europa», animando por todas partes la lucha antiestadounidense.

> En el marco de una acción planetaria contra las usurpaciones del imperialismo de los Estados Unidos, es decir, en el ámbito de una acción cuatricontinental contra Washington, se debe contemplar una presencia militar europea que por el momento, en la misma Europa, es prematura. Pero esta presencia militar puede y debe afirmarse sobre otros teatros de operaciones, en América del Sur y en el Próximo Oriente[187].

Thiriart expone claramente las ventajas que se espera de esta operación político-militar:

> Para nosotros, patriotas europeos, la ventaja estaría en formar sobre el terreno a los cuadros del futuro Ejército Popular de Liberación de Europa. Son necesarias las guerras de preparación para la depuración indispensable en la implementación de un marco militar totalmente nuevo. Se necesita conseguirlo en Bolivia o Colombia, antes de hacer lo mismo en Europa. Este será una suerte

---

[186]Thiriart, «Les Arabes et l'Europe».
[187]Thiriart, «USA: Le déclin d'une hégémonie».

de estilo «garibaldino»... uno de los múltiples aspectos de la liberación europea. Desde el momento en que sea posible actuar sobre el terreno europeo, tendremos los cuadros preparados para una acción militar, insurreccional y liberadora[188].

El objetivo de Thiriart es evidente; desembocar rápidamente en una acción militar antiestadounidense aquí, en Europa:

La formación de estas Brigadas debe hacerse con un estilo y una estructura formalmente europea desde el principio. No se pueden mezclar nuestros elementos con otros, sino prestarlos para campañas precisas. El objetivo final de todas estas operaciones será llegar al teatro europeo con un instrumento político-militar debidamente estructurado, supervisado, jerarquizado y educado[189].

Definido el concepto de Brigadas Europeas, quedaba por encontrar el «pulmón» donde desarrollarlas.

¿Dónde entrenar a estas Brigadas? En los países que están realmente decididos a destruir el imperialismo estadounidense[190].

A continuación veremos las razones por las cuales estas Brigadas no se materializarán finalmente.

Pero el concepto mismo de brigadas conocerá una posteridad inesperada, después del trasvase de ciertos cuadros de *Jeune Europe* a la extrema izquierda maoísta. Edulcorado, reducido a una visión estrictamente italiana y privado de toda perspectiva europea, este concepto inspirará el de las Brigadas Rojas italianas, que no tienen nada de sorprendente cuando se conoce las personalidades de sus fundadores. Además Thiriart recordará esta posteridad:

---

[188]Ibíd.
[189]Ibíd.
[190]Ibíd.

Algunos de los ex-militantes de *Jeune Europe* en Italia, después de mi retiro, se han unido a la facción comunista china. Esto ha llevado a un terrorismo destacable desde el punto de vista técnico, pero sin futuro, por la ausencia de un pensamiento político coherente[191].

La misión política de Thiriart en Oriente Medio

A comienzos de 1968, Thiriart intenta dar algunos pasos importantes en relación a los países árabes progresistas, principalmente Argelia, con el fin de concretar su proyecto de las Brigadas Europeas. En aquella época escribió:

> Se puede, se debe examinar una acción paralela o desear la formación militar, en Argelia, desde ahora, de una suerte de *Reichswehr* revolucionaria europea. Los actuales gobiernos de Bélgica, Países Bajos, Inglaterra, Alemania e Italia, siendo en diferentes grados los satélites, los ayudantes de cámara de Washington, por lo que debemos, nosotros nacionalistas, nosotros revolucionarios europeos, formar en África los cuadros de una futura fuerza político-militar que, después de haber servido en el Mediterráneo y en el Próximo Oriente, podrá combatir un día, en Europa, para terminar con los *kollabos* de Washington[192].

En el otoño de 1967, el brazo derecho de Thiriart, Gérard Bordes, director de «La Nation Européenne», viaja a Argelia para sondear el terreno. Recibido por altas personalidades argelinas, como Cherif

---

[191]THIRIART, *106 questions sur l'Europe*, tesis 91.

[192]THIRIART, «USA: un empire de mercants». Artículo traducido al italiano por Claudio Mutti en *Eurasia. Rivista di studi geopolitici*, 1/2018 (*La danza delle spade*).

Belkacem (coordinador del Secretariado Ejecutivo del FLN), Moha-
med Bel-Hadj Tayebi (responsable de las relaciones exteriores del
Secretariado Ejecutivo), todos los miembros del Consejo de la Revolución y Djemil Ben Dimred (director del órgano central del FLN,
Révolution Africaine[193]).

Los resultados de este viaje fueron esperanzadores. Cherif Belkacem declaró a Gérard Bordes: «Conocemos las tomas de posición de
vuestro movimiento, en particular en lo que concierne a la crisis de
Oriente Medio. . . nosotros lo consideramos como un aliado[194]». Los
contactos prosiguieron, esencialmente a través de la intermediación
del correspondiente acreditado de «La Nation Européenne», Gilles
Munier[195]. En abril de 1968, Bordes vuelve nuevamente a Argel, donde entrega un memorándum al gobierno argelino. En este, Thiriart
y Bordes proponen en particular:

> La contribución europea a la formación de especialistas
> en vistas de la lucha contra Israel, la «preparación técnica
> de la futura acción directa contra los estadounidenses en
> Europa», la «creación de un servicio de información an-
> tiestadounidense y antisionista» en aras de la utilización
> simultánea en los países árabes y en Europa[196].

Asustados por este proyecto revolucionario, los dirigentes argelinos no les dieron continuidad y los contactos se interrumpieron.

---

[193]Cfr. *La Nation Européenne*, n⁰ 21, octubre 1967, pp. 26-30.

[194]ibíd. p. 29.

[195]Gilles Munier, que ha protagonizado algunas noticias con ocasión de la crisis
anterior a la guerra del Golfo. De hecho, en calidad de presidente de la asociación
de «Amities Franco-irakiennes», fue recibido el 21 de septiembre de 1990 en
Bagdad por el ministro iraquí de información. El encuentro se desarrolló con la
presencia de una delegación de «voluntarios franceses», cuyo número no se ha
precisado y que habían llegado a Bagdad para ser acogidos por los iraquíes en
instalaciones vitales en señal de protesta contra la actitud estadounidense en el
Golfo y de solidaridad con el pueblo iraquí (N.d.T. de 1992).

[196]«Memorandum à l'intention du gouvernement de la République algérienne»,
París, 12 de abril de 1968, documento firmado por Bordes y Thiriart, archivo
personal de Jean Thiriart.

Thiriart, que ya está en contacto con oficiales sirios e iraquíes, dirige entonces su atención hacia los países árabes que hacen frente directamente a Israel. En el otoño de 1968, emprende una importante misión política en el Próximo Oriente, de la cual redacta un informe en «La Nation Européenne» de noviembre del mismo año[197]. En Egipto es recibido por el presidente Nasser y asiste como acreditado a los trabajos de apertura del Congreso de la Unión Socialista Árabe, el partido del gobierno egipcio. Y también es recibido por diferentes oficiales, entre los cuales se encuentran los ministros Hafez Ghanem y Ahmed El Morshidy[198]. Es invitado oficialmente por el gobierno iraquí y se encuentra con diferentes ministros y directores generales. Esta misión política tiene una gran resonancia en la prensa árabe. Thiriart concede una entrevista a tres periódicos iraquíes y una entrevista única a toda la prensa y la radio-televisión libanesa[199].

La Nation Européenne[200] expone los objetivos de este importante viaje: «La gran preocupación de Jean Thiriart es la coordinación de la información política árabe en Europa y la lucha contra los gigantescos lobbies de la prensa filosionista en Europa... Nuestro consejero político considera que el primer esfuerzo que los árabes deben hacer consiste en organizar su información en Europa. A continuación es deseable la organización de formaciones militares de voluntarios europeos para participar en la lucha de resistencia palestina». Los resultados prácticos de este viaje, como explicará el propio Thiriart, serán extremadamente ilusorios:

Me he encontrado a la gente de la OLP en Bagdad, de una OLP del todo elemental, rudimentaria, casi embrionaria. Me he encontrado con los ministros iraquíes en el intento de organizar en los países árabes una fuerza militar europea moderna. El veto soviético ha sido inmediato... Me he encontrado con Nasser, que rápidamente me ha desilusionado mucho. Era un hombre de teatro.

[197]*La Nation Européenne*, nº 29, noviembre 1968, pp. 2, 14, 15, 24.
[198]ibíd.
[199]ibíd.
[200]ibíd.

Estaría tentado de calificarlo como un hombre de palabras más que de acciones[201]. Así, las Brigadas Europeas no se terminaron de convertir en una realidad.

El después de *Jeune Europe*

El fracaso de este viaje tendrá consecuencias definitivas para *Jeune Europe*: la retirada de la vida política de Thiriart (después de 15 años) y la rápida desaparición de la organización. A este propósito Thiriart escribirá:

> He vuelto de El Cairo en dirección a Roma, de noche, en un gran Boeing de la Japan Air Lines, con la decisión de archivar este dossier. Entonces me retiro de la vida política activa. Durante trece años me retiré de toda actividad política. He asumido la presidencia europea de una sociedad científica y he viajado mucho[202].

La Nation Européenne publica su último número en febrero de 1969.

Las diferentes redes de la organización se disuelven rápidamente, la italiana desaparecerá la última en junio de 1970 (*La Nazione Europea* publica su último número este mismo mes). Un último intento de reformar la organización sin Thiriart, fracasa en la primavera de 1969[203]. *Giovane Europa* ya pertenece a la historia.

Es la ausencia de suficientes medios financieros —*Giovane Europa* es un pozo sin fondo— la que motiva la retirada de Thiriart, que se negaba a dirigir una lucha política de bajo nivel, sin medios.

Para los cuadros de *Giovane Europa* supone la dispersión. Muchos de ellos se integrarán en el sistema, abandonando la política. Algunos —especialmente belgas y franceses— se incorporarán a las filas de la extrema derecha, donde aportarán cierto espíritu «europeo».

---

[201]Thiriart, *106 questions sur l'Europe*, pregunta 91.
[202]ibíd., pregunta 91.
[203]Cfr. las diferentes cartas entre Bordes y Bruschi, archivo personal de Gérard Bordes.

Un puñado de militantes intentarán volver a crear una organización europea, principalmente a través de las diferentes facciones de *Lucha del Pueblo*. Finalmente, y solo en Italia[204], algunos cuadros y militantes de *Giovane Europa* se pasarán a la extrema izquierda maoísta (donde se reencontrarán con viejos compañeros que habían hecho el mismo itinerario en 1967-1968) y de ahí a las Brigadas Rojas. Es de su evolución de lo que queremos ocuparnos.

La acción común entre maoístas y nacional-revolucionarios

La Italia de los años 1967-1977 será testigo de un fenómeno político particular, a propósito del cual la prensa hablará de «convergencia de los extremos». Grupos maoístas y nacional-revolucionarios, viejos «hermanos enemigos», se unirán en una acción común contra el sistema. Frente a la «revuelta» de 1968-1969, muchos se inclinaron a creer que la movilización para la destrucción del sistema burgués había comenzado...[205].

Como explica Giorgio Franco Freda, los nacional-revolucionarios, querían «dirigirse a aquellos que rechazaban radicalmente el sistema, situándose más allá de la izquierda de este, seguros de que también con ellos podrá concretarse una leal unidad de acción en la lucha contra la sociedad burguesa (...) El objetivo que forma la función política y anima la acción en el orden histórico temporal resulta el mismo para ambos: destruir el sistema burgués[206].

El mayo del 68 en Italia vio desarrollarse la unidad de acción deseada por Freda. Formaciones catalogadas de «extrema derecha» como Prímula y Carabela rechazaron «el anticomunismo visceral en nombre de la exigencia prioritaria de luchar contra el sistema, junto

---

[204]Con una excepción, la de Jean-Claude Garot, director del diario de izquierdas *Pour*, y ex-militante de *Jeune Europe*.

[205]Claudio Mutti, introducción a la segunda edición de Freda, *La désintégration du système*, pág. 5.

[206]Freda, *La disintegrazione del sistema*, págs. 84-85.

a varios grupos de extrema izquierda que veían, en las cruzadas antifascistas, una maniobra revisionista para apuntalar al Estado burgués, mientras vanguardias «nacional-europeas» como *Giovane Europa* y *Lotta di Popolo* trabajaban para consolidar este ataque concéntrico contra el poder. Frente a la nueva y peligrosa situación, el régimen movilizó junto a PS y Carabineros, a policías infiltrados en el PCI y el MSI. Por citar algunos episodios: en Milán un grupito de misinos intentó atacar la Facultad de Letras, bajo la mirada de ocho benévolos policías; en Roma, activistas del PCI intentaron incendiar la Facultad de Arquitectura: al día siguiente, una banda tricolor guiada por Almirante y Caradonna acudió al asalto de la Facultad de Derecho para «liberarla» de los «comunistas» (que eran estudiantes de Prímula y Carabela etc). En breve, las maniobras conjuntas de antifascistas y anticomunistas llegaron a dividir la unidad de acción que se estaba perfilando. En 1977 parece que en la expulsión de Lama —epígono de Caradonna— de la universidad romana colaboraron extremistas de derecha, mientras que en el mismo año se informó de la presencia de ordinovistas[207] en el transcurso de los enfrentamientos que tuvieron lugar en Bolonia entre particulares y la policía[208].

Los sedicentes «nazi-maoístas»

La honesta colaboración entre extremos conducirá a un fenómeno político que la prensa, necesitada de noticias impactantes, llamará simplemente «nazi-maoístas».

El 27 de abril de 1978, el órgano bienpensante de «avanguardia», «L'Unità» (diario del PCI) publicaba en primera página, bajo el título *Il linguaggio di Freda e quello delle Brigate Rosse*, los extractos

---

[207]**N.d.T.**: Se refiere a militantes de Ordine Nuovo, una de las organizaciones extraparlamentarias más importantes de la Italia de posguerra mundial. Fundada por militantes del MSI (*Movimento Sociale Italiano*) tras una serie de rupturas internas entre 1954-1956, prolongando su existencia hasta 1973. Estuvo dirigida por Pino Rauti y fue profundamente influenciada por las ideas de Julius Evola.

[208]C. Mutti, notas complementarias a la segunda edición Freda, *La désintégration du système*, págs. 53-54.

de un opúsculo escrito por Freda en 1968 y publicado de forma anónima. «L'Unità» encontró en este texto «ciertas expresiones que se podrían creer extraídas de uno de los numerosos comunicados de las Brigadas Rojas y destacaba pasajes verdaderamente impactantes por la identidad de lenguaje entre el líder de un grupo subversivo de la época y los líderes de los grupos subversivos de hoy[209]. Un buen ejemplo de lo que la prensa llamaba «nazi-maoísmo».

Primero destaquemos que esta calificación de «nazi-maoísta», que deriva más del insulto que no de la ciencia política, ha sido la prerrogativa exclusiva de los periodistas. En ningún momento las corrientes políticas en cuestión se han identificado con este vocablo. Véamos entonces a que se refiere.

Consideremos principalmente dos corrientes políticas: por una parte la que está animada por Franco Giorgio Freda, autor de la célebre *Disintegrazione del Sistema*, y por otro lado las diferentes facciones europeas de *Lucha del Pueblo*, y en particular la italiana.

Pasamos rápidamente sobre el caso de Freda, que debe su celebridad al papel que ha tenido la «Justicia» italiana, como principal acusado de la masacre de piazza Fontana[210]. Freda y sus amigos han dejado hoy el terreno de la política (evolución constatable desde 1975) para refugiarse en el ámbito literario e intelectual dominado por la ideología «tradicionalista-revolucionaria» definida por el filósofo italiano Julius Evola y que José Cuadrado Costa ha calificado justamente como «anarquismo místico»[211].

---

[209]Ibidem.

[210]Freda fue absuelto de esta acusación por falta de pruebas. Al final del proceso y después de permanecer bajo detención preventiva en 1970, será acusado por «asociación subversiva» y por ello condenado a cerca de diez años de cárcel.

[211]José Cuadrado Costa, «L'anarchisme mystique ou la paralysie de l'action révolutionnaire», en *Conscience Européenne*. El autor hace un profundo análisis crítico de la corriente animada por Freda y sus tesis tradicionalistas. Esto puede considerarse válido hasta 1990. De hecho, a finales de 1990, Franco Giorgio Freda dio vida a un nuevo movimiento político, el *Fronte Nazionale*, cuya actividad predominante parece ser la batalla en defensa «de la identidad étnica del pueblo italiano», la lucha contra la inmigración y la «cuestión racial». Temáticas y posiciones cuanto menos sorprendentes por parte de quien hace más de veinte años fue el autor de *La disintegrazione del sistema* (N.d.T.). Véase a tal respecto

Mucho más interesante es el caso de las diferentes facciones de *Lotta di Popolo*, que derivan en una línea directa de *Giovane Europa*, de la cual retoman una parte de la doctrina: Jean Thiriart... no se puede definir como un (o uno de los) "maitre a penser", pero constituye, cuanto menos, una referencia muy seria en lo que concierne a Europa[212]».

«Lutte du Peuple» nace con su facción italiana, «Lotta di Popolo»: «Esta organización nació de la fusión de los restos de *Giovane Europa*, representante en Italia de *Jeune Europa*, con el *Movimento Studentesco di Giurisprudenza*, grupo transfuga de *Avanguardia Nazionale*, Serafino Di Luia, el movimiento *Avanguardia di Popolo* de Pietro Golia en Nápoles y algunos miembros de *Primula*. Los principales dirigentes de la organización «Lotta di Popolo» son Sergio Donaudi, Gianni Marino, Aldo Guarino, Udo Gaudenzi, Enzo Maria Dantini y Franco Stolzo[213]». Yannick Sauveur hablará de «ex de *Giovane Europa*, militantes del *Movimento Studentesco Europeo*, *Università Europea...*[214]».

Rápidamente serán creadas las organizaciones gemelas en España, Alemania y Francia. La facción francesa, la más importante después de la italiana: «L'Organisation Lutte du Peuple (OLP) fue fundada a finales de 1971 por algunos disidentes nacionalistas de izquierda, de *Ordre Nouveau* y por algunos socialistas europeos de *Pour une Jeune Europe...*[215]». El líder era Yves Bataille.

En Italia toman contacto con diferentes grupos extraparlamentarios, pero más particularmente con los elementos más avanzados del nacionalismo europeo. Estos últimos crean la organización *Lotta di Popolo*. De vuelta en Francia, los nuevos combatientes europeos sientan las bases de un nuevo movimiento: no es ni más ni menos

---

la obra Freda, *Il Fronte Nazionale* (N.d.E.).

[212]Sauveur, «L'Organisation Lutte du Peuple, un mouvement national-bolchevik?», pág. 11

[213]Chairoff, *Dossier néo-nazisme*, pág. 124.

[214]Sauveur, «L'Organisation Lutte du Peuple, un mouvement national-bolchevik?», pág. 3

[215]«Volonté et Action», publicación de *Lutte du Peuple*, *Lotta di Popolo*, bimestral en lengua francesa, alemana e italiana.

que la réplica de *Lotta di Popolo*. Ha nacido la facción francesa de la OLP[216].

La facción alemana es el NRAO, «National Revolutionäre Aufbau Organisation».

La ideología de las diferentes facciones de la OLP presenta un conjunto de tesis de *Jeune Europe* y de un maoísmo «a la europea». Si la reivindicación de «una Europa unida y comunitaria» tiene una procedencia a nivel ideológico en línea directa con *Giovane Europa*, la OLP presenta un importante cambio ideológico. El maoísmo, que para Thiriart era un simple aliado táctico, se convierte en un modelo político a seguir, en un ejemplo.

Como destaca con mucho sentido Yannick Sauveur: «Si, en definitiva, se admite la realidad de una corriente nazi-maoísta, nos induce a preguntarnos si no es simplemente la transición del nacional-bolchevismo, ya que el nazi-maoísmo no sería otra cosa que el nacional-bolchevismo de los años 70, habiendo cambiado el contexto nacional. No es Alemania, sino Europa. Del mismo modo, el bolchevismo no es ya aquel de los años 30. Ha sido Mao, indiscutiblemente, con su considerable aporte ideológico y práctico. Al final, la Europa unitaria y comunitaria que quiere lograr la OLP no es sino la transposición de la obra de Mao adaptada al marco europeo y a la mentalidad del pueblo europeo[217].

Las diferentes facciones de la OLP desaparecerán a finales de los años 70, sin haber experimentado nunca aperturas políticas, los franceses por cansancio, los italianos bajo los golpes de un poder ultrarepresivo.

De la *Giovane Europa* al maoísmo

Después de haber estudiado el caso de aquellos que han tomado el modelo político del maoísmo, nos ocupamos ahora de los ex-cuadros

---

[216]SAUVEUR, «L'Organisation Lutte du Peuple, un mouvement national--bolchevik?», pág. 3

[217]ibíd., pág. 22

de *Jeune Europe* que se habían pasado a la extrema izquierda maoísta e intentaremos aclarar cual fue su trayectoria.

Para empezar, hacemos justicia a la leyenda, difundida por cualquier mindundi odioso, de los «neofascistas formando el núcleo de la extrema izquierda» con el objetivo de provocar. Los militantes de *Giovane Europa* que se pasaron al maoísmo, lo hicieron con total sinceridad, con la intención de eficacia y de lógica en la continuación de su compromiso revolucionario.

Es necesario destacar dos importantes aspectos: la designación de los Estados Unidos como el enemigo principal hecha por Thiriart y la convergencia, en los años 1967-1968, de numerosos temas políticos desarrollados al mismo tiempo por *Giovane Europa* y los maoístas. Estos dos hechos explican el paso de numerosos cuadros desde 1967 —al inicio de las luchas estudiantiles— al maoísmo.

Su influencia será importante, tanto a nivel del lenguaje como de los temas tratados, así como en el plano de la organización. Se debe recordar que *Giovane Europa* era, antes que nada, una escuela de cuadros políticos de nivel muy elevado y que sus militantes salían con una formación ideológica y práctica raramente igualada en otros lugares.

Respecto a los grupos maoístas, algunos cuadros de *Giovane Europa* se pasaron a las Brigadas Rojas, donde se llevaron la marca de su primera formación política.

En lugar de conformarnos con dar los nombres, examinaremos algunos cuadros significativos de *Giovane Europa* que siguieron la vía maoísta.

El caso de Claudio Mutti es el menos significativo porque acabó por unirse a la corriente política impulsada por Freda, de quien tomó la dirección de la editorial (Edizioni di Ar). Dirigente nacional de *Giovane Europa*, director de la publicación «La Nazione Europea», participa activamente en la fundación de *Lotta di Popolo*. Después de 1972 militará en diferentes organizaciones maoístas. En el momento de su arresto en junio de 1974, está en posesión del carnet número 110 del grupo de izquierda *Potere Operaio*, en el cual es muy activo. Después, en 1976, tras una campaña difamatoria de la policía del régimen, Mutti alcanzará su familia política de origen[218].

El itinerario de Claudio Orsi es más significativo. Miembro fundador y dirigente nacional de *Giovane Europa* hasta 1970, redactor de «La Nazione Europea», este nieto de Italo Balbo, uno de los dirigentes de la Marcha sobre Roma, alcanzará las filas maoístas a comienzos de 1971. Después de haber militado en diferentes grupos maoístas, funda el «Centro Studi per l'Applicazione del Pensiero di Mao Tse-Tung» y «L'Associazione Italia-Cina».

El caso particular de Pino Balzato es ejemplar. Dirigente nacional de *Giovane Europa*, último director de la publicación «La Nazione Europea», se pasa posteriormente al maoísmo. En 1975 anima el diario de extrema izquierda *Lotta Continua*, «el diario de los trabajadores[219]».

Renato Curcio, un itinerario ejemplar

El caso de Renato Curcio es el más interesante. Desde 1967 anima diferentes grupos estudiantiles de extrema izquierda en la Universidad de Trento. Allí se adhiere al Partido Comunista de Italia (marxista-leninista[220]) —quien, como hemos visto, colabora en el mismo periodo con *Giovane Europa*, y anima la revista

---

[218]El profesor Claudio Mutti, politólogo y estudioso de lenguas ugrofinesas además de editor de las Edizioni all'Insegna del Veltro, especifica que algunas afirmaciones presentes en la 1ª edición de 1992 son erróneas: «Tras preguntar a Claudio Mutti nos ha precisado cuanto sigue: "No es cierto que yo haya participado, ni activa ni pasivamente, en la fundación de *Lotta di Popolo*. Simplemente tomé contacto con esta organización después de la disolución de *Giovane Europa* y colaboré con ella hasta que también desapareció. Tampoco es exacto que yo haya alcanzado mi familia política originaria (?). Sin embargo, después de 1974 (no después de 1976) intensifiqué mi actividad en el ámbito de las Edizioni di Ar y de *Lotta di Popolo*. Además también querría precisar que nunca he militado en *Potere Operaio* ni en organizaciones maoístas, aunque he colaborado con la Asociación Italia-China, fundada en Ferrara por Claudio Orsi"» (N.d.E).

[219]Cfr. *Lotta Continua*, 5 junio 1975 (Para ser preciso el *Quotidiano dei Lavoratori* era el diario de *Democrazia Proletaria*. Nunca fue el diario de *Lotta Continua*.

[220]Bocca, *Il terrorismo italiano 1970-1978*, págs. 10-11

«Lavoro Politico». En la misma época se encuentra y se casa con Margherita Cagol, la futura pasionaria de las Brigadas Rojas[221]. Después se traslada a Milán, donde se vincula al editor de extrema izquierda Giangiacomo Feltrinelli, que lo pone en contacto con la «Rote Armee Fraktion» (RAF) y Andreas Baader, así como con la «Gauche Prolétarienne» francesa[222]. Curcio anima diferentes grupos: *Collettivo Politico Metropolitano*, *Sinistra Proletaria* y finalmente, en 1970, *Nuova Resistenza*[223], donde afirma una ideología estalinista inspirada en el «comunismo de guerra[224]». A continuación se pasará a la lucha armada con la creación, en septiembre de 1970, de las Brigadas Rojas. Un recorrido político, el que protagonizará Renato Curcio, líder histórico de las Brigadas Rojas, el «enemigo público número uno» y que lo llevará a la cárcel y al proceso judicial de Turín en junio de 1977. Su compañera, Margherita Cagol, morirá el 4 de junio de 1975 en un intercambio de fuego con los Carabinieri[225]. Un itinerario ejemplar de militante de extrema izquierda. Pero, os preguntaréis, ¿qué relación existe con el tema que estamos tratando? Es muy sencillo. El líder histórico de las Brigadas Rojas no comenzó su carrera política en Trento en 1967, como creen sus biógrafos, sino mucho antes, en *Giovane Nazione* y después en *Giovane Europa*. En el número cuatro de la revista *Giovane Nazione*[226], encontramos una mención de la cita del compañero Renato Curcio como jefe de la sección de Albenga. En el número cinco[227] del mismo periódico se hace referencia a su celo militante. *Giovane Nazione* servirá como trampolín de lanzamiento para la creación de la gran red italiana

---

[221]Cfr. *Orion*, nº 32, mayo 1987 (N.d.T.).

[222]Bocca, *Il terrorismo italiano 1970-1978*, pág. 19

[223]ibíd., pág. 20

[224]ibíd., pág. 39

[225]Cfr. Solé, *Le Défi terroriste*, págs. 39, 98, 99 y *Orion*, nº 32.

[226]*Giovane Nazione*, nº 4, septiembre 1963.

[227]*Giovane Nazione*, nº 5, octubre 1963 (Para ser precisos no se trataba de una revista, sino de un boletín mimeografiado: «Giovane Nazione - Bollettino interno a cura del Direttivo Nazionale della Giovane Nazione», Año II, nº 4, Febrero 1963. Las dos menciones de Curcio (el nombramiento como regente para Albenga y su dirección en la campaña de proselitismo se encuentran en este número, en la página 1) (N.d.E.).

de *Giovane Europa*, donde militará Curcio. Solo mucho más tarde llegará a las filas del «movimiento estudiantil». Es en *Giovane Europa* donde aprenderá las virtudes de la organización y centralización leninista. Es allí donde estudiará las teorías de la guerra partisana y el concepto político-militar de «Brigadas». Giorgio Bocca también señala que en Trento, en 1967, Curcio «prefería estudiar a Clausewitz y sus tesis sobre la guerra partisana[228]». Clausewitz, un autor casi desconocido para la extrema izquierda pero muy leído en las escuelas de cuadros de *Giovane Europa*.

Explicación psico-sociológica de la convergencia de los extremos

La «convergencia de los extremos», el paso de un lado al otro, son fenómenos inexplicables para quien razona sobre el tablero político clásico del régimen, que va de la extrema izquierda a la extrema derecha, y donde izquierda y derecha son presentados como campos opuestos e inconciliables. En este tablero Fascismo y Estalinismo, izquierda y derecha no pueden encontrarse, cada convergencia parece contra natura.

Pero algunos autores, psicólogos y sociólogos, como Pareto, Serguéi Chajotin o H. J. Eysenck han ofrecido otras explicaciones mucho más satisfactorias. Pero también resultan extremadamente molestas frente al conformismo reinante. Estos autores hacen depender las elecciones políticas de las elecciones de carácter.

Vilfredo Pareto es el padre de la sociología psicológica. Todo el esquema de análisis psicológico en Pareto se reencuentra en su división en seis clases de residuos y cuatro clases de derivaciones. Siendo los residuos los «instintos de comportamiento» y las derivaciones «el acompañamiento verbal», la justificación del discurso. Hay que señalar particularmente dos fenómenos: la frustración materna traducida en comunismo y la frustración paterna traducida en fascismo

---

[228]BOCCA, *Il terrorismo italiano 1970-1978*, pág. 10

en los jóvenes[229].

Treinta años después de Pareto, Serguéi Chajotin, alumno de Pavlov, divide esquemáticamente el comportamiento humano en cuatro pulsiones: combativa, alimentaria, sexual y parental[230]. Finalmente, el inglés H. J. Eysenck esboza un psicoanálisis de la política con sus «Social Attitudes, Ideology and temperament etc[231]».

La proximidad de carácter entre «fascistas» y «estalinistas», que son ambos tipos «autoritarios» y «activos», es lo que nos interesa en el marco de este tema, ya que esclarece el paso de uno a otro o su convergencia, debido a la casi identidad de carácter de ambos tipos políticos y a la proximidad de sus temperamentos. Recuérdese, además, que las Brigadas Rojas se remontan al estalinismo (comunismo de guerra), y que los maoístas europeos son antes que nada estalinistas desilusionados, no habiendo aceptado la evolución antiestalinista de los partidos comunistas prorrusos después de 1956. En política la verdadera oposición no se hace entre «derecha» e «izquierda», sino entre temperamentos. Es esto lo que explica el paso extremadamente frecuente de un «extremo» al otro, donde el modo de concebir el acto político es el mismo más allá de las divergencias ideológicas de fachada. Añadamos que el temperamento «activo/autoritario» desemboca en el totalitarismo y que se han podido destacar numerosas convergencias entre las diferentes formas de totalitarismo en el siglo XX. Bajo este punto de vista, no podemos considerar «contra-natura» la alianza del verano de 1939 entre Stalin y Hitler, sino la de la URSS con las democracias de 1941. El pacto germano-soviético sellaba el encuentro de los «hermanos-enemigos» políticos.

Terminemos destacando otra afinidad política: la convergencia de temperamentos entre «liberales» y «gauchistas[232]», la proximidad de estas corrientes en la misma fe en la igualdad y en la democracia. Los

---

[229]Cfr. Pareto, *Traité de sociologie générale* y Pareto, *Les systémes socialistes*.

[230]Tchakhotine, *Le viol des foules par la propagande politique*

[231]Eysenck, *The psicology of politics*

[232]Se puede traducir como hombres de izquierda, sesantayochistas, socialdemócratas etc, cercanos a una izquierda reformista y liberal (N.d.E.).

intercambios entre estas dos corrientes son igualmente frecuentes, posiblemente más, pero no se les presta atención. Hay que recordar que la mayor parte de los líderes estudiantiles «gauchistas» de finales de los años 60 se convirtieron rápidamente en buenos burgueses, integrados en el sistema. La trayectoria de Jean Gol, ministro belga de Justicia y conservador ultraliberal, que simboliza hoy una represión «liberticida» a lo «israelí» y la doble sumisión de nuestra clase política a Washington y a Tel-Aviv, tiene aquí valor de ejemplo. En efecto, él comenzó políticamente en la extrema izquierda, en los años 60, como líder «gauchiste» en la Universidad de Lieja. Solo sus convicciones sionistas se han mantenido con el tiempo. De paso observamos que Jean Gol, un enemigo decidido de todas las fuerzas antiamericanas en general y de las guerrillas de Europa occidental en particular, fue un feroz oponente de la *Jeune Europe* durante los años sesenta.

Otro fenómeno sociológico que clarifica nuestro argumento: la creación en Italia, a finales de los años 60, de un «bloque de la juventud» homogéneo. «En este clima de crisis, los extremistas se aferran a viejos dogmas. Crean un clima de guerras de religión, pretenden encarnar la verdad. Son los fanáticos del mundo vago de la ideologización, porque parece llegar el momento de los enfrentamientos dogmáticos. Los marxistas empiezan a preguntarse si la lucha de clases se aplica todavía a una juventud que parece constituir una clase propia. En cualquier caso, esta juventud ya no está dividida en diferentes bloques mentales[233]». De aquí a actuar en concierto, más allá de las ideologías de fachada, para la destrucción del sistema, no hay más que un paso. No se puede más que comparar esta explicación sociológica con las tesis expuestas por Franco Freda en *La disintegrazione del sistema*.

---

[233]SOLÉ, *Le Défi terroriste*, págs. 176-177.

Explicación política de la convergencia de los extremismos opuestos

El escritor polaco Malynski[234] opone la unidad de acción entre «extremos» al «compromiso histórico» del cual denuncia claramente el diseño en la coincidencia de intereses que acerca el capitalismo y la burocracia de los partidos y los sindicatos. «Contra este bloque de la insolencia democrática, de la rapacidad financiera y de la dominación hebraica, debería haber un bloque de la extrema izquierda y de la extrema derecha[235]».

Pone el acento sobre «una cierta y profunda afinidad entre aquellas que son llamadas extrema derecha y extrema izquierda, porque, por extraño que esto parezca, son precisamente los dos partidos del tablero social, entre los cuales, si no se mira superficialmente, no existen, en realidad, intereses irreductibles, ni antítesis de aspiraciones. Por el contrario, esta irreductibilidad y estas antítesis existen necesariamente por las dos partes frente al burgués[236]».

Si las palabras de Malynski han servido de introducción, hay que considerar las características de la situación política italiana a finales de los años 60 que han permitido, allí y solo allí, la «convergencia de los extremos».

El carácter realmente revolucionario de *Giovane Europa*, la colaboración entre estas organización y los grupos maoístas han preparado el terreno en Italia. Ya hemos visto que ningún foso, ningún «cadáver» político, separaba a las dos partes.

Antes de 1965, estas se ignoraban. Después de 1966, se acercaron y trabajaron juntos. Después de la desaparición de *Giovane Europa*,

---

[234]Emmanuel Malynski (1875-1938), escritor y ensayista polaco. Traducido e introducido al público italiano por Julius Evola. Sus ensayos más famosos, como *Il proletarismo* o *Fedeltà Feudale* (N.d.T.: Obra traducida y publicada por nuestro sello editorial, véase Małyński, *La modernidad y el Medievo*) o la conocidísima *La Guerra occulta* fueron obras reeditadas bajo el sello de Edizioni di Ar (N.d.E.).

[235]Małyński, *L'empreinte d'Israël*, págs. 38-41

[236]ibíd., págs. 38-41

algunos de sus cuadros optaron por la vía que reconducía a los aliados de ayer, donde reencontraron numerosos temas convergentes y especialmente la designación de un mismo enemigo: los USA y sus colaboradores europeos. A título de comparación, la situación belga en el mismo periodo veía cualquier tipo de «convergencia» imposible.

En Bélgica numerosos «cadáveres» separaban ambos lados. La presencia de múltiples elementos sionistas en el seno de la corriente maoísta (después de 1968 y los «hechos de Praga», provocaron la escisión del Partido Comunista Valón —maoísta, fundado por Jacques Grippa— en varios grupos). El odio que tenían hacia *Giovane Europa*, los sistemáticos enfrentamientos que provocaron entre 1960 y 1966, hacían imposible cualquier colaboración debido al odio desarrollado en aquellos años. En diferentes publicaciones Thiriart lamentará esta oposición de los extremos, no deseada por *Giovane Europa* y que servía a los intereses del sistema.

Finalmente, en Italia, el antiamericanismo, compartido por *Giovane Europa* y los maoístas, se convierte en un poderoso bloque y salvará a los protagonistas frente al comunismo enemigo. En mayo de 1978, en el transcurso de un encuentro en Italia, el psiquiatra alemán Wilfred Rasch, habló del grupo Baader-Meinhof con palabras apropiadas tanto para el núcleo fundador de las Brigadas Rojas como para los militantes de *Giovane Europa*: «La guerra del Vietnam les ha causado un *shock*. Como resultado de una transferencia, se sentían ellos mismos en guerra con los Estados Unidos. Los Estados Unidos simbolizaban todo lo que combatían y odiaban en la sociedad[237]».

Como destaca igualmente Jacques Kaufmann, es la agresión estadounidense la que provocará el paso a la acción directa del grupo Baader-Meinhof, «para atraer la atención de la población alemana occidental sobre la guerra del Vietnam y sobre la masacre perpetrada por los estadounidenses[238]».

Entonces será normal para los cuadros de *Giovane Europa* dirigirse, después de la desaparición de la organización, a aquellos que

---

[237]SOLÉ, *Le Défi terroriste*, pág. 176
[238]KAUFMANN, *L'internationale terroriste*, pág. 39

ahora eran los únicos que encarnaban la lucha antiestadounidense, los grupos maoístas.

Modelo leninista y tradición jacobina: convergencia entre *Giovane Europa* y las Brigadas Rojas

Afrontamos ahora las convergencias entre las dos partes, y como veremos presentan grandes analogías.

I. «El modelo organizativo leninista»

Comenzamos con la aplicación del leninismo en cuanto modelo organizativo. Ya hemos visto que *Giovane Europa* estaba organizada según el esquema clásico del partido leninista. Marcel Ponthier, uno de sus colaboradores, dirá de Thiriart: «... mucho más tarde, en su madurez... descubre a quien debe parte de su pensamiento político... Lenin para ser exactos (por las técnicas de partido revolucionario[239])».

Por otra parte, entre los numerosos grupos que pasan a la lucha armada en Italia, como los *Nuclei Armati Proletari* (NAP) y *Prima Linea,* las Brigadas Rojas son las únicas que se inspiran en el modelo centralista y jerarquizado del leninismo. Giorgio Bocca señala la oposición entre las estructuras «leninistas» de las Brigadas Rojas y las «autónomas», «anárquicas y preleninistas», de los demás grupos y principalmente de las NAP. El leninismo organizativo aportará a las Brigadas Rojas la duración en el tiempo. Los grupos anárquicos y autónomos desaparecerán rápidamente. Después de 1975 los restos del NAP entrarán en las Brigadas Rojas[240]. Hay que destacar que las Brigadas Rojas serán la única guerrilla europea occidental que adoptará el modelo organizativo leninista.

---

[239]Marcel Ponthier, *Influences,* postfacio a Thiriart, *La Grande nation*
[240]Bocca, *Il terrorismo italiano 1970-1978*, págs. 71-72

II. «La tradición revolucionaria jacobina»

La herencia política jacobina aparece claramente en las Brigadas Rojas. A este propósito, Giorgio Bocca describe: «... la dominación histórica, en la izquierda, de las concepciones jacobinas y bolcheviques de la acción política, que llevan a la destrucción radical de la democracia política...[241]».

Thiriart se presentará encantado como un «jacobino de la más grande Europa» y no ocultará su admiración por los jacobinos, y en particular por Sieyés. Las estructuras jacobinas de la Francia de 1789 son el incontestable modelo de la «Europa unitaria» propuesto por *Jeune Europe*[242].

A continuación afrontamos las convergencias ideológicas entre *Giovane Europa* y las diferentes guerrillas europeo-occidentales (tanto las de los años 70, como las de las nuevas generaciones), entre las cuales se hallan las Brigadas Rojas. Esta convergencia no tiene nada de sorprendente por lo que concierne a las Brigadas Rojas si se recuerda sobre lo que ya hemos llamado la atención anteriormente respecto a la coincidencia de *Giovane Europa* y el Partido Comunista de Italia (marxista-leninista), tal y como apareció en el folleto común distribuido a finales de los años 60. Fue a partir de este partido maoísta de donde salieron la mayor parte de los cuadros de los grupos después de 1970.

Convergencias ideológicas entre *Jeune Europe* y las guerrillas antiestadounidenses

A través de la comparación de los temas y de los textos de las dos partes, veremos que aparecen numerosas y precisas convergencias ideológicas.

---

[241]BOCCA, *Il terrorismo italiano 1970-1978*, pág. 157
[242]Cfr. THIRIART, «Le concept d'Europe unitaire»

III. «Ilegitimidad de los gobiernos europeos»

En la extrema izquierda, el análisis marxista clásico que generalmente se hace de los gobiernos los presenta como emanaciones del poder de clase, capitalista y burgués. Muy diferente es la de las Brigadas Rojas y sus epígonos europeos. Como destaca Xavier Raufer, autor de diferentes obras sobre el terrorismo (entre las cuales: *violence: réponses aux questions que tout le monde se pose*): «Su originalidad reside en un análisis estratégico que le lleva a designar a su enemigo: el Estado, el del propio país, en cuanto marioneta del imperialismo estadounidense[243]».

En cambio, Thiriart opone a la ilegitimidad de estos gobiernos, cuya legalidad de 1945 no se funda en otra cosa que en el dinero y en las armas estadounidenses, la legitimidad de aquellos que luchan por la liberación y la unificación de la Nación Europea: «La Europa legal es una construcción sobre el papel, de hecho no existe. Porque no es independiente, no es más que una especie de Súper-Panamá americana. Si el ejército estadounidense tuviera que dejar Europa, en este momento, la construcción se derrumbaría. No hay Nación donde no hay independencia. A esta Europa legal que nosotros rechazamos, oponemos la Europa legítima, la Europa de los Pueblos, nuestra Europa[244]».

Y añade: «Nuestro deber es el de denunciar estas marionetas de los estadounidenses. . . [245]».

IV. «Rechazo de la plutocracia internacional»

Las Brigadas Rojas no han dejado de denunciar el control estadounidense de Europa occidental a través de las multinacionales: «La transformación en el seno de Europa, de los Estados-nación de inspiración liberal en Estados Imperialistas de las Multinacionales (SIM) es un proceso en curso también en nuestro país; el SIM, a través de su

---

[243]Raufer, «UCC: la triple alliance contre l'OTAN»
[244]Thiriart, «Manifeste á la nation européenne»
[245]Thiriart, *La Grande nation*, tesis 24: «Le protectorat americain s'exerce par les natables européens»

reestructuración, se presta a jugar el papel de correa de transmisión de los intereses económicos y estratégicos del imperialismo. . .[246]».

Por su parte, Thiriart destaca que: «El protectorado político estadounidense se impone a nosotros a través de la infiltración de la finanza estadounidense en la plutocracia europea. El control de las industrias europeas por parte de la finanza estadounidense, lleva directamente al protectorado político. . . Consigue que la política europea se vea progresivamente controlada por las fuerzas extraeuropeas[247]».

V. «Evitar la guerra en Europa»

Las guerrillas antiestadounidenses destacan que: «el imperialismo está en crisis: solo una guerra puede permitirles superarla[248]».

Es necesario evitar esta guerra. Para la *Rote Armee Fraktion*, el terrorismo es un medio para impedir el estallido de una guerra mundial dirigida sobre territorio europeo que implicaría su destrucción y la de su población[249].

Thiriart, por su parte, rechaza la idea de que Europa deba ser: «Una nación-campo de batalla». Destaca que «en caso de conflicto entre los dos bloques imperialistas, Europa se transformaría rápidamente en Nación-campo de batalla, porque es Europa —o lo que quedaría de ella— la que pagaría el precio de un conflicto armado entre USA y la URSS, estando de acuerdo ambos adversarios en ahorrarse los horrores derivados de la bomba nuclear[250]».

---

[246]Comunicado de las BR, 18 marzo 1978, en SOLÉ, *Le Défi terroriste*, pág. 256.
[247]THIRIART, *La Grande nation*, tesis 62.
[248]RAUFER, «UCC: la triple alliance contre l'OTAN». A tal respecto hemos visto todas las guerras imperialistas dirigidas por los Estados Unidos en Oriente Medio (Irak, Libia y Siria), Europa (Yugoslavia y Ucrania) y los subsiguientes intentos de golpear a Irán, Bielorrusia, Rusia etc. (N.d.E.).
[249]GRUPO BAADER-MEINHOF, *El moderno estado capitalista y la estrategia de la lucha armada*, pág. 59
[250]THIRIART, *La Grande nation*, tesis 6.

VI. «Hostilidad hacia la OTAN, "partido de la guerra"»

«Action Directe» publicará, en febrero de 1964, un extenso artículo táctico titulado *Une tâche révolutionnaire: le combat international*: «que llama a la movilización europea de los revolucionarios decididos a practicar la lucha armada contra "el partido de la guerra" (la OTAN)[251]».

Thiriart propone «la Europa independiente contra la OTAN» y afirma que «confiar a los USA nuestra defensa es, para los verdaderos europeos, una posición insostenible por principios, peligrosa en los hechos[252]». Hemos visto también que toda la actividad de *Jeune Europe* a partir de 1966 tenía como objetivo la creación de una fuerza político-militar destinada a «luchar algún día en Europa para acabar con los colaboradores de Washington[253]».

VII. «Rechazo de la OTAN como gendarme de los estadounidenses en Europa»

Para las Brigadas Rojas: «A nivel militar, es la OTAN quien pilota y dirige los proyectos continentales de contrarrevolución en los diferentes SIM europeos[254]».

El discurso realizado por *Giovane Europa* es idéntico. Así, Léon Quittelier, uno de los dirigentes europeos de la organización, escribe, en un artículo titulado *Mons: Oberfeld-Kommandantur de l'US Army*: «Mejor que nadie, los líderes de la OTAN saben muy bien que están allí para proteger los intereses estadounidenses... Los JGS escriben sobre las paredes: Ejército policía del capital. Nunca este eslogan ha sido muy cierto. La OTAN es la policía del hipercapitalismo estadounidense[255]».

---

[251]RAUFER, «UCC: la triple alliance contre l'OTAN»
[252]THIRIART, *La Grande nation*, tesis 7.
[253]THIRIART, «USA: un empire de mercants», pág. 7
[254]Comunicado de las BR, 25 marzo 1978, en SOLÉ, *Le Défi terroriste*, pág. 259.
[255]En *La Nation Européenne*, nº 16, abril 1967, p. 29.

VIII. «La OTAN como instrumento del vasallaje estadounidense en Europa»

En un comunicado común, la *Rote Armee Fraktion* y *Action Directe* atacan a la OTAN: «El proyecto central, en la actual fase de la estrategia imperialista, es el intento de soldar a los Estados europeos en una estructura homogénea, en un bloque duro, que esté completamente integrado en el núcleo del poder imperialista: la OTAN en cuanto estructura de dominación más avanzada aquí[256]».

Para Jean Thiriart: «La OTAN tal y como está organizada, se encuentra totalmente en manos estadounidenses. De modo que no se puede hablar de aliados porque las relaciones que existen en la OTAN entre los USA y los países europeos miembros son las de amo y súbdito[257]».

IX. «Rechazo de la demoplutocracia parlamentaria»

Thiriart constata que: «En Europa occidental, desde hace varias décadas, reina la plutocracia, travestida de democracia parlamentaria. Las potencias del dinero tiran de las riendas de las comedias políticas[258]».

Denuncia que «El régimen de la democracia parlamentaria, en una sociedad de estructura capitalista, como la Europa occidental, conduce inevitablemente al régimen disimulado de la plutocracia. El dinero es el denominador común: permite comprarlo todo, incluido el poder político... Todos los poderes están reunidos en las manos de una casta de políticos profesionales, dividido el pueblo, y manejada por los grupos financieros, a menudo extraeuropeos[259]».

---

[256]Comunicado común de la RAF y de *Action Directe*, 15 de enero 1985, enviado a la Agencia France-Presse, París.

[257]THIRIART, *La Grande nation*, tesis 7.

[258]ibíd., tesis 62 «El protectorado político estadounidense se ha impuesto a través de la infiltración de la finanza estadounidense en la plutocracia europea»

[259]ibíd., tesis 10

Y concluye que: «es necesaria una transformación radical de nuestras estructuras políticas y sociales[260]».

Le Cellules Comunistes Combattants (Células Comunistas Combatientes, CCC), plantean: «La cuestión del poder, de la victoria, y de la ruptura con el circo democrático en la sombra de 20.000 gendarmes[261]». Y añaden: «¡Cuando los trabajadores ven a... Martens y Tindermans[262] correr a recibir sus órdenes a Washington, comprenden todo el interés del parlamentarismo burgués![263]».

X. «Un resuelto antisionismo»

También observamos las convergencias de temas y de lenguaje en lo que concierne al antisionismo y el apoyo a la lucha de liberación del pueblo palestino.

Un folleto del *Bewegung des 2 Juni* (Movimiento del 2 de junio[264]) afirma que: «El capital europeo y estadounidense han instalado una poderosa base militar en el Próximo Oriente y sostiene activamente las cruzadas agresivas del sionismo en territorio árabe[265]».

Recuerda que Israel está ocupada «cometiendo crímenes fascistas contra los árabes en Palestina[266]» y que «desde hace diez años, el pueblo palestino lucha con las armas en la mano contra el imperialismo estadounidense. El estado de Israel, sionista y racista, defiende los intereses petrolíferos del primer gendarme del mundo gracias al napalm, a los Phantom y a los blindados alemanes[267]».

---

[260]ibíd.

[261]Comunicado de las CCC, enero 1985.

[262]Ministros belgas (N.d.T.).

[263]ibíd.

[264]El Movimiento del 2 de junio es el gran rival de la *Rote Armee Fraktion* en la Alemania occidental. Esta organización de guerrilla, de tendencia anárquica, tomó este nombre de los incidentes acontecidos con ocasión de la visita del Sha de Persia a Berlín Oeste, en junio de 1967, donde la policía mató a un manifestante de extrema izquierda.

[265]Folleto del Movimiento 2 de junio, titulado «Shalom et napalm», publicado en Kaufmann, *L'internationale terroriste*, págs. 48-49.

[266]ibíd.

[267]ibíd.

La Nation Européenne, por su parte, denuncia «los métodos nazis innobles de Israel[268]» y titula: *Israël: les nouveaux nazis*[269]. Thiriart analiza «el papel del Estado de Israel en la estrategia estadounidense» y destaca que: «La liquidación de los Estados Unidos en el Mediterráneo pasa a través de la liquidación total del Estado de Israel[270]».

* * *

Como se ha visto a través de estos ejemplos (que se podrían multiplicar), existe una doble convergencia, incontestablemente, entre *Joven Europa* y las diferentes guerrillas antiestadounidenses:

- convergencia ideológica en la elección y el análisis del adversario.

- convergencia metodológica en el recurso de la acción directa, en la lucha armada (hemos visto que para *Giovane Europa* era una hipótesis considerada como probable).

Las cosas difieren cuando se pasa a los objetivos de las dos partes. En Thiriart, nosotros encontramos incontestablemente una idea del Estado, de la alta política (la Europa unitaria) y una *weltanschauung*, una visión del mundo (el comunitarismo nacional-europeo) que se sitúa claramente en el seno de la escuela neomaquiavélica. En las diferentes guerrillas antiestadounidenses, por el contrario, lo que resulta impactante es la ausencia de fines reales, de construcción política. Es el terrorismo como un fin en sí mismo, un nihilismo destructor.

Pero, como nos enseñan Carl Schmitt y su discípulo el politólogo Julien Freund, el acto más importante en política es «la designación del enemigo»: y este es indudablemente el mismo, el imperialismo estadounidense, la OTAN que representa su brazo armado y sus colaboradores europeos. En una palabra, el sistema atlantista.

---

[268]*La Nation Européenne*, nº 30, febrero 1969.
[269]*La Nation Européenne*, nº 29, noviembre 1968.
[270]THIRIART, «USA: un empire de mercants», pág. 7

Parte II

La gran nación, 65 tesis sobre Europa

Noviembre 1967. Año I, nº 9 — Milán

Jean Thiriart, el Lenin de la revolución europea

- René Pelissier
Artículo original en *Le Partisan Européen*, nº 9, enero 1987.

COFUNDADOR DEL *Comité d'Action et de Défense des Belges d'Afrique* (CADBA), constituido en julio de 1960, inmediatamente después de los actos violentos de Leopoldville y de Thysville, de los que fueron víctimas los Belgas del Congo, y cofundador del *Mouvement d'Action Civique* que sucedió al CADBA, el belga Jean Thiriart fundó en diciembre de 1960 la organización *Jeune Europe*, que durante algunos meses será el principal apoyo logístico y base de retrovia de la OAS-Metro.

Hasta aquí, parecería, únicamente un itinerario, considerándolo todo clásico, propio de un hombre de la derecha más extrema.

Sin embargo, los partisanos europeos deben mucho a Thiriart — ¡y lo que les deben no se puede clasificar, ciertamente, como de «extrema derecha»! Le deben la denuncia de la «impostura llamada Occidente» (es el título de un editorial de Jean Thiriart en el mensual «La Nation Européenne», nº 3, marzo/15 abril 1966[271]) y de los siniestros payasos que son sus defensores, desde Henri Massis a Ronald Reagan; la designación de los Estados Unidos como enemigo principal de Europa (Thiriart añade, desde 1966, al Sionismo — la

---

[271]El tema antioccidental será retomado, cerca de 15 años más tarde, por la *Nouvelle Droite* en la revista *Eléments*, nº 34, *Pour en finir avec la civilisation occidentale*, Abril/Mayo 1980.

revista «Conscience Européenne», que tomaba como referencia a Thiriart, titulaba su número del 7 de abril de 1984: *Imperialismo estadounidense, sionismo: un solo enemigo para la Nación Europea*).

Les deben la idea de una Europa independiente y unida, desde Dublín a Bucarest, después desde Dublín a Vladivostok[272] y la idea de una alianza con los nacionalistas árabes y los revolucionarios del Tercer Mundo. Finalmente les deben el esbozo, con la organización *Jeune Europe*, de un Partido Revolucionario Europeo, que se inspira en los principios leninistas, y la versión modernizada de un socialismo que quiere ser nacional (Nación Europea), comunitario y «prusiano».

El pasado de Thiriart y las influencias ideológicas que ha sufrido, no hacen de él, a priori, un hombre de extrema derecha. Nacido en Lieja en el seno de una familia liberal que tenía grandes simpatías de izquierda, Thiriart milita tempranamente en la *Jeune Garde* socialista y en la Unión Socialista antifascista. Después, durante la guerra, colabora con el *Fichte Bund*, organización de inspiración nacional-bolchevique, dirigida desde Hamburgo por el doctor Kessemaier. Al mismo tiempo es miembro del AGRA (Amigos del Gran Reich Alemán) que reagrupaba en Bélgica, a los elementos de extrema izquierda favorables a la colaboración europea, y a la anexión al Reich. En los años 40, el *corpus* doctrinal thirirtiano estaba ya en acción. Desde esta época, ya se le puede calificar de revolucionario y europeo.

Solo particulares circunstancias políticas (independencia del Congo, secesión de Katanga, cuestión argelina, problema de Rhodesia, etc) llevan a Thiriart, en el intervalo de 1960 a 1965, a converger, provisionalmente, con las tesis de la extrema derecha. En efecto, se compromete con la lucha por el Congo belga (después por la Katanga de Morse Chombé), por la Argelia francesa y Rhodesia, porque le parece que a Europa, económica y estratégicamente, le era necesario el control de África: Thiriart es un firme partidario

---

[272]La idea de la Gran Europa, de Dublín a Vladivostok, aparece tímidamente en los escritos de Jean Thiriart a comienzos de los años 60, el neo-derechista Pierre Vial defiende claramente esta idea en el artículo titulado *Objectif Sakhaline*, en «Eléments», nº 39, verano 1981 (N.d.A.). Véase también THIRIART, *L'Impero euro-sovietico da Vladivostok a Dublino*.

de *Euráfrica*. Además, Thiriart lleva el apoyo de *Jeune Europe* a la OAS, porque una Francia-OAS le parece un trampolín ideal para la deseada Revolución europea.

Pero desde 1964-1965, Thiriart se separa de la extrema derecha, de la cual rechaza en bloque su pequeño nacionalismo, el anticomunismo intransigente, la sumisión a los intereses capitalistas, el atlantismo, el prosionismo y particularmente entre los franceses, el racismo antiárabe y el espíritu de cruzada contra el Islam. Tras el fracaso de la experiencia de la OAS (dividida, pusilánime y sin ideología revolucionaria o un proyecto político coherente). Thiriart dirige sus esperanzas en primer lugar hacia el gaullismo (1966), para intentar obtener después el apoyo chino (a través de Ceaucescu, se encuentra con Zhou Enlai en Bucarest) y finalmente prueba con el apoyo árabe. Su compromiso revolucionario y su pragmatismo le llevan, después de haber luchado por el Congo belga y la Argelia francesa, a desear la alianza Europa-Tercer Mundo[273]. Sin embargo, Thiriart todavía no ha renegado, su proyecto permanece igual: la independencia y la unidad de Europa. Su lucidez le permite distinguir en las guerras coloniales como en las luchas políticas que se han sucedido, el mismo enemigo de Europa: los Estados Unidos que, en un tiempo armaban y apoyaban las revueltas contra las colonias europeas para sustituir a los colonizadores europeos y que, hoy, sostienen masivamente al sionismo, cuya agitación belicista y «antirracista» en Europa (racista en Israel, el sionismo es antirracista en el resto del mundo) amenaza la supervivencia misma de Europa.

En 1969, desilusionado por el relativo fracaso de *Jeune Europe* y por los tímidos apoyos externos, Jean Thiriart renuncia provisional-mente a la lucha. Pero en los años 70-80, su influencia, la mayor parte de las veces indirecta, se deja sentir en el ala radical (neo-fascista) de los movimientos de extrema derecha, donde el ideal europeo se hace camino; sobre grupos nacional-revolucionarios y socialistas europeos que se inspiran al mismo tiempo en Evola, Thiriart y el maoísmo[274]

---

[273]La alianza Europa-Tercer Mundo es objeto de un libro de BENOIST, *Oltre l'Occidente*..

[274]Para muchos militantes nacional-revolucionarios, la Libia del Coronel Gadafi,

(en particular, se trata de la Organización *Lotta di Popolo* en Italia, Francia y España, y, en gran medida, de sus homólogos alemanes de *Aktion Neue-Rechte*, después de *Sache des Volkes*, cfr. «Orion», nº 62); y finalmente, sobre la *Nouvelle Droite* (a partir del viraje ideológico llevado a cabo en los años 70-80 por la joven generación del GRECE, entorno a Guillaume Faye).

En 1981 Thiriart rompe el silencio que mantenía desde 1969 y anuncia la publicación de un libro: *L'Impero euro-sovietico da Vladivostok a Dublino*. Ya preconizada la unificación de Europa por parte de la Armada Roja y bajo la dirección de un Partido Comunista (euro-)soviético preventivamente desembarazado del chovinismo panruso y del dogmatismo marxista[275]. Hoy, Thiriart se define como un *nacional-bolchevique europeo*. Pero no ha hecho más que precisar y ajustar a la situación política actual los temas que defendía en los años 60. Al mismo tiempo, bajo el impulso de Luc Michel, han visto la luz un *Parti Communautaire National-européene* y una revista *Conscience Européenne*, que retoman lo esencial de las ideas de Thiriart.

Si se quiere, Thiriart ha sido el Lenin de la Revolución Europea, pero un Lenin que espera siempre su octubre de 1917. Con la organización *Jeune Europe*, ha intentado crear un Partido revolucionario europeo y de suscitar un movimiento de liberación a escala continental en la época en la que el orden de Yalta era contestado tanto en Occidente por De Gaulle, como en en Oriente por Ceaucescu y por diversos nacional-comunistas. Pero este intento no ha podido tener éxito por la ausencia de una serie de ayudas externas y de un terreno favorable en el interior (es decir, de una crisis política y

---

así como la Revolución Islámica, han reemplazado, hoy, a la China popular como modelo.

[275]En los años 60, Thiriart teorizaba sobre la formación de Brigadas Europeas que, después de ser entrenadas en teatros de operaciones externos (Próximo Oriente, Hispanoamérica), volverían llevando a suelo europeo, cuando se verificaran las circunstancias políticas, una guerra de liberación. La dirección política de esta operación sería esperada por el Partido Revolucionario Europeo, prefigurado por *Jeune Europe*. En los años 80, en el espíritu de Thiriart, la Armada Roja y el PCUS, han reemplazado a las Brigadas Europeas y a *Jeune Europe*.

económica que podría haber marcado la disponibilidad de las masas para una acción revolucionaria de vasto alcance).

¡No es seguro que este apoyo y este terreno falten por mucho más tiempo!

Es importante seguir, ininterrumpidamente, la vía trazada por Jean Thiriart. Es decir, difundir conceptos thiriartianos y formar, sobre el modelo de *Jeune Europe*, los cuadros de la Europa revolucionaria del mañana.

NOVEMBRE 1966

EUROPA COMBATTENTE

Tutte le grandi azioni hanno un inizio derisorio.

A. CAMUS

Conca del Naviglio, 9 - Milano

ANNO IV - N. 19

Sped. in abb. postale - Gruppo III

ALTO ADIGE ED EUROPA

Terroristi e polizia contro la G. E.

Noviembre 1966. Año IV, nº 19 — Milán

En agradecimiento

- Jean Thiriart

En AGRADECIMIENTO a los hombres que me han motivado y ayudado; que se han comprometido a mi lado en esta titánica lucha generada por el desafío que hemos lanzado: *hacer Europa*.

Son ya demasiado numerosos para que pueda citarlos a todos. No obstante, debo dar algunos nombres de los hombres que se han distinguido por su fidelidad hacia mi.

En Francia están Gérard Bordes y Francis Thill. En Italia Pierfranco Bruschi, Massimo Costanzo, Claudio Mutti, Claudio Maranelli, Claudio Orsi, Lucio Martelli, Renato Cinquemani; en España Pedro Vallés[276]; en Portugal Joaquim Rafael Duarte y José Manuel Santos Costa.

En Bélgica, tengo que agradecer más específicamente a Yvan Hardy, Robert De Martelaere, Marcel Ponthier, Francis Krauthausen, Raymond Folville, René Dastier y Léon Quittelier.

Nunca podría olvidar a aquel amigo que, viéndome en una situación de agotamiento moral y sabiendo que no soy cristiano, me dijo: «¿Rezo por usted?».

Una mención especial será para mi mujer Alice Thyssens, colaboradora en todo momento.

---

[276]**N.d.T.:** Pedro Vallés Gómez (1940-1997), abogado y profesor universitario, fundó una delegación española de Joven Europa en Santander junto a José Antonio Camporredondo Iglesias (1938-2020) en el año 1964. Por los datos de los que disponemos, la asociación nunca superó los 25 militantes, integrada por jóvenes estudiantes y trabajadores. Se mantuvo activa hasta el año 1968, fecha de su disolución.

Finalmente, mis hijos, ya adultos, me perdonarán haber sacrificado deliberadamente una importante situación social a favor de un ideal cuya importancia no puedo mesurar. Mi mujer, mi madre y mis hijos me perdonarán también el haberles privado demasiado a menudo de gestos de afecto que les debía como marido, hijo y padre.

Jean Thiriart, octubre de 1965.

Introducción

- Léon Quittelier

«En todo humanismo hay un elemento de debilidad que viene acompañado por un desprecio del fanatismo, con su tolerancia y con su amor de la duda, en resumen con su bondad natural.

Lo que hoy sería necesario es un humanismo militante, un humanismo que descubra la propia virilidad y se sature con la convicción que el principio de la libertad, de la tolerancia y de la duda no debe dejarse explotar ni superar por el fanatismo sin vergüenza de sus enemigos. ¿Es el humanismo europeo incapaz de una resurrección?»

— Thomas Mann[277]

ESTE OPÚSCULO TIENE UN DOBLE OBJETIVO: en primer lugar dar a conocer al público algunas de nuestras posiciones fundamentales; servirá, además, de manual de combate para nuestros militantes y nuestros miembros.

Os exponemos un número bastante grande de problemas, los cuales plantean, en cada caso, el esquema y la orientación, si queremos, de nuestra solución. Cada una de las tesis del opúsculo merecería, lo sabemos, explicaciones con más cuerpo pero nuestra «autonomía» financiera nos impone una brevedad un poco espartana.

---

[277]MANN, *Advertencia a Europa.*

79

El lector podrá discernir el sentido de nuestra acción, su espíritu y su método. Entonces tendrá que hacer una elección, optar a favor o en contra. Estamos profundamente convencidos de que, de esta elección, depende el futuro de Europa, es decir, el devenir de todos los europeos, tanto el de los de Oriente como el de los de Occidente, en cuanto a hombres libres, en cuanto a ciudadanos libres de una nación libre.

Todos hablan de Europa. Todos tienen la propia fórmula para «hacer Europa». Todos desean Europa. Y a pesar de ello, Europa no se hace. Al contrario: lo poco que se construye está continuamente sometido a discusión, cuando no completamente destruído.

¿Por qué?

Porque de todas las fórmulas propuestas hasta ahora, falta una esencial: falta la vida.

No se hará Europa si no se cree profundamente en ella. Y no se cree en Europa si no se la percibe como un todo, si no se vive, hoy, como ayer, si cada cual vive en torno a su pequeña patria. No se hará Europa sin amarla, sin respetarla, sin estar orgulloso de ella, sin tener el coraje de dar testimonio de ella ante el mundo, de defenderla contra sus enemigos. No se hará Europa sin suscitar un profundo sentimiento nacional europeo capaz de superar el pequeño nacionalismo, y esto solo puede ofrecer hoy a la acción política de los europeos un sentido y una eficacia.

La Europa de las patrias es la Europa de ayer; es una Europa de los acuerdos, de los pactos, de las discusiones; es una Europa siempre puesta en discusión.

La Europa a-nacional es una construcción abstracta, un esquema de tecnócratas, es la vía más rápida hacia la satelización y el sometimiento a grandes bloques extranjeros que son vigorosamente nacionalistas, implacablemente imperialistas.

Europa, esta «perla de la esfera», «ha hecho, imprudentemente, las fuerzas proporcionales a las masas», decía, en 1919, Paul Valéry.

¡Y entonces! Porque es así, es importante que también nosotros, europeos, formemos una masa. Es, para nosotros, una cuestión de vida o muerte. La fórmula que nosotros aportamos (El Partido Comunitario Europeo) es la única que puede hacer tomar una conciencia sólida a todos los europeos de nuestra solidaridad de destino. La comunidad de destino llama a la comunidad de proyecto. Y es este futuro en común el fundamento del nacionalismo europeo, como es el fundamento el Partido Comunitario Europeo.

Ayer, las naciones estaban formadas por la voluntad de los soberanos.

Las naciones modernas son obra de los partidos, pero de partidos históricos más que de partidos políticos.

Para cumplir esta misión histórica, nuestro partido responde a tres condiciones de base:

1. es una agregación europea: esto en relación a toda Europa, no solo la Europa occidental, y puede acoger todas las «opiniones políticas» en la medida en que estas opiniones no estén inspiradas por las dos potencias extranjeras que han ocupado Europa;

2. es supranacional: el partido tiene, para nosotros, la primacía sobre la pequeña nación que nos ha visto nacer porque, para nosotros, el partido es Europa y porque tenemos conciencia, sirviendo primero de todo a Europa, servimos mejor a nuestra pequeña patria;

3. es, finalmente, revolucionario porque propone nuevas estructuras de la sociedad, nuevas estructuras necesarias si realmente se quiere reunir, algún día, en una sola nación, en un solo Estado, nuestra Europa hoy dividida en dos y sometida a sistemas políticos opuestos.

El Partido Comunitarista Europeo es, en este momento, la Europa legítima porque el interés de Europa es para él la ley suprema. El partido es ya la nación europea.

Es este el motivo por el cual mañana, cuando todos los falsos profetas y los aprendices de brujo hayan sido desenmascarados, cuando Europa desespere de sí misma, será el Partido Comunitario

Europeo quien, surgiendo, de manera natural, permitirá que los hombres hagan finalmente Europa.

Léon Quittelier, Septiembre de 1965

La Europa política - Un Estado unitario

Definición de nuestra misión

1. Europa, un complejo natural y necesario

Siendo la política esencialmente una relación, un equilibrio de fuerzas, no existe más, actualmente, independencia efectiva ni progreso posible fuera de los grandes complejos políticos organizados a escala continental.

Toda política que se encierra sobre un ámbito más restringido, está destinada al fracaso por falta de medios. Esto es cierto no solo desde el punto de vista económico, sino también desde una perspectiva social, militar, cultural etc.

La organización de la sociedad depende antes que nada de la Política. La Política tiene prioridad sobre la Economía. Los grandes conglomerados políticos deben corresponder a las afinidades naturales, geográficas, históricas y culturales de los pueblos que los componen; en caso contrario permanecerán inestables y serán portadores en sí mismos del germen de su propia destrucción.

El equilibrio mundial está condicionado por la formación de estos grandes conglomerados políticos naturales, respecto al cual dos —EE.UU. y la URSS— ya han tomado su forma definitiva mientras que otros dos están en gestación: China y Europa.

El equilibrio de ambos, de EE.UU. y la URSS, es el más peligroso que existe, especialmente para los Europeos que sirven de colchón entre estos dos bloques. La formación del conglomerado chino es otra prueba de ello: ha actuado como un poderoso factor de estabilización mundial, obligando, especialmente a la URSS a permanecer alerta en dos frentes en lugar de uno solo.

Europa posee de la manera más amplia todas las características de un conglomerado natural y, dado su elevado grado de cultura y de civilización, también a causa de su posición geográfica central privilegiada, está más que designada a ser el principal factor de equilibrio en el mundo y, al mismo tiempo, condición de supervivencia para los Europeos.

2. La Nación europea: un futuro en común

Los europeos poseen un importante pasado en común. Este pasado no es nada frente al gigantesco futuro en común que les espera. Para nosotros una nación es ante todo una comunidad de destino.

En principio una nación no es una entidad étnica o lingüística. Lo que construye la realidad y la vitalidad de una nación es su unidad de destino histórico.

Cuando los Hombres y los pueblos han alcanzado un nivel de madurez casi idéntico, cuando una cultura es común, cuando la geografía los convierte en vecinos inmediatos, cuando son amenazados por los mismos peligros y los mismos enemigos, se dan todas las condiciones para construir una nación.

Para nosotros el nacionalismo es la identidad de destino querida por un gran diseño común.

3. Europa: primera potencia mundial

Tercera potencia mundial en el orden de aparición, Europa será la primera en el orden de poder. Esta supremacía se funda en las cifras. Como población la URSS representa 225 millones de habitantes, Estados Unidos 179 millones y Europa unida 468 millones[278].

---

[278] **N.d.T.**:Actualmente (2024), en millones: Rusia, 144, EE.UU. 334 y Europa 750.

Europa SOLA es más importante que EE.UU. y la URSS en su conjunto.

Actualmente destruida por el ocupante militar y financiero de la URSS y de los EE.UU., Europa comprende, del Oeste al Este del telón de acero, 364 millones de habitantes y del Este 104 millones de habitantes. En la Europa occidental, también llamada la Europa «estadounidense», el Mercado Común reúne solo a 175 millones de personas. De modo que el «pequeño» Mercado Común ya es equivalente a los Estados Unidos.

Como potencia industrial, Europa supera a la URSS en todos los ámbitos y es igual o superior a los EE.UU..

En cuanto al nivel cultural, sería demasiado fácil hacer las comparaciones: en la geometría, en las matemáticas, en la música etc., es la cultura europea la que ha dado al mundo entero una civilización que fue ávidamente copiada.

4. La misión de Europa: ser la nación piloto

Europa constituye, en potencia, el conglomerado natural más importante no solamente por el número (excepción hecha por China) sino especialmente por la cualidad.

Milagro de la historia, Europa, por la prodigiosa fecundidad de su civilización, ha creado toda forma de civilización.

Ahora esta civilización, expresión única de Europa, es el signo de su fundamental superioridad sobre los EE.UU. y sobre la URSS, que poseen únicamente la civilización material nacida de nuestra cultura.

Toda civilización material aislada de su verdadera esencia, de su verdadera raíz, es estéril, envejece y tiende a volver, poco a poco, a la barbarie, aunque esta barbarie esté hecha a base de dólares.

En este momento la civilización europea se arriesga a ser asfixiada si continúa siendo dominada políticamente por las potencias extranjeras.

Solo la independencia puede garantizar la salvaguarda de una civilización de la cual depende el destino mismo del hombre. Porque del futuro de Europa depende el destino del hombre y nadie está en condiciones de tomar el lugar de Europa en esta misión hacia la humanidad. La misión de Europa es ser la Nación-Guía.

Los enemigos de Europa

5. Desde 1945 Moscú y Washington nos hacen una guerra silenciosa

Nosotros no reconoceremos nunca la repartición de nuestra patria europea, llevada a cabo en Yalta en 1945 por la plutocracia estadounidense y por el comunismo ruso.

Prolongar la visión histórica nos permite entender, sólo hoy, que la guerra civil europea (1939-1945) sirvió a las potencias extranjeras para reducir a toda Europa en sus manos y apoderarse sin sufrir ningún daño de todos sus imperios de ultramar.

La guerra iniciada en 1939 no terminó en 1945 con la aniquilación de la Alemania hitleriana. En realidad los acuerdos de Yalta inauguraron una nueva guerra, dirigida esta vez contra toda Europa, guerra que ha terminado en 1962 con la pérdida de Argelia.

Explotando nuestra debilidad tras una guerra civil, nuestros «liberadores» se han convertido en nuestros depredadores.

No solo rusos y estadounidenses se han apropiado cada uno de una mitad de Europa, sino que, especialmente en el caso de EE.UU., han eliminado a Europa del resto del mundo, territorio por territorio: a Italia de África, a Holanda de Indonesia, a Inglaterra y a Francia de Asia y de África y a Bélgica de África. Los EE.UU. han actuado así, no para «liberar» a los pueblos colonizados sino para tomar nuestro lugar y recoger nuestros frutos. El hecho de que ellos hayan perdido lo que nos robaron no disminuye en absoluto su responsabilidad. Dondequiera que el comunismo haya sustituido a Europa, esto se debe a la nefasta política estadounidense. Entre otras cosas, el «generoso» Estados Unidos entró en guerra en 1941, solo cuando fue atacado por un Japón que se vio obligado a hacerlo. Antes de esto, no se planteaba para él ningún problema, ni el de «liberar» a Europa, ni el de hacer una cruzada contra el comunismo. He aquí por qué confiar a los EE.UU. nuestra defensa —como hacen los fautores de la «Europa atlántica»— constituye una aberración mental cercana a la traición. En cuanto a la URSS, no se toma tan siquiera la molestia de disimular sus miras imperialistas, las cuales se sirven de la ideología comunista como simple parapeto.

6. No queremos ser una nación «conejillo de indias», ni una nación «campo de batalla»

Los confines de Europa han sido establecidos por su historia. Han sido implícitamente reconocidos, autentificados por los mismos extranjeros cuando en Yalta, URSS y EE.UU., la dividieron en dos, reservándose cada uno su propia zona de influencia.

De Brest a Bucarest, nuestra fragmentada Europa reagrupa a más de 400 millones de habitantes, cuya solidaridad histórica encuentra hoy una angustiosa confirmación en la solidaridad de destino que nos une indisolublemente, a pesar de los telones de acero y los muros. A la solidaridad del pasado se añade hoy la solidaridad del futuro.

Es en esta perspectiva natural que debe expandirse nuestra acción política y nuestro primer objetivo de eliminar Yalta.

En un tiempo más lejano la frontera de Europa pasará indudablemente por Vladivostok, porque pensamos que el instinto de conservación terminará por triunfar sobre las ideologías y que en ese día Rusia tendrá necesidad de los europeos para detener la marea amarilla.

Pero mientras tanto Europa es una nación «conejillo de indias» dividida entre dos imperialismos.

Esta situación es un peligro mortal para los Europeos: manteniéndonos en una posición de satélite, la URSS y EE.UU. impiden deliberadamente nuestro desarrollo o con un minucioso control o infiltrándose, para apoderarse, de los primeros logros de la pequeña Europa de los Seis[279].

---

[279]**N.d.T.:** Se refiere al proyecto embrionario de Comunidad Económica Europea. Se refiere a los países que constituyeron la unión fundacional del mercado

Los Europeos no son más libres: su acción está limitada al consenso y al interés de sus amos. Por una parte tenemos la brutal intervención de los tanques del Ejército Rojo (Budapest), y por otro lado la lenta y aplastante intervención económica del dólar. Europa todavía se encuentra en una fase embrionaria y ellos tratan de asfixiarla.

Y esto no es todo: en caso de conflicto entre los dos bloques imperialistas, Europa se transformaría inmediatamente en nación «campo de batalla». Porque, en esencia, es Europa —o lo que quedaría de ella— la que pagaría el precio de un conflicto entre los EE.UU. y la URSS, estando ambos adversarios de acuerdo en ahorrarse recíprocamente los horrores de la guerra atómica.

«Conejillo de indias» hoy, «campo de batalla» mañana: esta es la suerte de Europa, se tardará en tomar conciencia de lo que realmente representa.

7. La Europa independiente: contra la OTAN

La verdadera independencia política no existe sin una fuerza capaz de hacerla respetar. EE.UU. y URSS tienen una política basada enteramente en su armamento atómico (véase la cuestión de Cuba).

Para ser independiente de forma efectiva, Europa debe estar en condiciones de hacerse respetar del mismo modo que Estados Unidos, Rusia o China. Europa debe tener su propia fuerza atómica. La independencia es, para los Europeos, la única y efectiva garantía de progreso, de desarrollo, de bienestar y de seguridad. Es absurdo decir que el armamento atómico es demasiado caro; en primer lugar porque todos los medios de Europa son igualmente imponentes respecto a los de los demás bloques y, especialmente, porque a corto plazo, el hecho de no tener los medios para hacerse respetar, nos saldría más caro —definitivamente— que los gastos asociados al armamento atómico.

---

común europeo. Estos países eran Alemania, Bélgica, Francia, Italia, Luxemburgo y Países Bajos

Por otra parte, las potencias europeas contribuyen en gran medida a los recursos financieros de la OTAN. La paradoja militarmente humillante es que con nuestro dinero estamos dotando a Estados Unidos de un súperejército: la OTAN. Lo que pagamos a la OTAN es, en realidad, lo que pagamos al ejército estadounidense de ocupación.

Confiar a los EE.UU. nuestra defensa es una posición insostenible como principio y peligrosa como realidad para los verdaderos europeos.

Insostenible como principio, porque esto equivale a ratificar la división de Europa, siendo los EE.UU. los defensores exclusivos de la Europa occidental, su zona de influencia. Peligrosa como realidad, porque parece cada vez más evidente que los EE.UU., en todo el mundo, están perdiendo terreno. El súpercapitalismo estadounidense está siempre a merced de una catástrofe económica. Además, en los próximos años, los EE.UU. se verán absorbidos por una serie de problemas extremadamente espinosos, tanto en Hispanoamérica como en el Extremo Oriente, dos escenarios que son, por sí mismos, mucho más interesantes que una Europa compitiendo por el poder.

De modo que los EE.UU. pueden transformarse en un aliado muy inseguro, dado que sus intereses vitales no están en Europa.

La OTAN, tal y como está organizada, está totalmente en manos estadounidenses. Entonces no se puede hablar de aliados, porque las relaciones existentes en la OTAN, entre EE.UU. y los Países europeos miembros son las que concurren entre amo y siervos.

De manera que Europa debe formar su propia organización de defensa y, hecho esto, negociar las alianzas más útiles para sus intereses.

8. La Europa independiente: contra el comunismo

El comunismo ruso ocupa nuestro territorio oriental y está profundamente infiltrado en la parte occidental a través de diferentes partidos comunistas, especialmente en Italia y Francia.

Nuestra actitud respecto a este problema tan importante debe venir dictada por el interés superior de Europa, que comprende 100 millones de europeos, sometidos directamente a la URSS. Sobre el plano de los principios, nosotros somos enemigos conjurados de la ideología comunista, que reduce al hombre al rango de una máquina, al postulado de la lucha de clases, a la concepción puramente materialista del mundo, son completamente falsos, superados tanto por la ciencia como por los hechos, cuya carga nociva permanece siendo especialmente virulenta en la masa, gracias a la mística del «Paraíso Comunista». Lo cual engaña a los espíritus al distorsionar el sentido de las tendencias naturales del hombre hacia la felicidad, la paz, etc. En consecuencia, la ideología comunista debe ser combatida por todos los medios. Es el enemigo número uno.

Los partidos políticos que explotan esta ideología deben ser suprimidos, tanto más en la medida que estos partidos trabajan abiertamente al servicio de imperialismos ajenos a Europa: el ruso y el chino. Los partidos comunistas son intrínsecamente nefastos y políticamente traidores a Europa.

La coexistencia pacífica de Europa con la URSS no es concebible sin la preventiva destrucción de los partidos comunistas en Europa. Igualmente, la URSS no podría aceptar coexistir pacíficamente con un Estado vecino que dirigiese un partido político en la misma Unión Soviética.

Por lo que concierne a la URSS, su régimen interno no nos incumbe. Desde un punto de vista europeo, podremos desear que el comunismo continúe debilitándose, a pesar de las apariencias, como un bloque fronterizo de Europa.

9. El mundialismo utópico: la ONU

La acción política, para ser eficaz, no se puede dispersar en un mundialismo utópico (véanse los EE.UU.).

El mundialismo es la expresión de la caída de las concepciones de la ideología liberal-burguesa y de sus derivados que, partiendo de la consideración de que todos los hombres son iguales, consideran que es posible establecer reglas generales, aplicables a todos y en todos los tiempos.

El propio mundialismo distingue la ideología comunista, prima hermana de la ideología liberal. Estas dos ideologías están basadas, de hecho, en el postulado del *Homo Oeconomicus*, ambas sostienen que el motor principal del hombre es el interés.

Sus representantes más reconocidos son enemigos de Europa: capitalismo y comunismo, encarnados por los EE.UU. por un lado, y por la URSS por otro lado.

No es necesario decir que la civilización estadounidense está totalmente fundamentada en el interés material: ¡Algo de lo que se jactan! En cuanto al comunismo, la obsesión por la lucha de clases no es otra cosa que la lucha de los no-propietarios por apoderarse de los bienes de los propietarios.

Entonces no debe sorprender que estas dos ideologías aparentemente opuestas —liberalismo y comunismo— pueden estar de acuerdo perfectamente y de algún modo complementarse.

¡Tienen las mismas raíces!

La ONU es la compañía de seguros de los mundialistas.

Por lo tanto, Europa tendrá que retirarse de la ONU mientras este organismo pretenda dictar reglas políticas universales. Los asuntos internos de Europa serán regulados por los Europeos, sin tutela de nadie, y en función de las reglas que se decidan aplicar, dependiendo de las circunstancias. Algo que, por otra parte, hacen los EE.UU. y la URSS.

Desde 1945, la ONU ha sido, de vez en cuando, la máscara, un instrumento de la política estadounidense y soviética o una barraca de feria para los países subdesarrollados.

Como su vieja edición, la Sociedad de Naciones, desapareció ante la indiferencia general, así la ONU desaparecerá cubierta de desprecio. Este templo de impostura ya tiene grietas. Debemos enfrentarnos a su disolución retirándonos en bloque de esta máquinaria antieuropea.

10. Contra la democracia asalariada: Por una democracia nacional

El régimen de la democracia parlamentaria en una sociedad de estructura capitalista, como la de la Europa occidental, conduce inevitablemente al reino hipócrita de la plutocracia. El dinero es el denominador común: esto permite comprarlo todo. Incluyendo el poder político.

Esta democracia de los partidos no es una verdadera democracia. Es una copia política del capitalismo financiero.

Desde hace más de veinte años ofrece, en la Europa occidental, un espectáculo vergonzoso: prebendas, corrupción, escándalos, estafas e impotencia.

Su divorcio con la nación ha sucedido, es despreciada por todos, en primer lugar por los trabajadores. Todos los poderes se hallan concentrados en las manos de una casta de politicastros de profesión, separados del pueblo y manejados por grupos financieros, a menudo extraños a Europa.

Esta democracia es incapaz de construir Europa, como ha sido incapaz de defenderla desde hace más de veinte años.

Por lo demás, sus divisiones internas —el típico fraccionamiento democrático— permiten siempre al comunismo o a los EE.UU. encontrar aliados precisamente entre los que dicen trabajar para Europa. Ciertamente no será posible crear Europa proyectando a lo grande los defectos de los actuales regímenes occidentales.

Entonces es necesaria una transformación radical de nuestras estructuras políticas y sociales.

En primer lugar queremos una democracia europea nacional, porque la Nación es la comunión de todo el pueblo. La división en clases sociales, provocada por el capitalismo financiero, retomada por el comunismo y cuidadosamente mantenida tanto por el primero como por el segundo, será eliminada. Nuestra democracia será directa, jerárquica, viva y se fundará sobre las raíces de toda la Nación.

Tendrá dos reglas fundamentales: la competencia de la consulta y la responsabilidad en el poder.

Nosotros rechazamos una Europa gobernada por irresponsables legalizados o por incompetentes manifiestos.

Nuestra jerarquía será la del trabajo, entendido como criterio de valoración.

11. La plutocracia es incapaz de defender Europa

Si existe un mito por destruir es el de la capacidad de la plutocracia que se autodefine como «democracia» — para defenderse del comunismo.

Ayer fue incapaz de defenderse del fascismo sin apelar a otro fascismo, en aquel caso el comunismo estalinista, la plutodemocracia está privada de toda determinación en el combate. Donde debe luchar, compra. Compra la paz, vendiendo pedazos de territorios y lo llama «ganar tiempo» o incluso «negociados políticos».

En África, en Sudamérica o en Asia la plutocracia estadounidense no logra frenar el comunismo, a pesar de las lluvias y monzones de dólares.

Aquí, en la Europa occidental, esta misma plutocracia evita cuidadosamente cualquier enfrentamiento directo con el comunismo. Se estanca o más bien cree estancarse. En realidad, permite a un inmenso aparato de subversión comunista ponerse en acción en el interior de nuestras estructuras estatales (prensa, enseñanza y sindicatos). El comunismo es un ideal engañoso, pero aún así, en cualquier parte del mundo, ejerce una incontestable fascinación sobre las masas de desheredados.

A esta fascinación la plutocracia no tiene nada que oponer, ni tan siquiera una tentativa de ideal. Mañana nadie querrá morir por la plutocracia. Pero no debe suceder que, con su ruina, el régimen que corrompe hoy a Europa lo arrastre hacia su abismo.

A los hombres manipulados por el ideal engañoso del comunismo, a través de la sanguinaria impostura del marxismo, debemos oponer los hombres animados y unidos por un auténtico ideal.

La posibilidad de defender Europa reside en la destrucción de nuestras estructuras plutocráticas que la debilitan y degeneran.

12. Del telón de acero al cordón sanitario

El telón de acero que divide a Europa en dos es la consecuencia de la división de Europa planificada en Yalta en 1945, entre los EE.UU. y la URSS.

No sería correcto imputar la responsabilidad exclusiva a la Unión Soviética. Observemos, entre paréntesis, la cobardía de las democracias occidentales que, entradas en la guerra en 1939, con la intención de hacer justicia a Polonia, la entregaron en 1945 a Rusia. Nosotros luchamos con todas nuestras fuerzas por la reunificación de nuestra patria europea, desde Brest a Bucarest. La destrucción, por cualquier medio, del Telón de Acero psicológico que divide a Europa es uno de nuestros principales objetivos, si no el primero. Hay que denunciar a los partidarios de la Europa-marioneta, es decir, a la Europa de Bonn a Lisboa.

Esta Europa-marioneta indudablemente es funcional a los intereses plutocráticos que no quieren que desaparezca el Telón de Acero. Para ellos el Telón de Acero es al mismo tiempo un cordón unitario. Sabiendo bien que nunca podrán restablecer en la Europa oriental las estructuras plutocráticas, los reaccionarios y los conservadores prefieren abandonarlas, aislarlas, para salvaguardar y sacar provecho de una parte de Europa. La tesis de la camarilla plutocrática consiste en conservar los propios privilegios sobre una parte de Europa, más que unificar a la Gran Europa, sacrificando una parte de sus intereses. Nosotros denunciamos la hipocresía de los falsos europeos proestadounidenses.

Mientras nosotros queremos un Imperio de Brest a Bucarest, ellos quieren una república plutocrática de Frankfurt a San Francisco.

La avidez de beneficio capitalista anula el sentido del honor nacional y para nosotros el factor nacional es superior a cualquier otra preocupación.

Geometría política de Europa

13. La dimensión mínima para un poderoso nacionalismo

La nación nace fuerte sólo si alcanza una dimensión mínima, en relación a una cierta época.

En el siglo XVII, la Francia continental por sí sola tenía unas dimensiones suficientes como para brillar y dominar; desde finales del siglo XIX Francia debía convertirse, por la fuerza de las cosas, en colonial e imperial, quería seguir siendo una nación líder. Devuelta a sus fronteras del siglo XVII, Francia se convertiría en un Estado de segundo plano. El ejemplo también es válido para Inglaterra, Alemania, Italia y España. La medida de dimensión mínima varía a través de las épocas. En el siglo XII se era poderoso, respetado e independiente al nivel del Ducado de Bretaña, mientras que en el siglo XIX lo era al nivel de la Francia colonial. Hoy la dimensión europea está al mínimo indispensable para la independencia.

El patriotismo encuentra parte de su fuerza en el sentimiento pero, en las manifestaciones superiores, busca sus bases en el intelecto.

El nacionalismo debe ser una pasión razonada, una misión de la inteligencia.

Compensarlo con un pequeño y anticuado nacionalismo no-vital, supone una forma de sentimentalismo suicida. Queremos un nacionalismo a la altura de nuestro tiempo, queremos un nacionalismo válido, queremos un nacionalismo vital: el nacionalismo europeo.

14. Solo los grandes nacionalismos son independientes

No existen pequeñas naciones que sean efectivamente independientes: es una ley de la física política. Para escapar de las miras imperialistas de una gran potencia, la pequeña nación solicitará la ayuda de otra nación imperialista. En este mismo momento, ella caerá bajo el yugo que pretendía evitar. Existen formas de dominación brutales y groseras, como las nacidas del imperialismo ruso, que son visibles y explícitas. Hay otras que son más hipócritas, más disimuladas pero no por ello menos humillantes, como las nacidas del imperialismo estadounidense; son invisibles para quienes no se adentran en las lides políticas e históricas. Ciertos jefes de Estado, ciertas naciones, juegan a la comedia de la independencia. Esta comedia, por otro lado muy inestable, solo sirve para enmascarar la profunda fractura que reina en el propio país en el cual los partidarios del imperialismo extranjero ejercen de espías esperando el momento para enfrentarse. Entre las naciones no hay otra moral que la de la fuerza, no hay otro medio que el del poder. Desafortunada la nación que no es poderosa. El poder se contrasta, sobre todo, en la dimensión. Para nosotros la solución imperativa es Europa. Aquellos que rechazan ser Europeos aceptan directa o indirectamente ser rusos o estadounidenses. Hoy ya no es posible ser alemanes o franceses, porque ya no existe una Alemania o una Francia vital. La libertad es poder, el poder reside en la dimensión.

15. Es suficiente con las divisiones entre los europeos. El pasado ha muerto

Más de 100 millones de Europeos han vivido los regímenes fascista y hitleriano. Es absurdo pretender que la mayoría de ellos han sido contrarios a estos. Es igualmente absurdo negar que estos regímenes hayan realizado, en más de un ámbito, particularmente en el terreno social, notables realizaciones.

Pero el fascismo y el nacionalsocialismo han surgido de circunstancias particulares de una época que pertenece al pasado. Toda polémica, a este respecto, no solo es vana —no se rehará ni al fascismo ni al nacionalsocialismo— sino dañina porque mantiene o reaviva el odio entre los ciudadanos de una misma nación. Es lo que han entendido muy bien los comunistas explotando sistemáticamente los términos «fascista», «nazi» etc. Para nosotros Europa se hará también con los antiguos fascistas y comunistas, en la medida en que superen tanto el fascismo como el comunismo, ya caducos.

16. Nuestra geometría política: ni derecha ni izquierda

Hagamos nuestro el pensamiento del gran José Ortega y Gasset, en función del cual, ser de izquierda o de derecha, es una de las innumerables maneras que se ofrecen al hombre de ser un imbécil: ambas, de hecho, son formas de semiparálisis mental. La Europa unitaria se construirá con hombres que tengan la inteligencia de abandonar la izquierda o la derecha, estereotipos fosilizados en sus manías y en sus ritos. Querer una Europa de izquierdas o una Europa de derechas, quiere decir sabotear a Europa consciente y estúpidamente.

Para quien quiera ubicarnos en una geometría política, que nos considere en la vanguardia del Centro, que une e integra la potencia del dinamismo y la sabiduría del equilibrio.

17. Por una nueva y lógica repartición de los partidos políticos

La división del mundo político, que va de una extrema izquierda a una extrema derecha, está totalmente superada por la realidad.

Todas las actividades políticas actuales en Europa, deben ser condensadas en tres puntos principales que son:

1. los partidos vinculados al extranjero, por una parte el partido estadounidense y por otra parte el partido ruso;

2. los partidos arcaicos o prehistóricos, los partidos facinerosos pequeño-nacionalistas:

3. el partido de los Europeos

En el partido estadounidense encontramos, de forma desordenada, a la peor camarilla reaccionaria de la extrema derecha y la más balante raza izquierdista. Así, en Francia, Tixier Vignancour[280] y Guy Mollet[281], en Bélgica, el Barón de Launoit[282] y el secretario de los sindicatos socialistas del régimen están en la misma trinchera estadounidense[283]. Todos ellos deben ser denunciados y combatidos. Debemos combatir a los colaboracionistas de derechas o de izquierdas, porque, antes de ser de izquierdas o de derechas, son colaboradores del ocupante. Por el contrario, existen hombres —procedentes de la izquierda— que reniegan de sus *clichés* ideológicos y que son Europeos sinceros; existen hombres —procedentes de la derecha— que abandonan sus manías y son Europeos sinceros. Estos hombres deben encontrarse.

18. Contra todo racismo y su uso político

Es inútil negar la existencia de diferentes razas humanas, como es estúpido pretender que estas razas sean iguales.

Al mismo tiempo, los hombres no son, en realidad, iguales: la desigualdad forma parte de la misma condición humana. Pero si estas consideraciones tienen —se quiera o no— una importancia en la política, no pueden servir en ningún caso como punto de partida de una doctrina política.

Entonces somos, políticamente hablando, fundamentalmente antirracistas y desaprobamos cualquier forma de racismo. La constatación de la existencia de razas y de sus diferencias es un hecho contrastado por la ciencia etnológica. Los mentecatos intelectuales de izquierdas que intentan de forma inadvertida negar estas dife-

---

[280]**N.d.E.**: Jean Louis Tixier-Vignancour (1907-1989) fue un político francés que apoyó a la República de Vichy, simpatizante del nacionalsocialismo. Después de la II Guerra Mundial se convertirá en adversario político del General De Gaulle y partidario del socialista Mitterrand.

[281]**N.d.E.**:Guy Mollet (1905-1975) fue presidente del consejo de Francia del 1 de febrero de 1956 al 21 de mayo de 1957.

[282]**N.d.E.**:Paul Auguste Cyrille de Launoit (1891-1981) fue un industrial y financiero belga.

[283]**N.d.E.**:Obviamente, Thiriart se refiere al conglomerado filoestadounidense presente en la izquierda y en la derecha tradicional belga y en general de la Europa occidental.

rencias y los borregos intelectuales de derechas que quieren extraer una filosofía política de este hecho están, los unos y los otros, en el campo de las teorías; han abandonado la realidad por los deseos, por buenos o malos que sean. Y la política debe ceñirse a la realidad.

Racismo y antirracismo: dos falsos problemas que no nos interesan. Son las necesidades políticas de la defensa de Europa las que nos imponen el rechazo de toda inmigración extraeuropea, ya se trate de negros, árabes o estadounidenses (blancos). Además, la aparición del «racismo de color», como voluntad explícitamente admitida —también por parte de los marxistas de Pekín— para suplantar a la raza blanca, provoca, por nuestra parte, una actitud de legítima defensa. Sin embargo, Europa no tiene necesidad de racismo para justificar su superioridad cultural e histórica. El antirracismo de los actuales progresistas no es más que una maquinación destinada a desmantelar Europa y a crear en los ánimos ingenuos un complejo de culpa, que viene seguida de un masoquismo político.

19. La condensación europea: mayor densidad de potencia

Europa, por la fuerza de las cosas, está obligada a replegarse sobre sí misma. Cada una de las partes que la componen ha perdido poco a poco su imperio colonial.

Todo terminó en 1962, con la pérdida de Argelia. Es una especie de reflujo en la historia de la nación europea.

Mientras en un tiempo de poder, el genio europeo, se propagaba y se dispersaba por todo el mundo, hoy esta fuerza se condensa en su totalidad en Europa. Paradójicamente, la pérdida de nuestras colonias nos revelará, indirectamente y a largo plazo, algo muy bueno.

Este replegamiento sobre nosotros mismos nos conduce a una toma de conciencia.

Hace treinta años Casablanca era más cercana a París, políticamente hablando, que Frankfurt o Nancy. Hace treinta años, Matadi era más cercana a Amberes que Amberes a Dusseldorf. Todo esto ha cambiado. Antes de 1940 Europa se asemejaba a una casa con diferentes apartamentos, cada uno de los cuales daba a su calle, sin que en el interior se comunicaran entre ellas. Habiendo sido tapiadas nuestras puertas al exterior, es decir, hacia África y Asia, nos hemos visto obligados a abrir otras nuevas entre las provincias europeas. Los centenares de miles de Europeos que enviamos a la India, Oriente Medio, África y Asia ahora están disponibles en su lugar, en Europa. Es una condición favorable: se ha ganado una mayor densidad de potencia europea.

Al mismo tiempo los Estados Unidos se extienden y se agotan por todo el mundo.

20. La libertad del ciudadano es directamente proporcional a la potencia de su patria

El ciudadano de una gran nación es más libre que el ciudadano de una pequeña nación.

Cada ciudadano participa en la potencia de su patria, entonces en su independencia y en su libertad. Pero también participa en la dominación y en la humillación de su país. No pueden existir hombres libres en una nación dominada o en una nación convertida en satélite.

Queremos una patria poderosa, Europa, porque queremos ser hombres libres.

Queremos una patria poderosa, porque queremos ser hombres justos: una vez más la justicia social se ve condicionada imperativamente por la independencia real de nuestra patria.

Un País que es dependiente políticamente, también lo es económicamente: es ilusorio y ridículo pretender implementar el verdadero socialismo en cualquier país de Europa mientras susodicho país se encuentre bajo la tutela política extranjera. Es estúpido tomar en consideración un socialismo, en la Europa occidental, mientras que ésta última se encuentre bajo la ocupación político-militar de la nación plutocrática por excelencia: los Estados Unidos.

Queriendo ser hombres justos, queriendo ser hombres libres,

queriendo una nación poderosa, por medio de la cual podremos realizar nuestros ideales.

Cada uno de nosotros será lo que sea Europa.

Las formas ilusorias de Europa

21. Ninguna diplomacia dejada al azar

No solo es estúpido sino criminal el tolerarar los acuerdos diplomáticos, militares o económicos, entre UNO de los Países europeos y una potencia externa, en América, Asía o África.

Todo trato, entre una parte de Europa y una potencia externa, nos debilita. Un acuerdo militar España-EE.UU., un acuerdo económico Gran Bretaña-URSS; un acuerdo político Alemania-EE.UU., son igualmente traiciones en lo concerniente a Europa.

Nuestros enemigos lo saben e impulsan estos acuerdos. Los EE.UU. tratan, deliberadamente, de forma aislada con cada una de las partes de Europa, y obviamente todo en su beneficio.

Europa —antes de la formación del Estado europeo— siempre debe presentarse, en cualquier diálogo, como Europa total, global. Es un axioma, un imperativo de su política. Nuestros enemigos de Washington y de Moscú especulan sobre los últimos sobresaltos de egoísmo pequeño-nacionalista. Tenemos, una vez más, la prueba de que los pequeños nacionalismos hacen el juego a nuestros enemigos. Los enemigos de Europa tienen una política de conjunto negativa, que concierne a toda Europa. Ellos son, paradójicamente, más «europeos» que los ciegos nacionalistas, los cuales, incapaces de sublimar su afecto hacia el suelo natural, creen poder tratar, de igual a igual, con los grandes bloques existentes. ¿Qué es un País europeo frente a los EE.UU. o la URSS? Los obtusos nacionalismos son la mejor arma utilizada contra Europa por EE.UU. y la URSS. Se explota el resentimiento anti-alemán, el nacionalismo francés, la dictadura española, etc. También se han suscitado, cuando les ha sido posible, las divisiones en el interior de las naciones europeas: véase el apoyo dado por los comunistas a todo movimiento separatista. Esta obstinación nacionalistas le ha costado a Europa todos sus imperios coloniales.

22. La simple adición de los pequeños nacionalismos no puede dar vida al nacionalismo europeo

Como el cristianismo no está formado por la adición de los diferentes paganismos así el conjunto de los nacionalismos particulares nunca darán vida al nacionalismo europeo. Los viejos nacionalismos deberán ser utilizados no como piezas sino como material bruto. Habrá que volver a colocarlos en el crisol para que se fundan y luego volver a enrollarlos para que quede una sola pieza homogénea.

Aquellos que se opongan a la refusión serán descartados, porque, como el comunismo, ellos constituyen un elemento disgregador de la homogeneidad europea.

Históricamente hablando, los pequeños nacionalismos han desaparecido en el momento en que también lo han hecho nuestros viejos imperios coloniales. Por ejemplo, la pérdida de Argelia ha decretado la muerte del nacionalismo francés. Era relativamente razonable y sensato ser nacionalista francés en 1939, cuando la bandera tricolor ondeaba en Saigon, Rabat, Túnez, Beirut, Argel y Dakar. Serlo todavía hoy es simplemente ridículo. Hoy el nacionalismo francés no es más realismo, sino nostalgia. Necesita reencontrar la grandeza perdida más allá de los océanos en el Continente.

23. Contra la Europa de las patrias que es la Europa simple

Europa debe ser unitaria. Europa confederal o Europa de las patrias son concepciones cuya imprecisión y complicación ocultan una ausencia de sinceridad o la senilidad de aquellos que la defienden.

Europa deberá, quizás, pasar antes a través de un breve estadio de federalismo.

La Europa federal señalará la transición entre la Europa de las patrias —que es, en esencia, la Europa actual— y la Europa unitaria, la Europa de los europeos, la Europa irreversible.

En ningún caso la fórmula federal podrá ser considerada como un fin en sí mismo.

El proceso del periodo de transición federalista, seguido del unitarismo, será aplicado solo en caso de condiciones pacíficas.

Si Europa se tuviera que construir, a causa de las circunstancias de la historia, por medio de la lucha revolucionaria armada, se pasará directamente del estado actual a la condición unitaria y el partido funcionará naturalmente como Estado Unitario y nacional. Es hora de poner fin a la concepción pequeño-burguesa de que el ejército es ajeno a la política.

Un partido revolucionario de oposición, que hoy opera dentro de una legalidad conveniente, podría verse llamado mañana a organizar de inmediato los cuadros de una resistencia armada contra un cruel ocupante.

Si esta Resistencia sale victoriosa de la lucha es para alcanzar el poder y esos grandes logros de los cuales la unidad de Europa es el fundamento mismo.

En este caso el interregno federalista no tendrá lugar.

Por otro lado, es necesario observar que los más contrarios a la supranacionalidad europea son los más complacientes con respecto a la supranacionalidad estadounidense.

24. La falsa Europa

La evidencia de Europa es tal que sus mismos ocupantes se han visto obligados a utilizar el lenguaje europeo. Existen una multitud de organismos, de comités y círculos europeos.

Europa está de moda y sirve como punto de partida para muchos diletantes e intelectuales. De esta Europa de las charlas, de esta Europa de los banquetes, nunca saldrá una Europa de la sangre y el espíritu. Esta última se construirá cuando la fe en la Europa nación penetre entre las masas y entusiasme a la juventud, es decir, cuando haya una mística europea, un patriotismo europeo.

La verdadera Europa no se verá realizada a través de los juristas o los comités: será obra de los combatientes que tienen la fe, de los revolucionarios.

Es por esto que nosotros rechazamos la Europa teórica, la Europa legal de Estrasburgo, que ya ha cometido una doble traición: ha abandonado a la Europa oriental a los comunistas y ha aceptado el sometimiento total de la Europa occidental a Washington.

25. No hay nación sin nacionalismo

Europa, para sobrevivir y cumplir su misión en el mundo, debe convertirse en unitaria, es decir, debe formar una sola nación, un solo Estado, una sola Patria. Debe suprimir los fermentos de división que existen entre sus ciudadanos, sin por esto querer crear un tipo uniforme y estandarizado, contrario a lo que es el genio europeo.

Unidad en la diversidad, tal es nuestro objetivo: en otros términos, la unificación política es la única garantía verdadera de salvaguarda de la diversidad europea. Sometida a los EE.UU. y a la URSS, Europa se vería aplanada, nivelada por lo bajo, tanto al modo estadounidense, como al modo comunista.

De modo que es necesario aceptar, como principio y punto de partida, la realidad de una nación europea, porque no hay nacionalismo sin nación, no hay nación sin territorio. No es posible ser nacionalistas europeos si no se tiene fe en la realidad de Europa, si se coloca a Europa en la categoría de las «posibilidades».

Cada acción válida comienza con una fe, no con una fórmula dudosa.

Una Europa de las naciones, de las patrias o de los Estados es imposible, porque no puede realizarse más que a través de acuerdos, pactos y tratados, que duran lo que duran y establecen, por el hecho mismo de su existencia, la realidad de las partes, de una manera u otra, distintas u opuestas. Por lo demás, ¿cómo armonizarlos y quién lo haría? ¿Un conjunto de pactos particulares?

El sentimiento patriótico es un valor fundamental del cual Europa tiene necesidad. Entonces es preciso que los restringidos nacionalismos comprendan que el mejor modo de amar y servir a la pequeña patria es el de amar y servir a Europa. La adición de los diferentes nacionalismos particulares no podrá dar vida nunca a este gran sentimiento patriótico, superior y necesario.

Una Europa sin nacionalismo también es imposible. Es una concepción abstracta, típica de la izquierda «afeminada», contradictoria en términos. ¿Qué es una nación sin sentimiento nacional?

Realismo europeo

26. Las armas atómicas en manos de los europeos

Rusos y estadounidenses se completan admirablemente para justificar la ocupación de Europa. Los estadounidenses nos dicen: «Estamos aquí para defenderos de los rusos». A lo que nosotros respondemos que podemos defendernos solos. A lo que ellos rebaten: «Pero vosotros no tenéis la bomba atómica». Concluiremos diciendo que Europa debe tener su propio armamento atómico. En cuanto Europa occidental tenga su propio armamento atómico, no quedará en pie ningún pretexto válido para justificar la ocupación estadounidense. El mismo razonamiento se hace también en la Europa oriental entre los dirigentes comunistas europeos y los dirigentes rusos.

Se debe dar la misma respuesta: el armamento atómico debe ser confiado a las potencias europeas comunistas, como consecuencia de la salida del Ejército Rojo.

La desatomización militar de Europa, deseada por los progresistas al servicio, conscientemente o no, de Moscú, es una criminalidad bestial. Un vacío militar conduce a un suicidio histórico.

Mientras que, por el contrario, será la creación de los dos armamentos atómicos europeos lo que constituirá para el mundo entero. La garantía de equilibrio primero, la salida de los ocupantes después.

No se utiliza una granada contra el enemigo que está a un metro de distancia, no se lanza una bomba atómica contra un enemigo que está a 50 kilómetros de distancia. Solo un loco podría imaginar la guerra atómica entre las dos partes de Europa, —cuando se conocen bien los resultados técnicos de este tipo de guerras— esto sería un suicidio común.

A causa de esta situación, ¿qué les importaría a los rusos o a los estadounidenses luchar aquí con nosotros, desde Bucarest a París, para evitar bombardearse entre ellos, en sus respectivos territorios?

Para nosotros, Europeos occidentales, es menos inquietante saber que los dirigentes de Praga tienen la bomba, que no saber que ésta se encuentra en manos de los dirigentes de Moscú. Y lo contrario es igualmente cierto: para los Europeos del este es menos peligroso saber que la bomba está en posesión de los dirigentes europeos occidentales, que no saber que se halla en manos de los estadounidenses. En caso de conflicto EE.UU.-China, las dos partes de Europa momentáneamente separadas, harían una declaración simultánea de neutralidad común.

Esta es solamente una etapa, realista, hacia la unificación de Europa, en ningún caso una conclusión. El diálogo entre las dos partes de Europa será infinitamente más fácil, una vez se retiren, voluntariamente o no, los ocupantes.

27. La doble ocupación, la doble traición y la doble liberación

La invasión de Europa y su ocupación, en 1944, han sido simultáneas.

Después de 1945, la ocupación fue concertada en común entre los EE.UU. y la URSS.

La liberación de Europa se dará igualmente de manera simultánea. Es dar prueba de ingenuidad política imaginar que Rusia dejará Europa oriental de manera unilateral. Quien quiera la salida de los rusos DEBE también debe querer la de los estadounidenses, y viceversa; en cuanto a la colaboración con el ocupante, aquellos que se venden a los estadounidenses, los «atlantistas» —los partidarios de la Alianza Atlántica— no son menos despreciables que aquellos que se venden a los rusos. La doble liberación de Europa se hará, especialmente, a través de la acción común de los Europeos del este, que quieren la salida de los rusos, con los Europeos del oeste que quieren la retirada de los estadounidenses.

28. No contribuyamos a la cohesión de nuestros enemigos comunistas

No debemos consolidar el comunismo, considerándolo desde la perspectiva de un antimarxista maníaco que mete a Moscú, Pekín y Belgrado en el mismo saco.

Debemos explotar fríamente las contradicciones internas del mundo comunista, es decir, tratar de manera diferente a los diferentes comunistas. Por ejemplo, nuestras relaciones económicas con la Europa oriental se deben desarrollar en un clima diferente respecto a aquel de nuestras relaciones con Moscú.

Si bien es razonable ayudar, bajo condiciones políticas precisas, a la Europa oriental, para animarla a emanciparse de la URSS, necesita abstenerse por completo en el reforzamiento del aparato industrial ruso. Es necesario hacer una discriminación en nuestro anticomunismo y ofrecer a los líderes comunistas de la Europa oriental condiciones honorables si quieren emanciparse de la tutela rusa.

Para nosotros, ellos son Europeos antes que comunistas. Si está en el orden de las cosas que el diálogo Este-Oeste se desarrolle a nivel de las potencias que ocupan Europa, entre Washington y Moscú, está en el mismo orden lógico que el diálogo Este-Oeste para los europeos se desarrolle entre nosotros y nuestras capitales subyugadas.

Si mañana un régimen nacional-comunista de la Europa oriental se siente amenazado por una vuelta ofensiva del imperialismo pan-ruso, y lanza una llamada de ayuda, es necesario que en la Europa occidental los anticomunistas más decididos respondan y acudan como voluntarios para combatir con las armas en la mano. En este caso, el factor nacional-europeo debe prevalecer, sin dudarlo, sobre la repugnancia que pueda suscitar el comunismo.

29. Los refugiados del Este, ciudadanos de honor en el Oeste

Los refugiados de las provincias de la Europa oriental son acogidos, más o menos, por «caridad» en las provincias de la Europa occidental. Exigimos para nuestros hermanos del Este, aquí refugiados, la inmediata ciudadanía europea otorgándoles todos los derechos civiles y políticos en TODA la Europa occidental.

Los refugiados del Este están en SU CASA aquí en el Oeste, no podemos admitir que sean acogidos como «extranjeros tolerados».

Refugiados de las provincias orientales, ¡vosotros sois ciudadanos europeos!

Para nosotros, Europa es absolutamente indivisible; es el primer postulado de nuestra doctrina. Las necesidades realistas de la política quizás puedan conducirnos a negociar con los comunistas de la Europa oriental, pero no pueden hacernos olvidar, en ningún momento, que nuestra solicitud y gratitud deben dirigirse, en primer lugar, a aquellos que han combatido por una Europa no comunista.

Los refugiados del Este son nuestros hermanos; los dirigentes comunistas de la Europa oriental son, como mucho, los interlocutores posibles u obligatorios.

30. La paz con la división del mundo. El equilibrio de los bloques

Cuando se habla de paz también hay que precisar de qué paz se habla.

Puede haber una paz soviética, que para muchos de nosotros significaría la paz del cementerio; puede haber una paz estadounidense, es decir, la paz de los esclavos dorados, pero esclavos al fin y al cabo; puede haber una paz europea, en la independencia y en la libertad. Es la única paz que nosotros aceptamos.

Queremos una paz como acto de Inteligencia y no una paz como acto de debilidad. Despreciamos la violencia pero apreciamos la fuerza, porque solo la fuerza permite ser pacíficos.

Cuando se habla de paz también se pueden distinguir los modos para alcanzarla. La paz es el resultado de un equilibrio de fuerzas y no de los más piadosos deseos.

Este equilibrio de fuerzas será realizado en todo el mundo cuando este último sea dividido entre las verdaderas potencias, que son:

Europa, los Estados Unidos, Rusia y China.

La actual inestabilidad mundial se debe a la pretensión de los EE.UU. y de la URSS, ahora convertida en ridícula —mientras no lo era en 1945— de dividir el mundo en dos esferas de influencia. El mundo dividido en dos necesita ser sustituido por el mundo dividido en cuatro.

31. Europa: ¿un Estado o una nación?

La forma completa, la forma perfecta, es el Estado-Nación, tanto como organización y sentimiento, como de estructura y comunión de espíritu.

Los técnicos del Mercado Común preparan un embrión de Estado europeo. Ellos no tienen ninguna ambición de crear una Nación europea. Los técnicos —muy válidos en su especialidad— que se irritan por su incapacidad para eliminar los antiguos y pequeños nacionalismos, que frenan la gestión de Europa, cometen un error muy simple: quieren suplantar un concepto de nación por un concepto de Estado, confundiendo volúmen con superficie. Para terminar con los pequeños nacionalismos es necesario oponer no la fría lógica del Estado europeo, sino el calor dinámico de un nacionalismo mucho más grande: el nacionalismo europeo.

En Estrasburgo, Luxemburgo y Bruselas, los técnicos preparan de manera competente un ESTADO europeo. Pero este Estado permanecerá como una construcción inerte y estática, si no se le insufla VIDA histórica, es decir, el sentimiento nacional. Europa no será ni un Estado, ni una Nación. Europa será ambas cosas reunidas.

Seremos nosotros, en definitiva, quienes demos vida a Europa aportando el nacionalismo así como en la antigua mitología Afrodita dio vida a Galatea y Pigmalión.

La realización de Europa

32. Europa, una república unitaria con vocación imperial

Europa no puede ser una mera adición o una asamblea de pequeñas naciones que se gobiernan de forma separada como muchas feudalidades o particularismos, inspirados en privilegios o romanticismos.

Europa no puede ser una colección de Estados, vinculados provisionalmente por el miedo.

Europa será una e indivisible. Será un todo compuesto por partes integrantes, sus provincias. Estas partes no podrán tener una existencia completa separadamente, porque no forman parte de un conjunto simplemente unido, sino que son partes integrantes de un todo. República unitaria, Europa está obligada a una vocación imperial, a causa de su grandeza y de su superioridad. El imperio, en este caso, es al mismo tiempo una comunidad de civilización y una comunidad de destino.

33. Nosotros somos la Europa legítima

No nos conformamos con una Europa sobre el papel y todavía menos con una Europa reducida a un mero satélite, una especie de súper-Panamá americana por una parte, y una dependencia territorial de Rusia por otra parte.

¡No hay Nación sin independencia! Todas las formas de Europa imaginadas hasta ahora son mixtificaciones porque fracasarían al instante en su totalidad sin el apoyo del extranjero. La Europa que nosotros construiremos es la Europa de los pueblos vivos sobre nuestro territorio, Europa viva, fraterna, verdadera, Europa legítima. La legitimidad pertenece a aquellos que combaten sinceramente por una causa justa. Como en 1956, en Budapest, los heroicos insurrectos húngaros representaban a la Hungría legítima, como nosotros somos la Europa legítima.

34. Europa a través de un partido histórico

Para construir Europa, o más bien un tipo de Europa, se han intentado muchas fórmulas: la fórmula económica, con su postulado liberal-burgués del *homo oeconomicus*; la fórmula de las patrias, de los Estados, de las naciones, con sus implicaciones y sus reticencias, etc. También ha habido intentos de crear una Europa construida bajo la guía de una nación preponderante. Fueron los intentos de la Europa francesa bajo Bonaparte y de la Europa alemana bajo Hitler. No debemos volver a caer en ello. Fracasaron todas porque ninguna presenta una solución válida al problema fundamental de la unidad política. Por el contrario, la historia reciente nos demuestra que un *équipe* revolucionario, se convierte en partido revolucionario y después en partido histórico (el partido, esto es, que CREA formalmente la nación), puede construirse con éxito en las naciones. Ha sido el caso de Túnez con Néo-Destour, de Marruecos con el Istiqlal[284] y de Argelia con el FNL. En cada ocasión un partido revolucionario. Después de la toma del poder, este partido debe permanecer durante un cierto tiempo como partido único, con el fin de que se consoliden las estructuras de la nación que está por nacer.

Este tipo de partido no duda nunca en recurrir a las armas, cuando se presenta la necesidad. Es en este aspecto en el que difiere especialmente de los partidos facciosos y charlatanes que tan bien conocemos en la democracia parlamentaria.

La solución más clara y rápida (es urgente construir Europa) que proponemos es la del Partido Europeo.

Esta organización tiene estructuras idénticas a las del futuro Estado europeo, respecto al cual ella representa la configuración y el microcosmos, es el partido nacional-europeo integrado, jerarquizado y centralizado. En su interior los mejores Europeos viven Europa antes del nacimiento del Estado europeo. El partido es, bajo algunos

---

[284]**N.d.E.**: Istiqlal («independencia»), nombre de diferentes partidos de carácter nacionalista en el mundo árabe. El partido de la independencia (in francés: Parti de l'Istiqlal) es un partido político marroquí de orientación nacionalista y conservador, fundado en 1937 por iniciativa de Allal al-Fasi. El partido fue dominado durante décadas por las antiguas familias burguesas de Fès.

aspectos, una especie de fase previa del Estado.

A semejanza del Estado que está destinado a construir, el PARTIDO europeo no puede estar compuesto por una amalgama inestable, construido bajo la marca de una unión ilusoria: es un organismo de lucha concebido bajo el signo de la unidad. Un partido «federal» no podría generar una Europa unitaria. Entonces el partido es necesariamente unitario, sus secciones regionales no son otra cosa que las partes de un todo y no simples entidades asociadas.

Es necesario denunciar la inutilidad de los partidos que se llaman europeos, pero que están profundamente divididos en compartimentos en función de los pequeños nacionalismos. No tiene sentido agregar un partido europeo «alemán» a un partido europeo «francés»; en su lugar, se debe uniformar bajo una única disciplina, de pensamiento y de acción, secciones de expresión lingüística francesa y secciones de expresión lingüística alemana en un único aparato. Se trata de un partido que siendo realmente político (porque se trata de organizar la comunidad europea) es, antes que nada, un partido histórico.

Esto quiere decir que todas las tendencias políticas (salvo los comunistas y los filoestadounidenses) pueden integrarse a condición de aceptar, de inicio, como ley suprema, el interés de Europa, considerada como nación unitaria, como patria común. No es posible hacerlo de otro modo, porque Europa no se hará con el concurso de los partidos políticos existentes y concurrentes: sólo pueden ser intentos de construir una Europa socialista, una Europa democratacristiana, etc.

Europa no será la proyección agrandada de los regímenes actuales.

Esto partido tiene como punto de partida la Europa occidental. Es un partido único, porque es el único de su género y porque concierne a toda Europa (por su objetivo). Y también porque es el único partido político capaz de englobar a todos los demás.

Esta fórmula del partido único es indispensable en toda revolución. Ahora bien, se trata precisamente de hacer una revolución.

El objetivo vale la apuesta: se trata, para los Europeos, de una cuestión de vida o muerte. El partido europeo es el partido de salud pública de todos los europeos.

Diciembre 1967. Año I, nº 10 — Milán

La Europa económica - Un Estado comunitario

Principios

35. Ni capitalismo ni comunismo

EUROPA SE LEVANTARÁ en la lucha contra los dos materialismos que actualmente dominan el mundo: el materialismo estadounidense y el materialismo comunista; el primero, el de la saciedad; el segundo el de la escasez. Estos dos materialismos, tanto el de los pobres como el de los ricos, dejan al hombre insatisfecho e incompleto sobre el plano espiritual, pero también, paradójicamente, sobre el plano material.

Estos dos sistemas buscan el mismo resultado: convertir al hombre en un esclavo, considerando al hombre exclusivamente, en ambos casos, como medios e instrumento de producción.

36. Contra la hipertrofia de la potencia económica y la corrupción del poder político

Estamos a favor de la propiedad privada, que significa recompensa al trabajo y recompensa al esfuerzo. Estamos a favor de la propiedad de los bienes de consumo y de su utilización directa contra la propiedad de los bienes de especulación.

El comunitarismo significa un máximo de propiedad privada en los siguientes límites:

- No explotación del trabajo ajeno.

- No injerencia en la política por hipertrofia del poder económico.

- No colaboración con intereses ajenos a Europa y su beneficio.

Cuando la propiedad, por acumulación, llega a constituir un medio de injerencia, un instrumento de presión sobre el poder político, se ha alcanzado el estado de plutocracia; situación que nosotros rechazamos y eliminaremos. No sirve de nada concebir sistemas políticos ideales si éstos no se inmunizan contra las tentaciones y las corrupciones ofrecidas por la concentración del poder económico. Estamos en contra del dominio de la economía sobre la política. Con mayor razón contra el dominio sobre la política realizado a través de la corrupción financiera directa o indirecta.

La primera medida que se impone es la destrucción del poder corruptor, representado por la hipertrofia o la concentración de la propiedad.

Para nosotros la propiedad es lícita hasta que se proponga como un medio de disfrute e ilícita en el momento en que se convierte en un medio de injerencia en la función pública.

37. La política contiene y domina la economía

El poder de una nación se mide en la intensidad de su política exterior; también se mide por el hecho de que la política inspire la totalidad de las actividades humanas. En una gran nación, la política domina especialmente a la economía y la subordina a sus fines.

En nuestros Estados plutocráticos, el ideal burgués es el beneficio.

Por esto la economía que procura el beneficio es el objetivo y el Estado es el medio para alcanzarlo. Nuestros Estados no tienen una política sino actividades internacionales que varían en función de los intereses financieros inmediatos; se hará una pequeña guerra para salir de una depresión económica; se hará amigo del negro, si se puede extraer un pequeño beneficio temporal; se equipará al futuro enemigo si procura un medio que proporcione algo de lucro.

Un régimen que se limita a procurar beneficios a los financieros y los placeres del consumo a las masas está condenado a dejar una fugaz e insignificante huella en la Historia; este régimen no sabría resistir a las adversidades cuando éstas se presentan. No se hace frente a una Maratón o a una Salamina con ejércitos formados por consumidores.

El Estado nacional-comunitario europeo sostiene que la política contiene o determina todo lo que hace grande la verdadera nación: un arte, un estilo, una moral, una voluntad de perfección y de superioridad, la justifica social que refuerza la homogeneidad de una comunidad, el poder que garantiza la libertad. Así sostiene que la economía es uno de los medios del Estado, uno de los medios del poder del Estado. Entonces es ilegal extraer cualquier beneficio que no engrandezca al Estado y criminal todo beneficio que lo disminuya. Fuerte en su poder político, el Estado europeo se servirá de la economía para realizar sus fines superiores.

38. La libre empresa, factor de progreso

Ya hemos enjuiciado los abusos políticos de un cierto capitalismo. Ahora es necesario evitar extender la condena de este capitalismo a la libre empresa. Del mismo modo que el primero corrompe la función política, así la segunda asegura la vitalidad de la economía.

La libre empresa responde a las leyes naturales: permitiendo la competencia, ella asegura la selección, garantizando la iniciativa ella no ahoga la imitación, poniendo a cada cual ante sus propias responsabilidades: establece inmediatamente los valores. Del libre juego de todos estos factores positivos nace la máxima productividad. El capitalismo conoce solo la productividad, sin preocuparse de la justicia social. El marxismo, en la abstracta y quimérica búsqueda de la «justicia de clase», descuida o ha descuidado la importancia del sentimiento de libertad en el trabajo.

La misión comunitaria consiste en controlar que esta productividad máxima esté garantizada con una justicia social vigilante.

39. El nacionalismo económico, factor de unificación política

La Nación en vías de desarrollo —y es el caso de Europa— no puede permitirse un libre cambio total, sino que debe, al contrario, favorecer su crecimiento y su unificación política a través de un cierto proteccionismo. El nacionalismo económico, también en sus formas implícitas o inadvertidas, contribuye poderosamente a la formación de la nación política unitaria.

Así el Zollverein[285] económico llevó a la formación del II Reich, el de Bismarck.

Así el Mercado Común, sin que sus promotores lo sospechen, dará vida al Imperio europeo.

El Mercado Común no debe servir de salida a la economía estadounidense, sino de germen de la Europa política.

No hay necesidad de importar naranjas de California cuando las produce España, ni de importar frutas cítricas de Florida cuando podemos encontrarlas en Bulgaria o Rumanía.

El Mercado Común será para nosotros un instrumento de penetración política en la Europa oriental, hacia la cual debe ser orientado. Su poder económico debe servir a nuestros planes para la reunificación de Brest a Bucarest.

40. Contra la economía utópica, contra la economía del beneficio, por la economía de poder

La economía utópica se basa en construcciones teóricas y pretensiones morales. Nos lleva directamente al fracaso o a la escasez, cuando no termina en lo ridículo o en lo odioso. ¡Es la URSS, nación agrícola, la que debe importar cereales, veinte años después de la guerra! Vivimos bajo la economía del beneficio. Es el sistema capitalista. Para un beneficio cualquiera, en el futuro próximo, el capitalismo destruirá los intereses nacionales a largo plazo. Así, los industriales textiles ingleses, para encontrar mejores condiciones salariales, han

---

[285]**N.d.E.:**Unión aduanera alemana realizada en 1834.

trasladado sus fábricas a Oriente reduciendo, sin escrúpulo alguno, a la desocupación a los trabajadores ingleses.

Si es necesario, no dudará en proporcionar materiales y otros equipos estratégicos a una nación extranjera que mañana podría convertirse en enemiga. Que encuentre una ganancia será más que suficiente.

La economía de poder trata de buscar el máximo desarrollo del potencial nacional. Nunca dejará de explotar los recursos nacionales para favorecer los intereses extranjeros; no ayudará nunca a reforzar a las naciones que el día de mañana podrían ser sus enemigas; ayudará, en cambio, a que la economía nacional sea autárquica en el ámbito estratégico en la mayor medida posible.

41. Ningún socialismo sin nación

La teoría marxista ha intentado negar la existencia del principio de la nación.

Los hechos han contradicho este postulado y, hoy, asistimos al espectáculo de las contradicciones en el seno del mundo comunista. Un nacional-comunismo chino se opone al nacional-comunismo ruso, después de que el nacional-comunismo yugoslavo se haya separado de Moscú.

En Europa esta evidencia no ha sido descubierta todavía por los retrasados mentales del marxismo teórico.

Así, para no aceptar francamente el concepto de nación, los marxistas de izquierdas perpetran la traición a favor de una potencia extranjera, la URSS, y los marxistas de derechas, los socialistas parlamentarios, están completamente prostituidos por los EE.UU..

Los marxistas, en Europa, que perseveran en la negación de la nación y en el sueño de un mundialismo utópico, han llegado al punto de perder todo carácter personal y reducirse a un satélite de los nacionalismos extranjeros.

Donde no hay poder no hay libertad. Solo la primera puede garantizar la segunda.

Donde no hay nación, no hay independencia.

La nación es el caparazón y el socialismo su contenido.

No puede existir un socialismo en abstracto. Existe un socialismo yugoslavo, un socialismo soviético; pero en ninguna parte del mundo hay un socialismo solo o un socialismo y ya está.

Aquellos que intenten esta fórmula terminarán bajo el dominio extranjero. Nuestros socialistas parlamentarios, rechazando la Nación-Europa, terminarán en la más humillante de las servidumbres: la de una potencia extranjera capitalista, los EE.UU..

La realización del socialismo exige un *hábitat* nacional.

42. Contra la estéril lucha de clases

La supresión del proletariado se realizará a través de la liberación de los trabajadores. Somos decididamente contrarios a toda organización social basada en la lucha de clases en el seno de una nación. El comunismo, como el capitalismo, están ambos basados en un esquema de lucha de clases que se esfuerza, cada uno en lo suyo y de común acuerdo, de mantener a los trabajadores en una situación de inferioridad material y espiritual. El comunismo es el mejor aliado del capitalismo y viceversa. Nosotros haremos que los trabajadores reciban sus responsabilidades y dignidad.

Suprimimos las clases sociales, dando un lugar de honor al trabajo del hombre, único y verdadero criterio de valor. Nuestra jerarquía estará basada esencialmente en el trabajo. Queremos una comunidad dinámica a través de la colaboración de todos los ciudadanos en el trabajo.

La solidaridad entre todos los ciudadanos de una misma nación, en el marco técnico más elevado de la mano de obra no cualificada, es evidente: una crisis que afecta a unos también afecta a los otros, un desarrollo que favorece a unos también favorece a los otros.

Es una solidaridad efectiva, es una solidaridad nacional. En cambio, la solidaridad entre el trabajador de los suburbios parisinos y el agricultor del Congo es una quimera que solo puede hacer reír.

El hombre

43. No existe libertad política individual sin independencia económica personal

Un hombre, cuyo hogar le viene dado por el Estado, cuyo empeño le viene ofrecido por el Estado, ya no tiene libertad.

El jefe de su casa y su dador de trabajo son una única e idéntica persona anónima, y en consecuencia más cruel. No existe libertad política en una sociedad colectivizada. La libertad política queda reducida a una ficción en un sistema en el que quien quisiera reivindicar el uso de la libertad se vería castigado con la muerte social.

La muerte social es el Estado-terrateniente, que echa a su inquilino, el Estado-patrón, que despide a su trabajador, el Estado-educador, que impide el acceso a la educación superior a los hijos de quienes se rebelaron contra el conformismo colectivista.

La necesidad de seguridad de los hombres no debe sofocar en ningún caso sus exigencias de libertad.

En una sociedad en la que solo el Estado asigna o detenta el alojamiento, el esfuerzo y la jerarquía social, la represión de la libertad no constituye más un hecho político sino una simple medida administrativa sobre el plano económico. Un hombre dependiente económicamente es un hombre sin libertad política. Es por esto que pensamos que es necesario fomentar la propiedad familiar del hogar y la pluralidad de la autoridad en el sector del trabajo.

44. Del proletariado al productor pasando por el trabajador: tres estados de dignidad

Contando dos siglos, millones de hombres han pasado, entre el año 1800 y el año 2000, del estado de proletarios al de productores. El proletario era el hombre explotado cuyo trabajo representaba una mercancía comprada al precio más bajo. Su condición era a menudo inferior a la de los animales domésticos y, ciertamente, no muy superior a la de los animales salvajes. El proletario prácticamente ha desaparecido en Europa: esto se debe a factores políticos, pero principal y especialmente al progreso industrial. El verdadero proletario subsiste todavía en los países subdesarrollados y en ciertas zonas. Subsiste siempre en la fraseología comunista indispensable para la subversión y el mito. El trabajador ya tiene una dignidad superior a la del proletario; su rebelión se ha organizado, su vida es parcialmente decente.

Pero si el proletario era un hombre miserable, explotado y desorganizado, el trabajador, pese a haber mejorado su condición de vida material, permanece por siempre como un objeto manipulado por el «clero» de un pseudosocialismo: el socialismo parlamentario.

La subversión comunista empleará continuamente en su vocabulario la palabra proletario. Los parásitos de la pseudodemocracia parlamentaria usarán y abusarán de la palabra trabajador.

Los primeros buscan robots, los segundos una clientela electoral.

Nosotros queremos que primero desaparezcan los últimos proletarios y después que se produzca la transformación de los trabajadores en productores. El trabajador queda siempre como un hombre reglamentado, cuidadosamente encuadrado para formar una masa dócil al servicio del clero parásito de los profesionales del sindicalismo regimental y del parlamentarismo corrupto.

El productor que queremos será un ciudadano completo, consciente no solo de sus propios derechos sino también de los propios deberes, un hombre libre en sus decisiones y responsable de su futuro. Después de haber conquistado la dignidad del trabajador sobre la del proletario, el hombre debe conquistar ahora la dignidad de productor sobre la del trabajador.

45. Del derecho al trabajo a la obligación del trabajo

En la sociedad de ayer existía claramente una clase social que no trabajaba nada pero que vivía bien de todos modos.

Esto era tan normal, que disfrutar de tal situación era considerado como algo honorable.

Al mismo tiempo, en la otra cúspide de la escala social, hombres que tenían solo el trabajo para vivir debían luchar para obtener el derecho a un trabajo permanente, que pusiera fin a la inseguridad de un trabajo ocasional.

Se trataba del derecho al trabajo. Ya no es contestado por nadie.

La transformación de la sociedad nacional-comunitaria será completa solo con la introducción de la obligación al trabajo. Hoy, el hombre rico y descarado ha tomado el lugar del parásito camuflado.

La comunidad soporta un grave peso, el de una gran variedad de no productores, variedad que va desde el «clero» sindicalista y político a los estatales, pasando por los profesionales del intelectualismo, los especuladores de la finanza y el crédito «popular» y los fanáticos del cáncer publicitario.

En nuestras sociedades demoplutocráticas, cada verdadero productor trabaja varios días al mes para engordar a los bonzos sindicales, a los charlatanes parlamentarios, a los burócratas del Estado, a los intelectuales «comprometidos», a los usureros de la finanza y a los agentes de la publicidad.

El Estado nacional-comunista europeo velará atentamente para limitar a estos sectores y suprimir algunos de ellos en beneficio de los sectores realmente productivos.

Eliminar al parásito moderno y ponerlo a trabajar, ¡esto es lo que entendemos por obligación del trabajo!

46. La igualdad de posibilidades: garantía de selección

En principio, el igualitarismo está tan en contra de la realidad como importante es la igualdad de posibilidades. Esta igualdad de posibilidades constituye el principio mismo del reclutamiento de la élite.

Una sociedad puede llamarse fuerte cuando la mayor parte y, si es posible, la totalidad de los hombres mejor dotados y excepcionalmente dotados, se encuentra inserta en el aparato del poder.

La educación no puede ejercer un contrapeso respecto a la posesión de determinadas cualidades, ni suplir su ausencia. Y cada generación se plantea el problema de la selección. El hombre particularmente dotado o excepcional no transmite sus cualidades: ellas desaparecen con él.

Todas las sociedades que ignoran esta ley natural degeneran lentamente. Al distorsionar los criterios de selección con la herencia sociopolítica, tanto en la burguesía mercantil como en los partidos políticos en el poder, traficando con la cobardía y el compromiso, debilitan la sociedad, se bloquea el ascenso de los hombres de valor o se les rechaza en la oposición.

Esto que es válido para la sociedad también lo es para el Estado, para el Partido.

El Estado nacional-comunitario prestará mucha atención para no oponerse a los mecanismos naturales de aparición y ascenso de la élite de sustitución en cada generación. Cada hombre particularmente dotado no encontrará ninguna dificultad para alcanzar la jerarquía social. A este respecto la gratuidad de la enseñanza es uno de los principios basilares de nuestra doctrina social.

47. Contra el hormiguero y el cuartel social. Por un socialismo libre de la burocracia

El objetivo perseguido por la casta de politicastros es el de asegurarse el control de una masa dócil.

Por eso los «trabajadores» son catalogados regularmente, numerados y clasificados. Nosotros rechazamos el hormiguero social propuesto por estos politicastros, nosotros rechazamos la civilización del archivador. Es un mundo triste en el cual el riesgo, la iniciativa y la responsabilidad personal están prohibidas.

El hombre es aplastado, reducido al rango de hormiga o termita. ¿De qué sirve suprimir los defectos, nacidos del egoísmo de la sociedad liberal, si se reemplazan con el costoso e invasivo parasitismo de la nueva y numerosa casta de politicastros?

Nuestro socialismo comunitario respetará al hombre, eliminará estos opresivos hormigueros y pondrá en práctica los criterios naturales propios de una sociedad sana: un máximo de competición, un máximo de responsabilidad y un máximo de competencia.

Aplicaciones - Modalidades

48. El acceso a la propiedad enraiza al hombre en la sociedad

El objetivo perseguido por el comunismo y sus sucedáneos es el control político y psicológico de las masas a través de la estructura económica. En este mundo concebido como un campo de concentración, el hombre ve como se le prohíbe el acceso a la propiedad privada: es necesario que sea dócil, entonces debe tener su propiedad en alquiler.

Nuestro socialismo comunitario está decidido a eliminar todas las concentraciones de riqueza, susceptibles de corromper el poder político creando un Estado dentro del Estado. Al mismo tiempo estamos decididos a dar y a favorecer el exceso de pequeñas propiedades a todos los productores. La elevación moral del hombre exige que éste posea su hogar, su techo. La propiedad de la casa es para casi todos los hombres el símbolo de su seguridad. Las viviendas en alquiler actualmente otorgadas por las entidades regionales o estatales deberán ser sistemáticamente vendidas a todos los productores; los alquileres actuales, ligeramente aumentados, seguirán para pagar en algunos años la compra de la propiedad. La estabilidad de las familias depende en gran parte de la existencia de un hogar fijo. El nomadismo es un factor de destrucción de las familias. La estabilidad y el poder de un Estado dependen del número de pequeños y medianos propietarios. Cada productor, teniendo la posibilidad de acceder a la propiedad inmobiliaria de su hogar, se enraizará profundamente en la sociedad. El colectivismo comunista o socialista quiere hacer de cada productor un dócil inquilino; nosotros haremos de cada productor el legítimo propietario de su casa.

49. Rechazamos la fórmula «el palo y la zanahoria» o la carrera precios-salarios

En nuestros regímenes plutocráticos, la complicidad existente entre la alta finanza y la clase política se pone particularmente en evidencia con la farsa de la «lucha» sindical. La lucha para aumentar los salarios no tiene sentido hasta que no sea regulado el problema de los precios, simultáneamente, en función de la realidad.

La farsa interpretada por nuestros social-politicastros consiste en el «arrancar» victorias al capitalismo bajo la forma de aumentos de salario.

Así, los bonzos sindicales habrán adquirido prestigio sobre las masas, los productores tendrán la ilusión de una victoria y el mundo capitalista se rehará un poco más tarde, aumentando los precios de venta. Asistimos así a una parodia de progreso social, a una comedia, a un espectáculo continuo. Frecuentemente, industriales y líderes sindicales, en las naciones plutocráticas «más avanzadas», organizan bajo mesa, conjuntamente, las huelgas y las «victorias» del proletariado. El Estado europeo nacional-comunitario dará en mano a los productores la contabilidad económica de la producción, poniendo en evidencia los sectores parasitarios, los sectores deficitarios y los intermediarios «sociales» abusivos. Cuando el productor sepa donde se encuentran los parásitos que viven de su trabajo, será el primero en querer eliminarlos.

50. Organización y reglamentación específica de la política dimensional

Una regla: el interés superior nacional-europeo.

A este se deben plegar: grupos de intereses particulares y círculos ideológicos sectarios.

Rechazamos las etiquetas: estatalistas, planificadores, liberales y capitalistas.

Ante todo somos fautores de una economía pragmática.

Ni dirigismo sistemático ni liberalismo desenfrenado, sino una economía organizada que debe ser adaptada a las necesidades políticas y dividida como sigue:

- Gestión nacional bajo forma de monopolio para todos los sectores de importancia estratégica y para la mayor parte de las actividades del sector primario de la economía (carbón, petróleo, energía hidroeléctrica y atómica...)

- Gestión mixta capital-trabajo a través de todos los productores, sin distinción, para las diferentes industrias pesadas del sector secundario (metalurgia, química, laminación...)

- Gestión privada para la industria ligera, las pequeñas empresas y las ramas de distribución y de servicios del sector terciario y también para organismos como, por ejemplo, las clínicas.

Distinguimos tres tipos de gestión:

1. la gestión nacional.

2. la gestión mixta por medio de todos los productores

3. la gestión privada

Estas constituyen las tres formas principales de la organización específica de la economía comunitaria nacional-europea.

Por otra parte, sentimos la necesidad de una reglamentación dimensional.

El error cometido por los marxistas consiste en querer imponer idénticas estructuras desde lo alto hasta lo bajo en el aparato económico, desde la central eléctrica a la pastelería, de la acería al zapatero, de la minería del carbón a la venta ambulante. Por otro lado, no podemos admitir el criterio liberal-capitalista de dejar en manos de personas privadas los grandes medios de producción, que terminan por corromper y dominar el poder político.

La dimensión de la empresa es uno de los factores que determinará la matriz de la organización que se aplicará. Una empresa privada que ocupa a 50.000 trabajadores constituye un Estado dentro del Estado; la nacionalización de una empresa de 50 trabajadores solo puede hacerla improductiva.

Por organización específica entendemos el carácter de la empresa (fabricación de acero o venta de caramelos); por reglamentación dimensional entendemos el volumen de la empresa (50 o 50.000 trabajadores).

51. De los explotadores a los organizadores: evitemos a los utopistas

Los excesos del liberalismo capitalista han llevado a concentraciones de riqueza no con aspiraciones al puro poder político o a cualquier propósito elevado, sino únicamente con pretensiones del disfrute más vilmente materialista. Ignorando la solidaridad nacional el capitalismo ha explotado, sin ni siquiera darse cuenta de su culpa, a hombres de su nación u otras naciones. Una sociedad en la que el beneficio es considerado como una virtud y un fin, debe conducir fatalmente a la explotación de la mayoría de los productores.

Esta sociedad que tiene como único objetivo el disfrute material y la riqueza individual la rechazamos antes de destruirla. El reino de los explotadores, moralmente invertebrados, debe terminar. El rechazo hacia este sistema capitalista de explotación no debe, por una especie de despecho compensatorio, llegar al punto de intentar aplicar utopías. El socialismo debe ser realizado por hombres tal cual son y no como se querría que fuesen. La utopía comunista, derivada del profetismo marxista y del mesianismo del proletariado, ha hecho que en cuarenta años esta religión haya asesinado más hombres que ninguna otra en el curso de la historia. Dado que la realidad se resistía a la teoría, fueron asesinados los hombres para comprobar sus miserables postulados. Todo ha sido en vano.

Sin embargo, a pesar de un clamoroso fracaso económico, el comunismo queda como un poderoso mito para aquellos que han sido aplastados por el egoísmo de la sociedad capitalista. El comunismo como realidad económico-social es un fracaso espectacular: para salir de él, debe copiar las estructuras más elementales y banales de la sociedad capitalista a la que pretende ser superior; pero como mito al que se aferran los desesperados y como medio de subversión moral en el que chapotean todos los invertidos intelectuales, sigue siendo sin duda formidable.

Se ha necesitado más de medio siglo de crueldad y de asesinatos industrializados para descubrir el huevo de Colón.

Rechazar el Becerro de Oro para abrazar la utopía y la aberrante actitud de aquellos que quieren sustituir el comunismo por el capitalismo.

Depende de Europa evitar la economía de la utopía, es decir, la economía del comunismo dogmático y libresco.

El comunismo en sus formas de revisionismo más recientes tiende hacia un socialismo comunitario. Nos llevará algunos decenios, después de haber asesinado a millones de hombres y miles de jefes.

Europa, que es la nación más avanzada, la más madura, prescindirá de la utopía comunista. Del capitalismo explotador se pasará directamente al socialismo comunitario, es decir, al socialismo científico. Este socialismo comunitario será concebido y realizado por organizadores que conocerán las posibilidades humanas, por una parte, y sus límites y los fines superiores de la estirpe humana, por otra parte. La Europa nacional-comunitaria, acabará con los explotadores, descartará a los utopistas y aportará organizadores.

52. Europa: la dimensión mínima para una planificación socialista

Ya es inútil intentar llevar a término una economía libre en circuitos limitados y lo es todavía más intentar realizar una economía planificada en naciones de pequeñas dimensiones.

Cuanto más pequeño es el país, más rápidamente choca contra obstáculos externos surgidos de los suministros extranjeros, anarquía de los mercados mundiales. Existen para la planificación, como para la autarquía, un valor y un volúmen crítico, bajo los cuales todo intento está destinado a fracasar. Hipotéticamente, una Francia socialista no podría sobrevivir en un mundo dividido en economías industriales avanzadas (EE.UU., Alemania, Japón), en economías empobrecidas (subdesarrolladas) y en economías comunistas (*dumpings* de carácter político). No siendo sus suministradores y sus clientes «socialistas», estos ejercerían una influencia determinante sobre el tipo de organización económico-social. Siempre hipotéticamente, este intento de crear una Francia socialista debería elegir entre el mantenimiento del socialismo, al precio de un aislamiento que la dejaría siempre por detrás de las demás naciones, o el abandono del socialismo.

Pero un País de las dimensiones de Francia depende del exterior en un 90 % de su actividad productiva, un País como Europa depende actualmente en un 20 %, y mañana podría depender solo en un 5 %.

El problema de la dependencia es inversamente proporcional.

El hombre solo depende del exterior en un 100 %: una nación de 400 millones de hombres solo en un 20 %. De modo que una pequeña nación no puede elegir libremente su tipo de vida económica y social, debe tener en cuenta diversas interferencias extranjeras. De esto resulta que cuanto más pequeña es una nación más sometida está a las influencias extranjeras.

La independencia de las pequeñas naciones es inexistente y fundamentalmente imposible.

Los pseudoestados socialistas de pequeñas dimensiones, tipo Cuba, Argelia o Indonesia no existen sino gracias al chantaje y a la mendicidad internacional. Han dejado la tutela liberal-capitalista para terminar bajo la tutela comunista.

Ningún intento de forjar un socialismo comunitario es vital por debajo de la dimensión europea.

La dimensión del Estado determina la posibilidad y la vitalidad de la puesta en práctica de una nueva experiencia económico-social. El socialismo de los pequeños Estados es igualmente ridículo, tanto como la voluntad de poder.

Cada hombre, cada ciudadano de un gran Estado, es más libre que el hombre y el ciudadano del pequeño Estado. En una gran nación el ciudadano participa en la libertad y el poder, en una pequeña nación el ciudadano sufre la dependencia y la división.

La libertad es el poder. El poder es la dimensión.

Sucede tanto para las naciones como para los hombres: solo los grandes son realmente libres.

Solo un gran poder, una gran nación, como Europa, puede elegir la vía del socialismo comunitario y llevarlo a cabo.

53. El acceso a las materias primas, una de las claves de la independencia política

Sin independencia económica no es posible llevar a cabo el verdadero socialismo. La independencia económica depende en primer lugar del libre acceso a las materias primas. La más hermosa construcción teórica de un Estado socialista fracasaría, si el mencionado Estado no estuviera en disposición de acceder por sí mismo, y libremente, a las fuentes de las materias primas en cualquier parte del mundo. Si un Estado quiere realmente vivir y sobrevivir, debe tener cuidado con su autonomía en este ámbito. Solo un Estado fuerte tiene los medios. Es ilusorio planificar o socializar cualquier economía que dependiera, en primer grado, de fuentes controladas por una o más potencias capitalistas extranjeras. El socialismo efectivo —el comunitarismo nacional-europeo— se llevará a cabo a través de la liberación total de los suministros, actualmente controlados por el capitalismo estadounidense.

Las pretensiones sociales de nuestros politicastros no son otra cosa que un socialismo platónico: dependen de la potencia estadounidense.

Los más perfectos planes surgidos de la imaginación de nuestros politicastros tienen que lidiar con los precios de las materias primas, fijados por la finanza de Wall Street.

Un golpe a la Bolsa de Nueva York puede provocar el cierre de cien fábricas en Europa. Un gobierno que intentase seriamente separarse de la tutela estadounidense vería cerrados sus suministros más allá del Atlántico.

Entonces debemos reconquistar el acceso y tomar el control de similares fuentes de materias primas.

Solo cuando hayamos alcanzado este objetivo seremos realmente independientes.

54. Contra la miserable internacional y la economía de los mendigos

Es instructivo constatar que en Europa los más apasionados propagandistas de la ayuda a los países subdesarrollados son, por una parte, los comunistas y, por otro lado, los proestadounidenses. Los primeros quieren vaciar Europa de su fuerza y además colmarla de los complejos de culpa; los segundos cuentan con parcelas de sustanciales ganancias.

Las sociedades capitalistas estadounidenses que explotan a nuestras ex-colonias encuentran más ventajoso que nunca mantener a los politicastros locales con las finanzas europeas, bajo la máscara de las ayudas.

A su vez, algunos capitalistas europeos han encontrado ingenioso enriquecerse a través de «ayudas» a los países subdesarrollados. Las ayudas están, en origen, constituidas por los impuestos percibidos en Europa a costa de nuestros productores. Estos impuestos se destinan a África en concepto de «ayudas». Se reparten por el camino entre los politicastros negros y a través de las sociedades coloniales, bajo forma de subsidios. ¡Los fondos acordados con los politicastros negros son acumulados en parte por los bancos de los Países neutrales, con cuentas corrientes privadas, que en cierta proporción sirven para comprar armas a los Países comunistas!

Todas estas consideraciones nos llevan a la conclusión de que esta hemorragia financiera no mejora para nada la condición de los pueblos subdesarrollados; no hace otra cosa que «engordar» a sus politicastros y a los capitalistas internacionales. Estos millones desperdiciados son sustraídos al desarrollo de nuestras industrias en Europa y a la mejora de las condiciones salariales de nuestros productores.

Por lo tanto, debemos poner fin a este despilfarro. La ayuda a los países subdesarrollados debe asumir otra forma, debe adoptar otros métodos. El Estado nacional-comunitario europeo se ocupará de tal fin.

55. Contra la importación de proletariado extraeuropeo

El Estado nacional-comunitario se opondrá en Europa a la introducción de la mano de obra extraeuropea, formada en su mayor parte por gente de color (África del Norte etc.).

La primera razón es porque la importación de mano de obra de color provoca una ruptura de la homogeneidad étnica de Europa. Este argumento debería ser suficiente, pero también hay otros.

El comunismo, en Europa occidental, no logra alcanzar un impacto profundo sobre los trabajadores productores, gente de buen sentido. Los éxitos del comunismo tienen lugar en un ámbito menos resistente a la perversión mental: el de los intelectuales.

Frente a este estado de cosas, el comunismo trata de introducir en nuestra casa una categoría humana más miserable, más nómada, no asimilable: los hombres de color de África y otros lugares. Todos estos hombres constituyen una notable masa sobre la que maniobrar para los partidos comunistas. Es el segundo motivo por el cual rechazamos introducirlos en Europa. El tercer motivo es que la patronal utiliza esta mano de obra socialmente no educada y políticamente no organizada para presionar los salarios de los trabajadores europeos, con chantajes continuos.

El cuarto motivo de nuestra oposición viene de la constatación de que la importación de mano de obra en un buen mercado permite a diferentes sectores industriales mal organizados sobrevivir y parasitar.

Una industria que no puede pagar altos salarios es una industria mal organizada. Es necesario impedir la existencia de sectores no eficientes. El quinto motivo es que en un futuro próximo la automatización hará inútil la mano de obra no cualificada. ¿Qué haremos entonces con estos trabajadores importados? ¿Eternos parados viviendo a nuestra costa?

Todo esto justifica ampliamente el rechazo a la introducción en

Europa de no-europeos. Aquellos que se encuentran actualmente aquí serán repatriados a sus países de origen.

56. Publicidad de las fortunas y de los impuestos

En las sociedades capitalistas y burguesas, el beneficio procede de la especulación o de la corrupción. No hace falta decir que los beneficios del clero inmoral rechazarán la publicidad de sus recursos. Por lo tanto es obvio que los politicastros que viven de esta corrupción impedirán toda legislación destinada a aportar luz sobre sus asuntos.

En una sociedad comunitaria, el ciudadano que se oponga a hacer público su patrimonio, sus ingresos y sus impuestos demostraría automáticamente mala fe.

El Estado nacional-comunitario considera que el beneficio ilegítimo pueda coronar el esfuerzo personal, pero es necesario que, al mismo tiempo, la sociedad pueda descubrir los patrimonios ilícitos de origen fraudulento. No solo la pequeña administración local e instituciones de orden público deberán dar la mayor publicidad de su gestión, sino cada empresa comercial y cada persona particular deberá hacer de dominio público su patrimonio así como los principales elementos de su situación financiera.

Por medio de esta auto-policía de la sociedad se podrán prevenir, si no impedir, las estafas, los desfalcos y las evasiones de capital. Aquellos que figuren como inscritos a los sindicatos, sabrán finalmente dónde van a parar sus impuestos. Cada ciudadano aislado, pero vigilante, será en realidad o en potencia el censor de la moralidad de la comunidad.

57. Autogestión de los instrumentos sociales

Es necesario restituir, pero no en el sector privado como lo anunciaban los tiburones de las compañías de seguros, al sector cooperativo los actuales instrumentos sociales en el ámbito de los desafortunados, del paro y de las enfermedades. Aquí, como en otros lugares, es necesario que haya responsabilidad de una parte y competencia de la otra, la seguridad social debe ser desnacionalizada y hecha cooperativa. Así, haciendo que las personas estén particularmente dotadas, podrán emerger de la masa y encontrar el modo de aprender las primeras nociones en el ejercicio del poder.

El Estado debe ocuparse de pocas cosas esenciales, el marco de los instrumentos sociales en el sector cooperativo evitará al Estado el despilfarro de energías que podrá dedicar a otras funciones.

No encontrándose ocupado en formas de gestión como lo está hoy, el Estado se convertirá en el árbitro que nunca debería haber dejado de ser.

El actual gasto anónimo será sustituido por una gestión directa responsable.

58. El Estado debe velar por el mantenimiento de la competencia en el ámbito económico

El Estado debe prestar mucha atención para que el mecanismo de la competencia no sea falseado o asfixiado por cualquier monopolio. La tendencia del gran capitalismo es la de asegurarse instrumentos cada vez más elevados y siempre más fáciles, suprimiendo la competencia con el juego de los monopolios o eliminándola con las regulaciones proteccionistas solicitadas al Estado.

El Estado comunitario europeo practicará el nacionalismo económico, lo cual significa la total libertad de competencia en el interior de un enorme mercado de más de 400 millones de hombres. Cuando se habla de competencia se refiere a la competición y a quien práctica la competición encuentra seguridad en la promoción de los mejores.

59. Defectos de la decisión colectiva

Cada cual sabe y admite que la decisión personal comporta una recompensa o un castigo personal bajo la noción de sanción, favorable o desfavorable, que está íntimamente vinculada a la de la decisión individual. Es una concepción sana. En cambio es algo diferente cuando se trata de una decisión colectiva, el hombre mediocre, débil o astuto, prefiere la decisión colectiva, porque ésta última nunca da lugar a graves sanciones negativas. La degeneración de nuestro sistema político burgués-occidental y del sistema económico comunista está en la práctica de eludir responsabilidades a través del artificio de la decisión mayoritaria. ¿Alguna vez se ha fusilado a los parlamentarios que formaron una mayoría para declarar una guerra insensata? ¿Se ha colgado alguna vez a los incapaces que han despilfarrado miles de horas de trabajo en insensatas disposiciones económicas, insensatas pero «votadas»? Un sistema en el que el fracaso no es castigado corre el riesgo, primero, del despilfarro; luego, de la indiferencia; y, por último, de ser superado por otra nación.

El sistema comunitario estará basado en una marcada responsabilización. Ninguna inmunidad mayoritaria o ideológica podrá proteger los actos de los insensatos o criminales. En cada paso de la gestión se especificará el poder, personal, innato y responsable.

60. Dirigismo y corporativismo pueden asfixiar y arruinar a una nación

Un dirigismo invasivo y molesto, un corporativismo envidioso y limitado pueden causar la anemia de una sociedad y, posteriormente, la ruina de una nación. La democracia parlamentaria intenta prolongar su propia agonía construyendo una densa red de regulaciones que querrían ser un poco sociales y un poco profesionales. De hecho, de esta forma, ella debilita a la nación, desalentando a los últimos que todavía son capaces de tener iniciativa cuando no la persigue penalmente. El ideal «social-cristiano» de los politicastros occidentales contemporáneos no es nuevo; está hecho de envidia, de un comportamiento celoso hacia los fuertes y trata de sustituir a una sociedad a veces injusta por otra sociedad mediocre. El Bajo Imperio romano se esclerotizó debido a las regulaciones económico-sociales para terminar en la ruina. El fracaso del dirigismo sistemático ha quedado recientemente demostrado en todos los Países comunistas. Producción cuantitativamente demasiado débil, producción cualitativamente mediocre.

El Estado nacional-comunitario, en su realismo, intervendrá lo menos posible en la vida económica y, cuando lo haga, será con vigor y únicamente en aras del interés político.

El dirigismo debe constituir el correctivo de las posibles tendencias egoístas o anárquicas de ciertas funciones sociales; no puede constituir un objetivo en sí mismo.

El estímulo del beneficio es muy superior a los métodos coercitivos. La función del Estado es la de vigilar que este estímulo de la justa retribución diferenciada en función del esfuerzo no entre nunca en contradicción con su poder.

61. Por una moneda europea única

El poder económico de Europa debe dejar de subvencionar la política estadounidense.

Los Estados Unidos de América, que eran nuestros acreedores en 1945, se encuentran, veinte años después, como nuestros deudores.

Sin embargo, el sometimiento de nuestros politicastros a Washington se hace de modo que nosotros pagamos, con nuestros medios, una política que no es la nuestra. La OTAN es un instrumento controlado por los Estados Unidos pero, en una proporción muy elevada, sufragado por los medios financieros europeos.

El dinero europeo debe servir para financiar la política europea, es decir, para financiar al ejército europeo.

Es inadmisible hacer gravitar el sistema monetario europeo en torno al dólar, mucho más cuando éste último va perdiendo su valor. En realidad, desde hace algunos años, es la moneda francesa y alemana las que constituyen divisas fuertes. La vida económica europea no debe depender de una moneda extranjera. Habría sido absurdo ver en la Inglaterra del siglo XIX tener como moneda la lira italiana o en la Francia de la III República tener por moneda el marco alemán. Nos encontramos en este momento en la paradójica situación de tener por tipo monetario un valor extranjero. El fin del protectorado estadounidense pasa por la supresión de la tutela del dólar y la creación de una moneda no extranjera, europea, basada en nuestra prodigiosa potencia económica. Sin embargo, no es oportuno apoyar esta moneda única europea sobre el oro. En efecto, las fuentes de procedencia de este metal están, esencialmente, más allá de las fronteras europeas. Adoptar este tipo equivaldría a hacernos pasar de un sojuzgamiento a otro.

En realidad, es necesario partir de la riqueza fundamental y perenne de Europa: su genio científico, su inmenso potencial industrial, la alta cualificación de sus trabajadores, para crear un solo tipo monetario que pueda liberarnos de toda tutela y transformar radicalmente las relaciones sociales: el tipo trabajo.

62. El protectorado político estadounidense se ha impuesto a través de la infiltración de la finanza estadounidense en la plutocracia europea

El control de las industrias europeas, ejercido por la finanza estadounidense lleva al protectorado político.

En Europa occidental, desde hace varios décadas reina la plutocracia camuflada a través de la democracia parlamentaria. Las potencias financieras mueven los hilos de la comedia política. Desde hace algunos años asistimos a la progresiva putrefacción de la plutocracia europea infectada por la alta finanza estadounidense. Dado que la fauna política europea está sometida a la plutocracia europea y dado que ésta última cada vez está más subordinada a la finanza estadounidense, consigue que la política europea sea progresivamente controlada por fuerzas extraeuropeas. La reconquista de la libertad política europea pasará a través de la recuperación de todas las posiciones económicas estadounidenses con nosotros, en caso de contestación o resistencia, a través de la confiscación pura y simple, en beneficio de la nación.

63. Nacionalización de los bienes estadounidenses

La existencia de importantísimas participaciones financieras estadounidenses —y por tanto extranjeras— en nuestra economía constituye una violación de nuestra independencia política. A través de la injerencia financiera una nación extranjera puede frenar la expansión industrial, explotar nuestro trabajo; a través de una política capitalista neocolonial, provocar crisis sociales, desorganizar la industria militar y corromper el poder. Un Estado poderoso no toleraría ninguna injerencia. Por ello, el Estado nacional-comunitario recuperará todos los bienes estadounidenses en su valor intrínseco — no especulativo. En la contabilidad de esta recuperación se tendrán en cuenta los robos cometidos por los EE.UU. desde hace 25 años a esta parte, a través de desfalcos y rapiñas, desde Indonesia a Katanga, pasando por Argelia.

El mínimo acto hostil respecto a Europa comportará la confiscación de los bienes estadounidenses, sin indemnización. Estos bienes extranjeros recuperados por el Estado Europeo serán revendidos a las colectividades europeas.

Objetivos

64. Preparar la soldadura de las economías de nuestras provincias orientales con nuestras provincias occidentales

La reunificación política de Europa estará especialmente condicionada por las estructuras económico-sociales de las dos partes provisionalmente separadas.

Una Europa occidental de estilo capitalista arcaico dominada por la finanza estadounidense y una Europa oriental de estilo marxista dogmático, explotada por Rusia, hacen difícil la reunificación de nuestra gran patria europea.

Por esto debemos prever la instalación de estructuras comunitarias, es decir, la libre empresa de tipo disciplinado, nacional y social. La presencia del capitalismo financiero estadounidense en Europa hace imposible esta reforma. Por ello el primer objetivo del comunitarismo será la expropiación de todos los intereses estadounidenses en Europa.

Denunciamos de la manera más categórica un cierto «Occidente», imperio económico estadounidense que va desde Frankfurt a Tokio, dominado por los cartagineses de Manhattan y a cuyos intereses se oponen los nuestros. La reunificación de Europa será facilitada a condición de que al Este de nuestras provincias, provisionalmente comunistas, se abandone el dogmatismo marxista para virar hacia un reformismo realista y a condición de que, en el Oeste, se sustituyan las estructuras capitalistas y financieras por el comunitarismo.

En el Este las empresas serán desnacionalizadas y cooperativizadas, en el Oeste las empresas serán desamericanizadas y se convertirán, progresivamente, en comunitarias.

La Europa occidental plutocrática hace que los pueblos de la Europa oriental sean, con razón, cautelosos. Pero una Europa occidental nacional-comunitaria constituirá un irresistible polo de atracción para ellos.

La instauración del socialismo comunitario en Europa occidental impulsará a los líderes comunistas de nuestras provincias orientales —bajo la presión popular— a pasar armas y equipos, de nuestra parte y a rebelarse contra el ocupante ruso. Esto no será posible mientras toleremos al ejército estadounidense en Baviera y a los tiburones de Wall Street en Frankfurt.

65. El comunitarismo

El comunitarismo es un socialismo laicizado, al margen de las utopías, que se ha desembarazado de los dogmas, liberado de los esquemas fijos. El comunitarismo es el factor nacional estrechamente unido al factor social, la constatación realista de que el socialismo no puede realizarse más allá del *hábitat* nacional y que la nación no puede divorciarse de su pueblo.

El comunitarismo es un socialismo científico; sabe que no se puede asfixiar la iniciativa creativa; conoce el vigor de la libre empresa y su utilidad para la nación. Una nación fuerte mantiene la empresa en sus límites y le impide degenerar en un capitalismo financiero especulador y explotador.

El socialismo occidental está degenerado porque ha intentado negar la realidad nacional y ha tratado de realizar un socialismo abstracto apuntando hacia un ecumenismo mítico. En sus formas parlamentarias está totalmente corrompido. Este constituye hoy la innoble coartada de la innoble plutocracia. Por todas parte en la Europa occidental el socialismo parlamentario se ha situado fuera de la nación europea, organizando una hipócrita simbiosis con el capitalismo, dado que hoy se ha convertido en el partido del clan del ocupante estadounidense[286]. El comunismo más violento, más dogmático, ha conducido a 50 años de caos económico postulando una economía derivada de las consideraciones teóricas de Karl Marx. Ha intentado achacar sus fracasos a una oposición creada expresamente para este fin. Dado que la realidad de los hechos se resistía a las teorías, en su despecho dogmático ha asesinado a millones de hombres.

Después de medio siglo el comunismo llegará, voluntariamente o no, al comunitarismo. Pero después de haber llenado los cementerios para no saciar los vientres. Europa, nación avanzada, debe ahorrarse esta sanguinaria utopía.

El comunitarismo es esencialmente pragmático; tiende a una sociedad de hombres mejores, más completos, más evolucionados, pero sabe que deberá hacerlo con los hombres tal y como ellos son.

El comunitarismo —perfecto equilibrio entre las necesidades de seguridad y las exigencias de libertad del hombre— rechaza el reino de la burocracia, la religión del proletariado permanente.

Frente a la irresponsabilidad y la demagogia, el comunitarismo opone la corresponsabilidad permanente de cada uno y una jerarquía basada en los valores y no en los privilegios.

---

[286]**N.d.T.**: Véase a tal respecto BLANCO, *La izquierda contra el pueblo.*

Septiembre 1967. Año I, nº 7 — Milán

Parte III

Jean Thiriart en «Orion»

Julio-Agosto 1967. Año I, nº 6 — Milán

Debate con Jean Thiriart

EL AMPLIO ARTÍCULO QUE PUBLICAMOS a continuación nos lo ha enviado directamente su autor.

Jean Thiriart, en la vigilia de un viaje en común a Moscú, del cual ya hemos hablado ampliamente en otra parte de la revista.

Nuestros lectores quedarán impactados por algunas afirmaciones de Thiriart con las que, ciertamente, no podemos estar de acuerdo. Afirmaciones que el autor nos ha confirmado también personalmente a lo largo de prolongados coloquios con ocasión de nuestra común estancia moscovita. En el curso de una discusión con Nikolai Pavlov, diputado del Parlamento ruso y número dos de la Unión Patriótica Rusa, Thiriart ha llegado a afirmar, extremando sus posiciones, ¡querer «combatir el mundialismo americano con el mundialismo europeo»...!

Sin embargo, por otra parte, no se puede negar la validez de una parte sustancial de las tesis de Thiriart ni olvidar lo que ha representado para nuestras ideas[287]. Queríamos introducir este artículo con una refutación sumaria de algunas tesis de Thiriart. Sin embargo, se nos han adelantado los amigos de «Lutte du Peuple», quienes en el nº 8 de julio de 1992 han publicado cuanto sigue. Sin embargo, nos reservamos el derecho a volver sobre el tema.

* * *

En el nº 8 de la revista «Nationalisme et République», Jean Thiriart ha publicado un importante artículo donde resume sus posiciones actuales. Si bien éstas coinciden en parte con las nuestras,

---

[287]**N.d.E.:** sobre esto cfr. MICHEL, *Da Jeune Europe alle Brigate Rosse*, reeditado en este ensayo.

a veces son diametralmente opuestas. Es esta la oportunidad para hacer balance —muy sumariamente— sobre la relación ideológica que une a los nacional-revolucionarios europeos con el pensamiento de Jean Thiriart.

En primer lugar, no insistiremos lo suficiente en lo que debemos a Jean Thiriart sobre el plano organizativo y estructural (*Jeune Europe* es uno de los raros ejemplos a seguir), sobre el de la formación (le debemos una excelente concepción de la escuela de cuadros, pero también de la integración de nuestro *corpus* ideológico de pensadores como List y Pareto), sobre la definición del Imperio Europeo de Galway a Vladivostok, sobre la necesaria laicidad del Estado, sobre los EE.UU. como enemigo principal. Globalmente podemos escribir que nos sentimos totalmente o casi reconocidos en el Jean Thiriart de los años 1963-1967, pero tenemos importantes reservas en relación a ciertas tesis formuladas por Thiriart más adelante, en los años 90.

Nuestras divergencias son dos:

1. El derecho de autodeterminación de los pueblos de Europa, y la consiguiente forma del Estado europeo.

2. La extensión geopolítica que Thiriart hace de Europa.

Jean Thiriart tiene una concepción hiperjacobina de Europa. Para él la creación de esta debe comportar la desaparición de los diferentes pueblos que la componen, al menos en cuanto a entidades jurídicas y políticas, aunque también puede ser en cuanto a entidades culturales. Para Jean Thiriart toda división interna de Europa es fuente de debilidad y conflicto. Por nuestra parte, pensamos de manera contraria, que la multiplicidad de las culturas y de los pueblos es la que puede hacer fuerte a Europa.

Para Thiriart cada etnia reivindicaría por esencia un Estado independiente. En cambio, se puede constatar que no es así. Tanto los Bretones como los Vascos, los Croatas o los Corsos, por ejemplo, han precisado claramente sus reivindicaciones de una independencia cultural y económica en una Europa Unida. Actualmente los enemigos de Europa no se reclutan en los ambientes federalistas-autonomistas, sino en los movimientos nacional-estatales franceses, británicos, españoles etc. Algo que ha resumido perfectamente Guy Héhaud en el n⁰ 40 de «Lo Lugarn-Ocitania Liura»:

> *«La creación de una federación europea conferirá la unidad a esta rica diversidad. Por lo tanto no existe ningún riesgo de balcanización si se acompañan las liberaciones étnicas de un poderoso esfuerzo a favor de una Europa unida. Al contrario, en una federación, cuanto más elevado es el número de miembros, mayor es el poder central que lo fortalece. Entonces etnicismo y federalismo deben ir a la par. Y esto es lo que han comprendido la mayor parte de las naciones sin Estado, que se declaran a favor de una federación europea, mientras que las naciones soberanas (Francia, Gran Bretaña etc) la rechazan o la aceptan de mala gana».*

Además, en su lógica, Thiriart no concibe sino un Estado centralizado y omnipotente. Por el contrario nosotros pensamos que el futuro de Europa pasa por rehacer el mapa europeo, un federalismo de los pueblos europeos y una aplicación absoluta del principio de subsidiariedad.

En la lógica de Thiriart de una Europa que no fundamenta su existencia sobre una cultura y un pueblo, sino únicamente sobre un concepto geopolítico, y sus límites ya no son aquellos de la Europa histórica más Siberia, sino también los de sus contrafuertes (Magreb, Oriente Medio, Turquía, Irán...) y la capital de Europa en un futuro deberá ser Estambul... Para nosotros, nuestra Europa no es un concepto frío sino una realidad carnal, de pueblos y de culturas formando un pueblo y una nación. Nuestra capital del mañana será, puede ser, Moscú (la Tercera Roma), no Estambul, a pesar de la belleza del Cuerno de Oro... Al querer extender en exceso Europa se termina por negarla.

Y es muy evidente para nosotros que otros grandes espacios deberían nacer a nuestros lados (una África Unida, la Nación árabe, Panturania), ignorarlo o rechazarlo no depende de la política.

«Orion», nº 96, Septiembre de 1992, cit. p. 10.

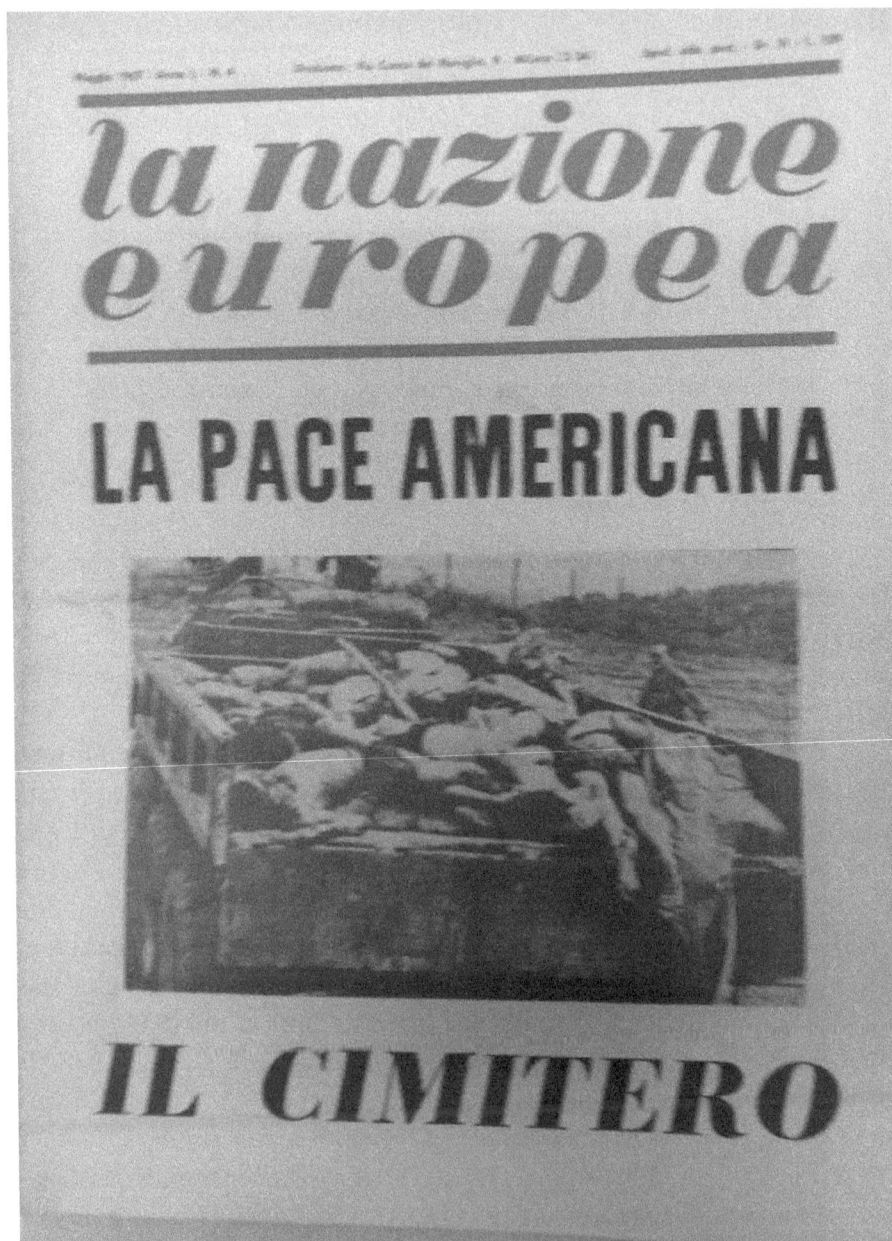

Mayo 1967. Año I, nº 4 — Milán

Europa hasta Vladivostok

Historia y geopolítica

LA HISTORIA HA CONOCIDO las Ciudades-Estado, Tebas, Esparta y Atenas; más tarde Venecia, Florencia, Milán y Génova. En nuestros días, la Historia conoce todavía los Estados Territoriales: Francia, España, Inglaterra o Rusia. Y, para terminar, los Estados Continentales como los Estados Unidos de América y la China actual, y ayer la URSS[288].

Europa se encuentra actualmente en fase de metamorfosis. Ella

---

[288]Entre 1981 y 1985 he publicado diferentes trabajos (traducidos al ruso especialmente) que reclamaban la posibilidad teórica de la unificación europea de Este a Oeste, a través de la repetición del escenario histórico llamado «macedonio». En Queronea, en el 338, antes del agitador galileo, Filipo de Macedonia realizó *de facto* la unidad griega. Era la solución militar-ideológica realmente unificadora de Vladivostok a Dublín. El continente chino fue unificado hace ya 22 siglos, por el gigante político que fue Qin Shi Huang. La dinastía Qin reinó desde el 221 al 206 antes de la era vulgar; el Estado era unitario y centralizado, dirigido por funcionarios, los señores feudales fueron desterrados. Se remonta a esta época la construcción de la Gran Muralla. El miedo del ejército ruso y el rechazo, bien orquestado, del comunismo, han sido ambas eliminadas de los hechos. La solución «macedonia» ya no está adaptada a nuestros tiempos, en 1992, como podía estarlo en 1982-1984. Hoy debemos concebir, describir y querer la recuperación de todos los territorios soviéticos bajo la perspectiva de la construcción grande-europea. El concepto infantil, antihistórico, de «Comunidad de los Estados independientes» del ingenuo Gorbachov no tenía la más mínima esperanza de afirmarse. Era un niño que nació muerto. El absurdo semántico salta a la vista: una comunidad de independientes (CEI): es como hablar de un piadoso matrimonio católico practicante del amor libre.

debe pasar de la situación de conexión más o menos estabilizada de Estados territoriales a la situación de Estado continental. Los hábitos mentales, por no hablar de la holgazanería mental, hacen que la metamorfosis sea más difícil. El pañuelo de tierra que fue Esparta era vital en el plano histórico porque lo era también y, sobre todo, en el plano militar. El espacio de Esparta, sus recursos, eran suficientes para mantener un ejército en condiciones de hacerse respetar por todos sus vecinos. Nosotros tratamos aquí el problema fundamental de la vitalidad de un Estado.

La Ciudad-Estado ha sido eliminada de la Historia del Estado territorial. Roma elimina Atenas, Esparta y Tebas. Fácilmente[289].

---

[289]Roma era un Estado político, animado por la voluntad extensiva. No era el caso sobre el plano conceptual, de las ciudades de Esparta, Atenas o Tebas, modeladas sobre el concepto fijo de «Ciudad Estado inmanente y eterno». Casi 2000 años más tarde también Prusia fue un Estado político extensivo. La extensión no implica necesariamente la conquista militar. Ejemplo teórico directo: si los Estados Unidos se lo hubieran propuesto, hacia 1950-1955, en plena guerra fría, una integración política de la Europa occidental en la construcción «atlántica», sincera y honesta, quizás se habría asistido al nacimiento de una República Atlántica que se extendiera desde San Francisco a Venecia y desde Los Angeles a Lubeca. Pongo este ejemplo teórico para que el lector pueda distinguir entre el imperialismo banal de dominación y el imperialismo de integración. Lo que la República Unida Europea debe contener en sí y anunciar es precisamente esta eventualidad extensiva. Todas mis concepciones geopolíticas están inspiradas, de entrada, en la preocupación esencial de la vitalidad de un Estado-Nación. Utilizo la geopolítica para concebir y describir una República vital. Soy un teórico de la geopolítica, mientras Haushofer y Spykman son ideólogos de la geopolítica. Ambos son imperialistas mal disimulados. La diferencia entre teórico e ideólogo es total. Haushofer no ha hecho nada más que racionalizar su pangermanismo visceral. La construcción Berlín-Moscú-Tokio se presenta como la máscara racional de sus fantasmas pangermanistas. Los Estados Unidos, por su parte, evocan el «destino manifiesto» (*Manifest Destiny*). Se trata de una geopolítica ideológica, mesiánica, nacida de fantasmas, nacida a su vez de la lectura repetida y repetitiva de toda la literatura paranoica que se encuentra a lo largo de toda la Biblia. Weinberg ofrece algunos subtítulos evocadores de esta paranoia histórica: «*geographical predestination*» («predestinación geográfica, N.d.T.), «*the mission of regeneration*» («la misión de la regeneración», N.d.T.), «*inevitable destiny*» («destino inevitable», N.d.T.). Para un psicólogo y/o un psiquiatra, aquí hay un montón de material para analizar y divertirse. Mi concepción como teórico de la geopolítica es completamente diferente. Más bien diría que «el progreso industrial

Hoy la vitalidad histórica de un Estado, que depende de su vitalidad militar, la cual a su vez depende de su vitalidad económica, nos lleva a la siguiente alternativa. Primera hipótesis: los Estados territoriales se dejan satelizar por los Estados continentales. Francia, Italia, España, Alemania e Inglaterra representan ahora solo ficciones como Estados independientes. Todos estos países son ya, desde 1945, satélites de los Estados Unidos de América. Segunda hipótesis: estos Estados territoriales se transforman en un solo Estado continental nuevo: Europa.

El fiasco de un Estado continental abortado: la URSS

La explosión, deplorable, de la URSS se ha debido especialmente a la debilidad conceptual de la noción de Estado en Marx, Engels, Lenin y parcialmente Stalin. Ya en 1984 mi colaborador y discípulo José Cuadrado Costa, inspirándose en los escritos de Ortega y Gasset y en los míos, ha publicado un estudio (disponible en español, ruso y francés) iluminado y profético, titulado *Insuffisance et dépassement du concept marxiste léniniste de nationalité* (Insuficiencia y superación del concepto marxista-leninista de nacionalidad, N.d.T.)[290].

Sobre el plano del concepto del Estado los Jacobinos se mostraron muy superiores respecto a los marxistas. En este ámbito Marx permanecerá para siempre como un romántico de 1848. Ya a finales del siglo XVIII, Sieyés nos decía como hacer homogéneo un Estado-

y tecnológico de los Estados Unidos debe o puede conducir a gestionar de manera inteligente y justa un Estado Continental que se extiende desde Alaska a la Patagonia». En lugar de merodear de manera desafiante con su flota por el Mar de China y en el Mediterráneo, los geopolíticos ideológicos se expresan primero en términos de dominación-explotación allí donde los geopolíticos teóricos «en estado puro» llegan a la concepción y a la construcción de Estados vitales.

[290] Cuadrado Costa, «Insuffisance et dépassement du concept marxiste-léniniste de nationalité. Le concept de "nationalité" chez Marx, Engels, Lénine, Stalin, Ortega y Gasset de Jean Thiriart»

Nación. El Estado-Nación es hijo de una voluntad política.

Otra idiotez marxista debida al romanticismo del siglo XIX: la idea de la declinación del Estado. Es difícil ser más estúpidos. He aquí el viejo sueño anárquico[291].

Por lo tanto, Lenin ha mantenido la ficción de las repúblicas. Insisto en el plural.

Gracias al centralismo del Partido y a la extraordinaria personalidad de Stalin esta ficción, esta comedia, ha durado hasta 1990. La decadencia del partido ha hecho saltar a la URSS *sobre líneas de fractura* remontables al 1917-1922.

La ficción se ha convertido en realidad.

Los Jacobinos habrían creado en 1917 «la» (insisto en el singular) República de los Soviet. Lenin ha aceptado y tolerado la ficción de la Unión «de las» (insisto sobre el plural) Repúblicas Soviéticas.

Entre 1946 y 1949 Stalin, en la culminación de su poder, también mantuvo la ficción de los Estados «independientes» de Polonia y Bulgaria.

Otra imprudencia conceptual.

El Estado político opuesto al Estado étnico

El *Petit Larousse* dice que la etnia busca su propia homogeneidad a través de la lengua y la cultura.

Personalmente y para validar el presente escrito, extenderé este concepto diciendo que el Estado étnico busca la propia justificación de unidad a través de la raza, la religión y la lengua, fantasmas comunes, recuerdos comunes, frustraciones y fobias comunes.

---

[291]Sobre este tema es necesario leer, con espíritu crítico, la obra GUÉRIN, *L'anarchisme*. Se encuentran todas las idioteces propias del romántico del siglo XIX. Es difícil encontrar a nadie más ingenuo, incluso más tonto que Proudhon. Proudhon describía un mundo idílico, el mundo de las «federaciones de federaciones». Es un pecado que no hubiera previsto las masacres de moldavos, croatas y armenios relacionadas con la liquidación bestial de la «minoría de la minoría».

El Estado político (sistema abierto, extensivo) es diametralmente opuesto al concepto de Estado étnico (sistema cerrado, fijo). El Estado político representa una voluntad de hombres libres de vivir un futuro en común.

El Estado político, o más precisamente el Estado-Nación político del cual soy el teórico moderno después de Ortega y Gasset[292], permite a los hombres conservar la propia individualidad personal (permítanme este pleonasmo bárbaro, bastante rústico) en el seno de una colectividad.

Hace menos de dos meses he podido expresarme en otra ocasión sobre las nociones capitales de *Imperium* y de *Dominium*[293]. Desde 1964 insisto en este concepto de matriz antiguo-romana.

A un amigo político que me había hecho convertirme en «valón» (¡el colmo!) le he escrito —más que nada pro forma— que no soy ni valón ni flamenco, ni alemán ni belga ni tan siquiera europeo. Yo soy yo mismo. La identidad de Jean Thiriart es Jean Thiriart, lo he escrito. No quiero quedar atrapado en el cajón de quién sabe qué archivador junto con personas que de alguna manera son «similares» a mí.

En su lugar, quiero conservar, de manera permanente, mi ironía socrática. Totalitaria cuando se trata de *Imperium*, me convierto en libertario en la esfera del *Dominium*.

Marx y Engels ignoraban todo respecto a la dicotomía fundamental Imperium/Dominium; así terminaron por escribir La ideología alemana contra Max Stirner.

La visión del *Imperium* de Max Stirner (libre elección federativa, derecho de secesión... ¡ sic! ¡y re-sic!) quedará siempre como ridícula e inutilizable. Por el contrario, su visión de la libertad interior, de lo que se refiere al *Dominium* permanecerá siempre como algo interesante. Bolchevique, jacobino, prusiano, estaliniano por cuanto respecta al *Imperium* y su disciplina cívica/civil: en cambio, mis gustos y mis inclinaciones intelectuales en la vida privada, es decir,

---

[292]ORTEGA Y GASSET, *La révolte des masses*. Véase también ORTEGA Y GASSET, «La vocation de la Jeune Europe».

[293]THIRIART, «Europe: L'État-Nation Politique»

en mi vida en el ámbito del *Dominium*, se refieren a Ulises, modelo de los Cínicos.

Y a Diógenes, quien, cuando le preguntaron si había visto hombres buenos en algún lugar de Grecia, respondió: «En Grecia no, pero no veo nada mal a los chicos de Esparta»... Diógenes y los demás cínicos admiraban las instituciones espartanas, ellos que son conocidos precisamente como exponentes de la disciplina y de la frugalidad contra el lujo y la blandenguería. También estoy con Diágoras contra la religión. En privado, ¡Entiéndase bien! Y ciertamente soy el heraldo reconocido de la Europa unida desde Dublín a Vladivostok[294].

Pero la Europa unida que invoco y describo se resiente del concepto de *Imperium*. Y yo espero un *Imperium* poderoso, dinámico e implacable. Para que sea realmente eficaz.

Por lo que respecta a mi identidad, en cambio, ella se reclama al

---

[294]Ya desde hace un tercio de siglo había sugerido el concepto de Europa como: a) Estado único y unitario; b) nación europea. El general de Gaulle quería una Francia fuerte (unitaria) en una Europa débil (confederal). Porque no quería a Europa. Al igual que Maurrás, estaba estancado. El escritor alemán Heinz Kuby me lo insinuó en 1965 al referirse a los (viejos) profetas de la Gran Alemania, entre los cuales, precisamente también me encontraba yo. Escribe Kuby: «¿Europa: una nación?» — Y una de las paradojas del paisaje político de la Europa occidental, que los adversarios más lejanos entre ellos (nota sobre el tema de Europa: gaullistas confederalistas y thirirtianos unitaristas) estamos unidos a una misma concepción del Estado. Para de Gaulle, es impensable que un Estado pueda y deba ser algo diferente de un Estado nacional, desde el momento que la nación constituye la única base legítima de la política. La misma concepción reina en una importante fracción de la oposición europea (nota: *Jeune Europe*). Esta última quiere superar el ámbito de las naciones pero no puede concebir otro estado que el Estado nacional europeo. Y anhela una nación europea — No es casualidad si en este ella se pone del lado de los profetas de la "Gran Alemania" y los demás fascistas del pasado» (p. 312 de la edición francesa). Cfr. KUBY, *Provokation Europa*, El control racial de la «Gran Alemania» lo he vivido en primera persona, en la guerra y después durante los años en prisión. No recibí ninguna lección fructífera —que era imposible extender y mantener el Estado unitario y racial (el de Hitler) más allá de la condición de la guerra permanente. Desde entonces he formulado, a la luz de este hecho, el concepto de Estado unitario político (no-racial) extensivo. He desarrollado y perfeccionado los conceptos de Sieyés y Ortega y Gasset, los conceptos de nación política para llevarlos al decimal superior europeo.

Dominium.

Mi identidad cultural no es categorizable. Ella es única, como es única mi fórmula genética.

Cada ser humano expresa biológicamente una fórmula única. Él es único. Culturalmente —música, arquitectura, literatura, pintura etc— yo reivindico aquí el estatuto de individualidad hecho y terminado.

En el interior del Estado político no pueden existir «minorías», porque este Estado no conoce si no las individualidades en su conjunto con los vínculos del *Imperium.*

Estos vínculos son los puntos de fuerza que he evocado anteriormente.

Las fórmulas desequilibradas: federalismo, confederalismo

A partir del momento en el que el tándem «*Imperium-Dominium*» fue introducido en el concepto de Estado para construir este último, las soluciones desequilibradas como el federalismo o, peor todavía, el confederalismo, no tienen más sentido ni utilidad... Ninguno en absoluto.

No puedo eximirme de citaros a un autor estadounidense que conozco a través de una sola cita, absolutamente pertinente:

> Todo grupo de personas, sea cual sea su número y la homogeneidad de los individuos que lo componen y la firmeza con la que ellos profesan una doctrina común, no tarda en fragmentarse en grupos más pequeños en torno a versiones diferentes de la misma fe; de estos subgrupos brotan a su vez sub-subgrupos, y así sucesivamente hasta el último límite del individuo singular.

La cita se atribuye a un tal Adam Ostwald en un texto titulado *La sociedad humana.*

Los anarquistas del siglo XIX y muchos otros entre los que se encuentran Proudhon, han cultivado el error monumental según el cual los conflictos y la tensión de los grandes grupos desaparecen por sí mismos, resolviéndose espontáneamente en los pequeños grupos. Es la armonía comunal tan querida en el siglo XIX, la armonía de los pequeños grupos opuesta al terror de la dominación insoportable del gran grupo.

También Lenin concebía idioteces históricas, en el marco del absurdo concepto del «pequeño grupo siempre-virtuoso-y-armonioso», lo que le llevó a escribir, a desear y a anunciar la decadencia del Estado.

Europa hasta Vladivostok: la dimensión mínima

Un Estado-Nación que quiera la independencia está obligado a poseer medios militares.

Estos medios dependen de la demografía, del espacio, de la autarquía, de las materias primas y del potencial industrial. Entre Islandia y Vladivostok podemos reunir 800 millones de hombres (aunque solo sea para equilibrar los 1.200 millones de chinos) y encontrar en el subsuelo de Siberia todo cuanto es necesario para cubrir nuestros requisitos energéticos y estratégicos.

Quiero decir que Siberia es la provincia económicamente más vital del Imperio Europeo.

La unión fecunda de una Europa occidental extremadamente industrializada y tecnológicamente más avanzada con la Europa siberiana casi inextinguible en materias primas, asistirá al nacimiento de una República Imperial dotada de una excepcional potencia que el resto del mundo se guardará bien de contestar o de enfrentar.

Las fortalezas del «*Imperium*» europeo

El Estado es unitario. Este no conoce ni tolera divisiones horizontales (autonomías regionales) o verticales (clases sociales[295]).

Su principio de base es la omniciudadanía: en cualquier lugar del Imperio europeo el ciudadano es elector, elegible y productor. Es libre de moverse sin la más mínima restricción. Su cualificación profesional se extiende a la totalidad del Imperio: un médico licenciado en Madrid, ejercerá sin ninguna limitación en Leningrado.

No se tolerará ningún «corporativismo regional».

La secesión de cualquier territorio está excluida por principio fundamental, por postulado. Retomamos aquí el concepto jacobino: «La República es una e indivisible». Está fuera de cuestión repetir el error leninista del «derecho a la secesión».

La «región» o el antiguo Estado nacional entra en el Imperio para no salir más. La unidad del Imperio es irreversible para el Derecho Constitucional.

Por el contrario, el Imperio es extensivo, no ya para la «conquista», sino incluso para su crecimiento, gracias a aquellos que querrán libremente añadirse — que querrán alcanzarlo.

El ejército es popular e integrado. Ninguna casta militar podrá crear monopolios o privilegios bajo cualquier pretexto profesional. El ejército es en todo y para todo dependiente del Poder Político.

El ejército está integrado: durante los primeros 25 o 50 años se prestará un cuidado particular en la mezcla de reclutas procedentes

---

[295]El abate Sieyés, con motivo de la reunión del 7 de septiembre de 1789, dice y repite claramente, sin posibilidad de equívocos: «La Nación solo es soberana. La Nación no tiene ordenanzas, ni clases, ni grupos. La Soberanía no se divide ni se transmite». Cfr.CLAVREUL, «L'Influence de la théorie d'Emmanuel Sieyès sur les origines de la représentation en droit public». Cfr. BREDIN, *Sieyès, la clé de la Révolution Française*. Cfr. BASTID, *Sieyès et sa pensée*. Nunca el concepto de Estado Unitario ha sido mejor precisado que con Sieyès. Personalmente, transfiero este concepto de República *Una e Indivisible* en el gran proyecto de una República Imperial que se extiende desde Dublín a Vladivostok. Como Sieyès, rechazo todas las concepciones federales, fuente de chantajes secesionistas y de fracturas territoriales.

de las más diversas regiones. No se habla ni se toleran regimientos croatas o divisiones francesas, cuerpos de la armada alemana o rusa.

La tenencia y transacciones de moneda extranjera están prohibidas y sancionadas por la ley.

Actualmente no existe mayor humillación ni peor reconocimiento de la propia derrota que poder viajar a Rusia únicamente si se cuenta con dólares estadounidenses. Humillación tanto para el turista procedente de Europa del Este como para los propios Rusos. Símbolo de nuestra común degradación, Europeos del Oeste colonizados desde 1945; y Europeos del Este balcanizados y colonizados desde 1990. En condiciones normales se debería pagar el alojamiento en Moscú en escudos europeos; y no en dólares extranjeros. La lengua vehicular se convierte en el inglés[296]. No he escrito «americano». Por mi parte se trata aquí de una elección pragmática, una elección ineluctable. El concepto de legislación unitaria constituye uno de los fundamentos del Imperio. El derecho civil, el derecho penal, el derecho del trabajo y el derecho comercial se han unificado. El concepto y la aplicación del derecho es «ubiquitaria».

El «*Dominium*» y sus límites

Todos conocen el adagio según el cual la libertad de un hombre termina donde empieza la de otro hombre. En un artículo precedente[297] he tratado los dominios del *Imperium*, dominios en los que la República unitaria «no retrocede nunca». En cuanto al *Dominium*, contiene todas las elecciones, todas las opciones, todas las

---

[296]Para un hombre formado en la escuela científica todas nuestras lenguas son medios de expresión demasiado débiles, demasiado confusos, demasiado inciertos. El lenguaje científico es unívoco, el literario es siempre equívoco. Es por esto que los «literatos» siempre son confusos en sociología y en política. Véase el trabajo magistral de Rougier, *La métaphysique et le langage*. En realidad el inglés es ya, irremediablemente, una lengua común, en el mundo entero, en las ciencias y la tecnología. Un ejemplo para todos: El Instituto Pasteur de París ya no publica nada en francés. Todas sus ediciones son monolingües; es decir, exclusivamente en inglés.

[297]Véase nota 293.

libertades individuales, que no obstaculicen ni limiten el ejercicio del *Imperium*. Estas libertades se acuerdan en los límites del campo de acción de la vida privada. Inevitablemente, en los sistemas políticos o regímenes en decadencia, desgastados, debilitados y enfermizos, los sentimientos, las emociones, las pasiones de la vida privada intentan, y a menudo incluso lo logran (¡ay de mí!), irrumpir en la vida política. El *Imperium* debe permanecer en un dominio reservado, concebido, administrado y gestionado por el neocórtex. Para comprender los comportamientos humanos es necesario estudiar los mecanismos cerebrales[298]. Repito mi línea favorita, que me afecta de cerca: «Yo no tengo un alma, tengo un cerebro». En realidad, como todos, tengo tres cerebros. El más antiguo es el paleocortex, que permite caminar, trepar, escalar o atrapar al vuelo un balón de baloncesto. Sigue el cerebro «medio», el mesocortex, que contiene todos mis *software* emotivos indispensables para la supervivencia; Serguéi Chajotin, discípulo de Pavlov, describió hace mucho tiempo estas pasiones-emociones: para la conservación del individuo, pulsiones combativas y alimentarias; para la conservación de la especie, pulsión sexual y pulsión parental (asociativa). Finalmente, he aquí el más moderno de nuestros tres *software*, el neocortex, magnífico instrumento del hombre. Instrumento muy poco utilizado. El paleocortex cuenta ya con 200 millones de años. El neocortex tiene solo un millón. La teoría de los tres cerebros «superpuestos» del cerebro «triúnico», como escribe el traductor Roland Guyot, ha sido formulada por el psicólogo estadounidense Paul D. MacLean[299], y popularizada por Arthur Koestler[300]. En su *Psicología social* Otto

---

[298]MACLEAN, *Les trois cerveaux de l'homme*; KOESTLER, *Le Cheval dans la locomotive*; cfr. cap. XVI *Les trois cerveaux*. Koestler se dirige especialmente al gran público culto; MacLean escribe para un público restringido, perfectamente maestro de las disciplinas como la neuropsicología del cerebro. TCHAKHOTINE, *Le viol des foules par la propagande politique*. Chajotin es alumno y discípulo de I. P. Pavlov, su *Viol des foules. . .* es un texto obligatorio, capital y monumental. Véase también: cfr. KLINEBERG, *Psychologie sociale*; RODRÍGUEZ DELGADO, *Le Conditionnement du cerveau et la liberté de l'esprit*. JEANNEROD, *Le cerveau-machine*. Véase también LAZORTHES, *Le cerveau et l'esprit*.

[299]Cfr. MACLEAN, *Les trois cerveaux de l'homme*.

[300]Cfr. KOESTLER, *Le Cheval dans la locomotive*.

Klineberg se detiene a lo largo del comportamiento afectivo del hombre. Dos siglos antes de los trabajos científicos de Paul D. MacLean, Sieyès tuvo la premonición de la actual teoría de los tres cerebros superpuestos-imbricados. Bastid, en la página 328 de su tesis, cita un manuscrito de Sieyès sobre el tema del *Cerebro* y del *Instinto*. Sieyès, mucho antes que yo, se vio afectado e infortunado por las pseudodemostraciones en lenguaje político; y buscó las razones. Si impongo al lector esta digresión es precisamente para evidenciar que la mayor parte de los discursos políticos odiosos y agresivos emanan de nuestro muy emotivo mesocortex. No es posible estudiar a fondo los discursos políticos sin conocer los mecanismos cerebrales de los hombres. Entonces, el replegamiento en sí mismos, el odio al otro, se explican fácilmente. Todo el asunto se convierte, simplemente, en un conjunto de problemas clínicos explicados a través de la fisiología del cerebro. Desde hace unos años lucho contra los «literatos» que describen la política a través de comportamientos «mesocorticales» (pasiones, emociones, pulsiones, frustraciones, fobias, repulsiones), donde yo me afano en describir una República neocortical... ¡(sic)!

Uno de mis detractores me ha definido como un «frío monstruo racional».

Acepto: y prefiero esta condición a la de «monstruo dionisíaco irracional», querido por los idiotas post-nietzscheanos. Aconsejo encarecidamente a mi lector políticamente instruido los trabajos de Paul D. MacLean.

Lo absurdo de los discursos políticos pseudoracionales que se pretenden persuasivos (el abogado persuade, el científico demuestra) está muy bien explicado por Marc Jeannerod en esta frase:

> (...) el carácter no-directo de las relaciones entre el sujeto es el mundo externo. El sujeto construye la propia representación del mundo y tal representación guía su actuar. Desde esta perspectiva la acción no es una respuesta a una SITUACIÓN externa sino más bien la consecuencia o el producto de una REPRESENTACIÓN.

Toda la logomaquia primaria sobre las «etnias» se explica mejor a través de esta noción de «representación» (fantasmal) de la realidad (situación real) rechazada. El rechazo de lo real, la necesidad de soñar con los ojos abiertos. Para cualquiera que tenga una formación científica, la política y sus discursos son, con toda evidencia, absurdos. La gente apunta contra la figura de los fantasmas personales antagonistas, de las representaciones, y se niega a aceptar las situaciones. . . Vamos ahora con los tres cerebros de MacLean. Cuando calculamos las órbitas de los satélites, las trayectorias de las sondas espaciales, la resistencia del acero, las correcciones ópticas para integrarlas en un objetivo fotográfico, utilizamos solamente nuestro neocortex. Cuando peleamos con otro conductor y terminamos a golpes utilizamos los mecanismos cerebrales llamados reactivos (paleocortex) y emotivos (mesocortex) y nos comportamos como anfibios y reptiles. En las disputas de tráfico nuestra pulsión agresiva tomará la ventaja y llegará al punto de inhibir el funcionamiento regular de nuestro neocortex. La pulsión sexual, quizás irreprimible, nos llevará a molestar a la hija menor de edad del vecino. El mismo hombre funciona permanentemente gracias a estos dos *software*, el de las pulsiones-pasiones-sentimientos-emociones y el del pensamiento totalmente racional. Esta digresión nos ha permitido llegar a la gestión de los hombres. En el ámbito del *Dominium* se coloca la religión. Actividad privada que en ningún momento debe interferir en la vida pública (con el riesgo de ver a los «islamistas» contestar al antiguo poder yugoslavo). Es divertido admitir que la religión pueda inmiscuirse en la vida política inteligente, en el *Imperium*. Por haber ignorado el principio del *Imperium* laico se ha llegado a las carnicerías innobles e imbéciles en Líbano, en Palestina, en Armenia, en Yugoslavia y en Moldavia. Aquellos que han mezclado religión y política no son otra cosa que aprendices de brujo. Y los que han generado estas tensiones son criminales culpables, pero culpables históricos son los que han tolerado por su diletantismo que estas pasiones religiosas pudieran ser tomadas en consideración en un contexto político. En el *Imperium* laico de la República unida europea la práctica religiosa será permitida (preferiría escribir tolerada) en el ámbito del *Dominium* e implacablemente reprimida en el momento en el cual muestre voluntad de irrumpir en el ámbito de la acción y aplicación del *Imperium*. Racistas vergonzosos, racistas hipócritas han inventado el etnodiferencialismo (¡sic!), las «identidades etnoculturales» (¡re-sic!). Esto ha llevado en los hechos a las masacres de Moldavia, de Yugoslavia y del Cáucaso, masacres practicadas por delincuentes comunes, *gangsters* — para ser más precisos y más inmediatos. Los delincuentes y los criminales comunes, después del robo con violencia, la prostitución, el juego y la droga, se interesan ahora, desde hace una veintena de años, de la política de las «minorías oprimidas». La diatriba religiosa y las invectivas etnodiferenciales, bien manipuladas primero por los charlatanes y luego por los gánsteres, esas mismas acusaciones se convierten en munición para los fusiles de asalto en manos de la plebe y nos conducen a una regresión al estatuto de las mil tribus de Papúa Nueva Guinea, hacia los cortadores de cabezas.

Concluiré aquí diciendo que el *Dominium* contiene casi todas las libertades de pensar (también de pensar estúpidamente) pero que el *Imperium* de una República unida y laica no podrá tolerar nunca, ni por un instante, la libertad de hacer «cualquier cosa». Desde 1945 la historia nos muestra, a través de ejemplos espectaculares y sanguinarios, lo que NO se debe hacer. Ni dejar hacer mañana.

Cuando Moscú llama a los médicos a su cabecera

Lo que sucede en Rusia desde hace dos años a esta parte es insensato. Es necesario liberalizar la economía, un nivel después de otro a partir de lo bajo[301] hacia lo alto y consagrar de dos a tres

---

[301] Jean Thiriart y René D'astier (1962-1965), *Principes d'économie communautaire*, reedición de Luc Michel, 1986, obra exhaustiva sobre las concepciones económicas y sociales de Jean Thiriart (*Un socialismo de dimensiones europeas: el Comunitarismo*). También existen breves resúmenes de esta doctrina en el opúsculo de 42 páginas escrito por Yannick Sauveur y Luc Michel, *Esquisse du Communautarisme* (1987). Finalmente el artículo de Jean Thiriart en «La Nation Européenne», nº 1, febrero 1966, titulado *Esquisse du communautarisme européen*. El actual régimen ruso procede de la liberalización de la economía en el sentido más pernicioso del término. Se empieza por llamar a los capita-

años por nivel. En su lugar se consiente a los peores aventureros de la finanza internacional precipitarse sobre Moscú. Se está liquidando poco a poco el trabajo de tres generaciones de soviéticos. Los tiburones de Wall Street empiezan a interesarse demasiado por el aparato económico ex-soviético de la URSS y pretenden continuarlo mediante la descomposición de Rusia. Si es necesario Washington jugará, sin la menor vacilación. Pekín contra Moscú, el mundo islámico (desde Pakistán a Marruecos) contra Moscú. Francia, Inglaterra y Alemania no son otra cosa que ficciones históricas, parodias de Estados independientes. Todos estos autodenominados «grandes» Países ya no tienen una política exterior. La guerra en Irak ha mostrado claramente que para Washington Francia e Inglaterra vienen a ser, como mucho, reservas de fusileros senegaleses. Era necesario aflojar los tornillos políticos de la URSS, no tolerar secesiones étnicas, aunque Lenin, en su cultura histórica (herencia del marxismo nacido en 1848) admitió (muy hipócritamente pero también de manera imprudente) el «derecho a la secesión».

El desmembramiento político y militar de la URSS fue y permanecerá como un error histórico imperdonable. El mal ya está hecho, y es irreversible. Las fuerzas centrífugas destruyeron en 5 años lo que

---

listas internacionales. Era lo último que había que hacer. Y Boris Yeltsin lo ha hecho, declarando ser un diletante, un hombre sin el mínimo conocimiento de la economía y de la historia. El camino correcto habría sido: **a)** liberalizar inmediatamente todas las empresas dotadas de un total de trabajadores —obreros y empleados comprendidos entre 1 y 50; **b)** liberalizar 2 o 3 años más tarde, las empresas que comprendan entre 50 y 100 trabajadores empleados. Se debería haber ido desde lo bajo hacia lo alto, de las empresas pequeñas y pequeñísimas directamente hacia las grandes empresas, 6 u 8 años más tarde. La libre empresa es tonificante y estimulante. No es lo mismo para la finanza especulativa internacional, que solo busca el beneficio inmediato. Este no es el lugar para describir las diferencias considerables entre el capitalismo industrial (Ford, Renault, Citroen) y el capitalismo bancario especulativo (Fondo Monetario Internacional). Existen centenares de páginas de estudios económicos de Dastier y Thiriart (1962-1965) sobre el tema. Exagerando, se podría decir que el Comunitarismo es la economía totalmente libre hasta los 50 trabajadores, cogestionada de 50 a 500, controlada de 500 a 5.000 y estatalizada por encima de los 5.000. Se trata de una concepción de geometría variable entre capitalismo y socialismo clásico.

las fuerzas centrípetas han construido en 4 o 5 siglos. Era necesario llenar de negocios de pan y salami favoreciendo la rápida aparición de un millón de pequeñas empresas económicas (comprendidas de 1 a 50 personas cada una de ellas). Y simultáneamente reforzar la represión política frente a todos los secesionismos, independentismos y autonomismos. Otra actitud suicida de los nuevos líderes rusos: recurrir a Washington en lugar de negociar una ayuda económica con la Europa occidental. Los Estados Unidos son geopolítica e históricamente el enemigo específico de la URSS. La estrategia histórica de los Estados Unidos es la división de Europa y el desmembramiento de la URSS. Durante cuatro siglos Inglaterra ha hecho este juego contra los Reyes de España, Francia y Alemania. Hoy, Inglaterra ha sido sustituida por los Estados Unidos. Antaño Inglaterra siempre estuvo empeñada en destruir «la» potencia continental predominante, virtualmente capaz de federar el Continente europeo: los Habsburgo de Madrid, Bonaparte, Guillermo II y Hitler.

Rusia «sola»: muy pronto un «Brasil de las nieves»

El desmembramiento de la URSS es irreversible. La «Gran Rusia» no tiene la más mínima posibilidad de convertirse en una gran potencia. «Rusia sola» es en la actualidad un país sin destino como lo son Alemania desde 1945 y Francia desde 1962. Acciones pragmáticas a corto plazo. Alemania ha sido históricamente castrada en 1945. Sólida potencia industrial, es totalmente pasiva, totalmente inexistente sobre el plano internacional[302] Alemania no tiene una política

---

[302]La Alemania actual es simultáneamente un gigante económico y un eunuco político. Es un país históricamente castrado desde 1945. La Alemania actual constituye una de las zonas de explotación de la economía cosmopolita radicada en Wall Street. El economista List ha demostrado con admirable claridad la diferencia entre economía cosmopolita y economía política. Thiriart se inspirará en ella para elaborar su teoría de la economía de poder opuesta a la economía de beneficio de los Estados Unidos. Existe un excelente análisis de List hecho por el autor estadounidense Edward Mead Earle en EARLE, *Makers of modern*

exterior desde hace 47 años. Y este es un gran mal en sí mismo para la unidad europea. Las histerias nacionalistas han hecho bastante daño en Europa, con dos guerras suicidas nacidas en 1914 y en 1939. Si algún soñador quiere acuñar la esperanza de una «Gran Rusia» potencia de primer orden, que sepa desde ahora que Washington tiene muchas cuerdas en su arco. Washington ha jugado cínicamente antes la carta de Bagdad contra Teherán y después la de Riyad y los Harki de Damasco y El Cairo contra Bagdad. Washington dispone todavía de muchos cuchillos para seguir adelante, si fuera necesario, para el desmembramiento de la URSS y continuarlo mediante la descomposición de Rusia. Si lo necesita, Washington jugará, sin vacilar lo más mínimo, para enfrentar Pekín contra Moscú y el mundo islámico (desde Pakistán a Marruecos) contra Moscú. Francia, Inglaterra y Alemania no son otra cosa que ficciones históricas, parodias de Estados independientes. Todos estos autodenominados «grandes» Países no tienen siquiera una política externa. La guerra en Irak ha mostrado claramente que para Washington Francia e Inglaterra no son más que reservas de fusileros senegaleses.

Reintegrar a la URSS en la construcción europea

Según mis visiones geopolíticas los viejos territorios de la URSS son territorios europeos; las viejas fronteras de la URSS son las futuras fronteras de la Gran Europa. Por postulado geopolítico la más mínima parte de la URSS deberá integrarse en la construcción de la Gran República Unida de Dublín a Vladivostok. La alternativa para los Rusos es la siguiente: o hacerse fagocitar —castrar— por

---

strategy; publicado en francés en 1980 por Berger-Levrault bajo el título *Les maîtres de la stratégie* (ch. 6: «*Adam Smith, Alexander Hamilton, Friedrich List: Les fondements économiques de la puissance militaire*»). List vivió durante mucho tiempo en los Estados Unidos; dijo que «La riqueza es inútil sin la unidad y el poder de la nación». El análisis de E. M. Earle constituye, por su nivel y cualidad, un extracto de la antología geopolítica.

Washington o jugárselo todo y participar totalmente en la construcción europea. La «tercera solución», la «Gran Rusia» única y aislada, es ilusoria. Del fin de la URSS se derivará al menos un factor muy positivo: la desaparición de la barrera del rechazo.

Así, en el extremo occidental de Europa no se tiene miedo al Gran Oso Cautivo. No se ha presentado nunca una ocasión tan favorable para la unión bendecida entre la «Ex-URSS y Mercado Común de los Doce».

Acciones pragmáticas a corto plazo

En la Europa extremo-occidental ha llegado el momento para que un grupo elitista de vanguardia emprenda una lucha política violenta sobre la cuestión: «OTAN fuera de Europa».

Lo que escribí hace 25 años se está cumpliendo ahora: la OTAN, autodenominado escudo militar «contra el comunismo ateo» era, especialmente, un instrumento de vasallaje político. Hace dos años que Washington ha dejado caer la máscara.

Ya no existe ningún ejército soviético que amenace a Europa occidental — lo que, de hecho, no impide a Washington mantener las estructuras de la OTAN, e incluso reforzarlas.

Es necesario apoyar todo el trabajo de legislación socioeconómica realizado por la Comunidad Europea. La Comunidad de los Doce debe ponerse de acuerdo cuanto antes en una moneda única y común.

A pesar de todos sus defectos y de todas sus lentitudes, la Comunidad de los Doce está realizando con sus hechos una especie de Zollverein (1834).

No habría existido un Bismarck si primero no hubiera existido Friedrich List[303].

La Europa occidental debe salvar financieramente el programa espacial soviético.

Sobre este punto preciso las disposiciones de entendimiento y colaboración deben ser inmediatas. El programa espacial soviético

---

[303]Cfr. nota precedente.

debe ser mantenido en su totalidad y desarrollado.

Aquí, en el Oeste, contamos al menos con 20 millones de parados[304].

En muy poco tiempo la Comunidad de los Doce debe financiar la rápida construcción de autopistas de Berlín a Moscú, de Núremberg a Kiev, Járkov, Saratov, de Viena a Odessa y a Rostov. Friedrich List es el padre conceptual de la red ferroviaria alemana, red que se concretó en el Zollverein.

A partir de ahora Europa occidental y la ex-URSS deben proponerse la creación de una situación en la que se construya toda la aviación civil en común, autárquicamente, entre Londres y Vladivostok.

A partir de este momento Europa occidental debe dejar de comprar material militar estadounidense. Ni un solo fusil, ni un solo avión.

Las industrias militares de Inglaterra, Francia, Alemania, Bélgica,

---

[304]El Mercado Común de los 12 comprende alrededor de 20 millones de parados. Nadie ignora, creo, las nociones de desocupación estructural y desocupación coyuntural. Pero la hipocresía de las sociedades plutocráticas nunca menciona la desocupación «institucional», por no decir «profesional». Los parados que están contentos con su situación son, por desgracia, muy numerosos. Estos parados son electores. Entonces está fuera de discusión sermonearles o regañarles. Tomemos el ejemplo de Valonia: «una familia con 4 parados vive bien». Cuando César tomó el poder en Roma, la ciudad contaba entonces con 320.000 «asistidos» (desocupados-electores). César consiguió descender la cifra a 150.000 a través del impulso de la llamada ley de «beneficiarios» y «con derecho» (a los subsidios de desocupación). El ciudadano ha sido reemplazado por el beneficiario. Los delincuentes reincidentes y los homosexuales también votan: Ni siquiera hables de molestarlos y mucho menos de acosarlos. Una toma de posesión (del plato de mantequilla) puede depender de un *score* electoral de 52-48. Cuando se sabe que Francia cuenta con un 10 % de parados, el 5 % de homosexuales, el 7 % de delincuentes reincidentes, el 1,8 % de elitistas, el 19 % de personas que juegan regularmente a la Lotería o al Tiercé (juego público de apuestas semanales basado en el pronóstico de los primeros tres caballos clasificados en una carrera; análogo a la «primitiva» o la «Bonoloto» en España, N.d.T), el 34 % tiene plena confianza en su horóscopo y el 3 % de drogadictos permanentes u ocasionales, nos permiten hacernos a la idea de en qué puede desembocar un sistema electoral aplicado a un régimen de plutocracia. Para ser releído: Bertolt Brecht, *Los negocios del señor Julio Cesar*.

Italia, Suecia y de Rusia están en condiciones de fabricarlo todo.

En materia de armamentos la Europa de Dublín a Vladivostok está en perfectas condiciones para organizarse de manera autárquica.

Sobre el plano político, la indecente caza de brujas contra los ex-líderes comunistas de la República Democrática Alemana y de Rusia debe terminar.

La interdicción del partido comunista debe ser denunciada con firmeza para ser derogada.

Dejamos a los pueblos primitivos la práctica del «eterno» odio bíblico.

La Europa occidental está desde 1945 en manos de los lacayos de Washington — de los aduladores del Pentágono.

Rusia podría, en muy poco tiempo, terminar teniendo una clase «dirigente» a las órdenes de Washington[305].

La respuesta está clara: es necesario crear en el menor tiempo posible las redes ideológicas, doctrinales y políticas entre la élite lúcida de la ex-URSS y la élite lúcida de la Europa occidental.

Estas dos élites revolucionarias deben entrelazarse la una con la otra y preparar la partida, la salida, la expulsión del ocupante estadounidense.

---

[305]El imperialismo estadounidense utiliza una vieja y eficaz receta, la de la clase amortiguadora. Esta clase amortiguadora, reclutada en el lugar, permite a la plebe indígena ser gobernada por «los suyos». En Marruecos, en los tiempos de Hubert Lyautey, no se molestaba a una clase amortiguadora musulmana con «su» sultán, lo cual se hacía bajo susodicha estrategia. Esta clase amortiguadora era, en privado, irónicamente llamada los bén-bén-oui-oui (se trata de una expresión familiar, jocosa o despectiva, que señala a personas dispuestas a aprobar las iniciativas de una autoridad constituida, N.d.T.). Mitterrand, Kohl y todos los demás marionetas de Bonn, Madrid, Londrés y Bruselas, aseguran a las plebes indígenas. Cuando se habla al hombre de la calle de la ocupación estadounidense de Europa te hacen pasar por loco. Todavía serán necesarios algunos meses para que Washington tome partido en el terreno con la clase amortiguadora en Rusia, Ucrania etc. La clase amortiguadora divierte al pueblo con problemas menores. Lo divertido le distrae, desvía la atención. Es la diversión mediática. Todas las grandes decisiones estratégicas, bancarias e históricas son tomadas en Washington y Wall Street.

La autarquía para 800 millones

La complementariedad de las actuales economías de la Europa occidental y de la ex-URSS salta a la vista. Reserva inextinguible de materias primas, el subsuelo de Siberia es diez veces más rico que el del Occidente estadounidense[306]. El general de Gaulle —cuyo carácter decidido nadie discute— nunca ha destacado por su visión prospectiva de la historia. Era un dinosaurio intelectual del siglo XIX francés, católico, militar y maurrasiano. Es así que pudo acuñar la frase antihistórica de nuestro general de brigada: «Europa hasta los Urales». Un cero, vuelva el próximo año, diría el examinador[307]. Nada más idiota se ha pronunciado por parte de un hombre importante, al menos en cien años. Cualquiera que haya recibido una formación económica por un lado, y geopolítica por otro, está cegado por esta evidencia, esta obligatoriedad y este destino: Europa comienza en Groenlandia y termina en Vladivostok. Vladivostok constituye para mí un símbolo, un punto firme sobre el cual nunca se podrá dudar, mercadear o transigir. Sería un error fatal para el Imperio europeo no tener los pies bien plantados en el Océano Pacífico. Siberia —cuya explotación fue planificada por la URSS, pero nunca se llegó a completar debido a la puesta en funcionamiento asténica, asfixiada y burocrática que la ha anulado en parte— mañana, y no pasado, debe verse plenamente explotada a nivel industrial y demográfico, debe convertirse en nuestra California y nuestra Texas juntas. Los medios industriales y los medios financieros existen aquí, en la Europa occidental. En Essen, en Lieja, en Turín, en Bilbao, en Birmingham hay centenares de industrias, Miles de talleres que actualmente funcionan a un ritmo reducido están disponibles para la expansión económica de Siberia. No es necesario un Transiberiano, sino cinco. No un Centro Espacial, sino varios. Una Siberia diez veces mejor desarrollada que ahora permitirá al Imperio Europeo practicar en caso de necesidad la autarquía económica, industrial y militar en diferentes grados y en función de las circunstancias.

---

[306]MAX, *Sibérie, ruée vers l'Est*.

[307]THIRIART, «L'Europe jusqu'à l'Oural: un suicide».

Para el lector ruso de estas líneas, y que no conoce mis escritos anteriores, debo insistir una vez más en mi concepto de Nación política, totalmente extraño, totalmente opuesto al de la nación racial, religiosa y lingüística. Y étnica, para los vergonzosos racistas que usan y abusan de este eufemismo hipócrita. Cuando escribo «Siberia», simplificando, entiendo justo decir el Centro del Imperio — para retomar la expresión de Cagnat y de Jan[308]. El Imperio Europeo es un postulado euroasiático. Por lo tanto, siempre para el lector ruso, insisto en el hecho de que la nación política no tolera, ni por un instante, ningún tipo de discriminación. Lo escribo sin medias tintas: los Turcos, allá donde ellos estén, están sobre territorio del Imperio Europeo y en sus estructuras políticas. Ya en 1987 escribí con claridad y determinación «Turquía, provincia de Europa». En beneficio de los racistas sentimentales de la Europa occidental, especialmente de los alemanes[309].

Ahora que el capítulo de los Turcos de la ex-URSS se acaba de agregar a la historia, es necesario decirlo rápidamente: no se habla de excluir del Imperio Europeo ni siquiera a uno de los 70 millones de hombres que pertenecen a los grupos turco, afgano y mongol. La gente de la CIA dispone ya en su mano de toda una serie de cartas trucadas desde este punto de vista.

La CIA no tiene más que presionar un botón para desencadenar mañana un «Turquismo» antiruso, que prefiero definir como antieuropeo. La CIA siempre tiene en reserva, en el doble fondo de sus calzoncillos, montones de cínicas y eficaces soluciones. Eficaces para los Estados Unidos. Afganistán forma parte de nuestro espacio geopolítico. La URSS tuvo que abandonarlo debido a la propia disgregación. Nosotros, los Europeos del Imperio, volveremos. En el Océano Índico, también allí, debemos establecernos de manera sólida frente al agua salada. A tal respecto no podemos tolerar de ninguna forma en nuestro lado iraní un absceso afgano o un caballo

---

[308]CAGNAT y JAN, *Le milieu des empires, entre Chine, URSS et Islam, le destin de l'Asie centrale.*

[309]Revista «Conscience Européenne», julio 1987, Jean Thiriart, *La Turquie, la Méditerranée et l'Europe*; Luc Michel, *La Turquie, province d'Europe.*

de Troya afgano. El Imperio Europeo reivindica la totalidad de la herencia soviética. Del imperio soviético de un tiempo y de su mayor extensión. Durante la guerra he sentido —y además de primera mano, y que venía a menudo a Berlín— la propaganda imbécil (desde el punto de vista histórico) de Goebbels, en beneficio del populacho, sobre el tema de «Mongoles y Tártaros como bolcheviques». A los maníacos del racismo, que ignoran todo respecto a la historia de los Mongoles, les recuerdo que ellos, en un tiempo, llegaron a edificar una vasta construcción política desde el Dnepr al Océano Pacífico. Duby y Mantran, en su destacado ensayo sobre Eurasia de los siglos XI al XIII[310] insisten en el hecho de que el Imperio de Gengis Kan era absolutamente no-racial. Y ponen en evidencia una noción extremadamente importante a mi parecer. Es decir, la obligación de matrimonios exogámicos para reforzar el tejido político. Los jefes eran obligados a casarse con mujeres pertenecientes a otros clanes, otras tribus, otras confederaciones[311]. Si Goebbels tocó la tecla «Europa sin mongoles» (¡sic!), entonces, yo hago exactamente lo contrario. Henri Maspéro también observa, en su ya clásico ensayo *Historia de la China antigua*, que la regla fundamental del matrimonio patricio era la obligatoriedad exogámica[312]. Mis lectores rusos conocen la historia de las estepas por haberla vivido. Por el contrario, mis lectores de la Europa occidental saben generalmente poco y mal de esta fascinante página de la historia. Es para ellos que recuerdo el gran clásico de René Grousset, *L'empire des Steppes, Attila, Gengis-Khan, Tamerlan*[313]. Casi medio siglo más tarde, vuelvo a abrir el libro de Grousset , cuidadosamente anotado entre 1946 y 1947 —tenía tiempo para leer— cuando era un preso político, celda 417 del Centro Penitenciario de Petit-Château, institución célebre en Bruselas. Karl Haushofer, como todo lector instruido sabe, es

---

[310]DUBY y MANTRAN, *L'Eurasie*.

[311]ibíd., pág. 504

[312]MASPÉRO, *La Chine antique*. Un excelente pasaje sobre las leyes de la Antigüedad china se encuentran en las pp. 426-470. Curiosas similitudes con el pesimismo de Thomas Hobbes.

[313]GROUSSET, *L'Empire des Steppes*.

el padre del concepto geopolítico de un eje Berlín-Moscú-Tokio[314].
Rudolf Hess estaba íntimamente vinculado a Haushofer. Haushofer
fue testigo en la boda de Rudolf Hess. Rudolf Hess actuó como in-
termediario entre Haushofer y Hitler, lo que no impidió al Canciller
atacar de modo suicida a la URSS en 1941. Hay grandes debilida-
des conceptuales en Haushofer: desprecio hacia los latinos, noción
de «pueblos auxiliares» (está claro lo que la expresión significa),
ceguera en lo que respecta al concepto europeo, ignorancia total
del Mediterráneo y de su concepto de *Mare internum*. Haushofer,
muy erudito, puso en evidencia el posible papel de Rusia, el de unir
Europa y Asia. Y es todavía Haushofer quien recuerda como los
hombres políticos estadounidenses ya habrían elaborado en 1855
la conocida fórmula de la «política de la anaconda». Washington
ha empezado el trabajo de la anaconda con Gorbachov y lo lleva
ahora a su cumplimiento con Yeltsin. Para anular la política de la
anaconda (de mar...) Haushofer escribe: «(...) podría ser creada
una gran unidad germánico-rusa-oriental, una sola unidad contra la
cual cualquier intento de bloqueo británico y estadounidense, incluso
ambos juntos, no tendrían nada que hacer (...)». La enseñanza de
Haushofer debe ser actualizada, depurada de los estados de ánimo
alemanes, del desprecio racial respecto a los latinos. Y prolongado
con la noción de Mediterráneo como *Mare internum*. Sobre este tema
volveré próximamente en otro escrito. La autarquía de 800 millones
de personas debe ser nuestra respuesta a la política de anaconda
avanzada por Washington[315].

Roma no puso de rodillas a Cartago con su primer golpe. Pero
después sí lo consiguió. Roma tuvo sobre su territorio a Aníbal, justo
como nosotros tenemos hoy a la OTAN y a sus senegaleses. En el
otoño de 1940 un hombre genial, Ribbentrop, anheló y concibió el
grandioso proyecto de la repartición del Imperio Británico. La res
ponsabilidad de Molotov en el fracaso de este plan es considerable. Y

---

[314]HAUSHOFER, *De la Géopolitique*. Véase también: DORPALEN, *The World
of General Haushofer*. Y también cfr. JACOBSEN, *Karl Haushofer*. Cfr también
TERRACCIANO, *Geopolítica*.

[315]MA Halperin, *Le nationalisme économique*, Payot, 1963.

la de Hitler es todavía mayor[316]. La presa era inmensa y estaba a su alcance. La historia no se termina nunca. El cuerpo social estadounidense es patógeno y morboso (véanse los recientes disturbios de Los Ángeles, primavera 1992). Nada se ha perdido todavía para nosotros. Al Imperialismo de explotación estadounidense es necesario oponer un imperialismo de integración europeo. Oponer nuestro Imperio continental a su imperio talasocrático[317].

El equilibrio de los bloques continentales, la paz y los rehenes

Dejo a los literatos adolescentes de París, aunque tengan 50 años, escribiendo estupideces irresponsables sobre el guerrero... y el valor viril de las guerras. No existen guerras limpias. Cada guerra prepara la siguiente por el solo hecho de que el vencedor está privado de nobleza de ánimo. Está privado de sentido político. La generosidad puede ser también una política. Para nosotros, europeos, divididos en grandes tribus, acunados por alegres recuerdos —la francesa, la alemana, la rusa, la inglesa— y bajo tribus agitadas por fantasmas primitivos —croata, moldava, eslovaca, vasca— ha llegado el momento de cambiar de piel. Al igual que cuando uno se alista, habrá que presentarse ante Europa completamente desnudos, dejando en el guardarropa cuchillos y plumas de pavo real. Aceptar ser una

---

[316]Véanse los siguientes textos: THE DEPARTMENT OF STATE, *La vérité sur les rapports germano-soviétiques de 1939 à 1941*, BEREZHKOV, *J'étais l'interprète de Staline: Histoire diplomatique 1939-1945*; ed. rusa BEREZHKOV, *Ya byl perevodchikom Stalina*, JARAY, *Tableau de la Russie jusqu'à la mort de Staline*, cfr. ch. XIII «La Russie et le Reich», pp. 345-394. READ y FISCHER, *The Deadly Embrace*.

[317]SPYKMAN, *America's Strategy in World Politics*; WEINBERG, *Manifest Destiny: A Study of Nationalist Expansionism in American History*. STRAUSZ-HUPE, *Geopolitics: The Struggle for Space & Power*; NAVILLE, *Mahan et la maîtrise des Mers*. ALLMAN, *Un destin ambigu: Les illusions et les ravages de la politique étrangère américaine de Monroe à Reagan*; trad. estadounidense ALLMAN, *Unmanifest Destiny*. Libro de importancia capital, absolutamente obligatorio.

sola e inmensa nación, una República imperial unida por el sentido político. Aceptar que se hable una sola lengua, el inglés, y llevar sobre nuestras gorras (militares) una sola estrella — ciertamente no amarilla, sino roja.

A partir de la bomba atómica la guerra se ha convertido en un movimiento totalmente suicida. La paz mundial podría no ser concebible en la relación de bloques geopolíticamente iguales en potencia — bloque europeo, chino[318], americano de Alaska a la Patagonia e indio de Pakistán a Ceilán. La gravedad y eventualidad de la guerra atómica en el siglo por venir me llevan a desempolvar una vieja y eficaz fórmula de la Antigüedad, la del intercambio de los rehenes. Cada potencia poseedora de armas atómicas debería enviar a las demás potencias en posesión de armas análogas totales decenas de miles de estudiantes universitarios junto a las rampas de lanzamiento estadounidenses y viceversa. Considero que 4, 5 o 6 grandes conjuntos continentales autosuficientes (al menos para superar los periodos de crisis) podrían restablecer una suerte de equilibrio mundial del mañana, como nosotros hemos conocido un equilibrio europeo, ciertamente imperfecto, todavía en el mundo de ayer, entre 1650 y 1913. La potencia talasocrática americana, al convertirse en una potencia continental que se extiende desde Alaska

---

[318]La práctica totalidad de las personas vive en la temporalidad de lo inmediato, de la actualidad. Muy pocos piensan en términos de siglos. Aunque hoy solo Japón maravilla, fascina e inquieta. En la actualidad, Japón es Asia. Nada es más precario, en términos de perspectiva, que la temporalidad: demográficamente, China es cinco veces Japón, y territorialmente, veinte veces. En el siglo XXI China podría convertirse ella sola y con todo el derecho en Asia. El centro, la capital geopolítica de China, es Cantón/Hong-Kong y, ciertamente, no Pekín, capital descentralizada — si bien nunca puede ser una capital. En geopolítica es a China a la que le pertenece la misión de tomar la iniciativa de un bloque asiático autoequilibrado y autosuficiente. Malasia, Tailandia, Borneo y Filipinas son las zonas de expansión señaladas por la geografía. Tenemos un problema en común con China. Ella no puede tolerar a corto plazo en sus mares la arrogancia y las provocaciones de la flota estadounidense, al igual que nosotros no podemos tolerarlo a medio, e incluso a corto plazo, la suciedad y la provocación de la Sexta flota estadounidense en el Mediterráneo. Bajo la dinastía Ming, y en particular entre 1405 y 1433, la expansión marítima china hacia el sur fue sorprendente.

hasta la Patagonia, vería disminuir considerablemente los riesgos de conflicto. Las flotas estadounidenses a lo largo de Formosa y de nuestro Mediterráneo constituyen provocaciones intolerables y peligrosas. Peligrosas para todos, también para los mismos provocadores. En otros artículos continuaré describiendo mi geometría planetaria de uso y consumo para el siglo venidero[319]. Es necesario gestionar el planeta con inteligencia fría y no a través de las pasiones, los rencores y fantasmas. Concluiré este escrito con la descripción exhaustiva de la diferencia entre voluntad de potencia y voluntad de superioridad. Para Europa yo elijo la superioridad. Superioridad intelectual.

Exotismo y política: las antigüedades están de moda

Llevamos varios años sufriendo la moda literaria que una vez más pone el exotismo en primer plano.

En el primer plano de la política, donde no tiene nada que ver.

Intentan hacernos llorar por el «buen armenio» (en cuanto esta gente es libre forman una familia y se reproducen bestialmente). El

---

[319]CHALIAND, *Atlas stratégique*. Excelentes mapas. Menciones lacónicas sobre Mackinder, Mahan, Ratzel y Haushofer. Los autores informan de la célebre frase de Napoleón: La política de un Estado está en su geografía». Cfr. igualmente (mapas muy buenos): LOHAUSEN, *Mut zur Macht* en un largo análisis de mis conceptos, publicada por la revista alemana «Nation Europa», Coburgo, 1981. Cfr. también (mapas y estadísticas); KIDRON y SEGAL, *Atlas encyclopédique du monde* (publicado en Hong-Kong). NICOLET, *L'Inventaire du monde*. Nicolet nos recuerda que el padre de la geografía científica fue Eratóstenes de Cirene (273-192 a.C.). Nicolet considera que Estrabón (-581+21) fue el primer geógrafo político; sobre él escribe (pp. 93-94) «(...) Pero esta geografía es propiamente política: ella se dirige en primer lugar a los gobernantes para permitirles gobernar mejor: pero —dicho sea de paso— es todavía ella quien determina, al menos en su época, las formas de gobierno y es siempre ella quien explica el nacimiento del Imperio». Nicolet recuerda también cómo los mapas geográficos romanos situaron al Este en lo alto y el Oeste en lo bajo, mientras que en los mapas griegos en lo alto figuraba el Norte, y en lo bajo el Sur. En nuestros días hemos retomado el sistema griego.

«buen kurdo» (existen dos variedades de kurdos: el buen kurdo y el mal kurdo. El buen kurdo, en 1992, es el kurdo de Irak. Y al mismo tiempo el kurdo malo es el kurdo de Turquía. El primero es un patriota, y el segundo un terrorista), el «buen vasco», el «buen moldavo», el «buen croata».

Ya Montaigne, en este caso mal inspirado, contraponía el «pobre caníbal inocente y virtuoso al malvado guerrero embebido de doctrinas procedente de la perniciosa Europa».

Bernardin de Saint-Pierre y Chateaubriand ubican a sus héroes en el Océano Índico (actualmente los vuelos chárter atraen a solteros que buscan mujeres socialmente disponibles). Montesquieu nos distrae con su Persa, Voltaire nos divierte con su Hurón. Hoy los pequeños pedantes de la «Nueva (¡sic!) Derecha» cultivan el «buen croata» o el «buen eslovaco[320]».

Estos mocosos parisinos, incontinentes del tintero, nos han sumergido ya en el aburrimiento con sus antigüedades neopaganas. Dioniso, la Atlántida en Heligoland. Las antigüedades se han popularizado, el mercado de las pulgas intelectuales trata de prolongar su clientela de abonados.

Después de habernos dado algunos filósofos alemanes sin demasiada importancia histórica, ahora arrojan a las etnias pobres y oprimidas al mercado de las «ideas y suscripciones». El asunto se vende bien; al igual que los horóscopos.

Se llega a hablar de «croaticidad».

Nos lo encontraremos rápidamente en cualquier hospital psiquiátrico.

Me urge la obligación de denunciar aquí, vigorosa e implacablemente, estas modas exóticas que desvían de la acción política y distraen de la realidad histórica.

La unidad europea en formación debe denunciar estos deslices literarios, estas derivas pseudohistóricas. El verdadero problema político, objetivo e histórico, se traduce en la pregunta «¿sois víctimas de la discriminación?». Si es así, hablad y se os hará justicia.

Son víctimas de una discriminación los Palestinos y los Irlandeses

---

[320]Thiriart, «La balkanisation de l'Europe».

— discriminación y ocupación por parte de un ejército extranjero. Si no, si no sois víctimas de una discriminación, callaos y salid del escenario político, donde vuestros discursos son mal recibidos e inconvenientes, si no incluso extraños.

Francia nunca ha impedido a nadie que hubiera nacido en Córcega convertirse en ministro, almirante y finalmente emperador.

España no ha impedido nunca a un catalán o un vasco convertirse en general, diputado, senador o ministro.

Donde no existe discriminación no pueden haber reivindicaciones objetivas.

El Estado político del cual me declaro heredero no conoce ninguna de estas clasificaciones zoológicas. Este quiere reconocer solo a los hombres, a los ciudadanos.

El exotismo en la política de bajo perfil, política electoral, política-espectáculo para la plebe, encuentra un halagüeño éxito clientelar.

Un agitador galileo, Jesús, ya tenía un pretexto para multiplicar los panes (¡sic!).

Hoy se multiplican los quesos, se multiplican las sinecuras políticas como en otros tiempos los beneficios religiosos.

La escisión imbécil y criminal de Yugoslavia permite multiplicar por diez el número de diputados parloteadores, el número de diplomáticos y el número de funcionarios de la ONU.

¡Qué bendición! Milagro. Mejor que Jesús.

Valonia se permite embajadores... Grotesco.

El exotismo en los hechos, también tiene su lado sórdido, bestial y primitivo.

El terrorismo vasco ha acumulado capitales considerables en Francia y en Suiza (después de las tasas obligatorias e impuestos ocultos a los comerciantes). El terrorismo corso sueña con una Córcega libre, centro de la droga y de la prostitución.

Cualquier taxista, acompañado por 20 compañeros armados con fusiles de asalto, se cree un Lenin local; cualquier propietario de bistró rodeado por 20 clientes y provisto de unos cuantos cartuchos de explosivo plástico, se cree Robin Hood.

Lo que veremos en Croacia, en Armenia, en Moldavia, en el

Líbano ayer, y lo que veremos mañana en la frontera húngaro-eslovaca, es la insurrección de delincuentes comunes en la política.

Esto debe denunciarse claramente.

En 1943-1944 la mafia siciliana, manejada por los Servicios estadounidenses, soñaba también con una Sicilia independiente... ya. He dicho y repetido muchas veces que la lucha armada para un revolucionario no debe ser nada más que una hipótesis virtualmente practicable.

No se puede pretender ser un pensador histórico o un revolucionario histórico si se descarta a priori la hipótesis del terrorismo en un momento dado, en un lugar dado, contra un adversario dado y bien definido.

No se deben confundir a los revolucionarios con los gangsters mafiosos.

Sobre todo no se les debe mezclar.

En otros futuros artículos denunciaré también a aquellas entidades metafísicas —por decirlo como Pareto— que son los «pueblos» virtuosos, conscientes e inteligentes, espontáneos, los pueblos escatológicos. Después de la estupidez del proletario escatológico puesto de moda por Proudhon y Marx, nos encontramos hoy teniendo que sufrir otra parodia, otra mixtificación — la de los pueblos escatológicos considerados mártires, inteligentes y virtuosos.

Es decir, habría un pueblo de vez en cuando croata, vasco, moldavo o flamenco aplastado por los malvados Estados-nación centralizados.

En realidad, estos pueblos sueñan con cerveza, salchichas, fútbol, enaguas, corridas y telenovelas. Rebaños de animales instrumentalizados para el sacrificio.

Conclusiones para el lector ruso

El presente artículo, estando destinado especialmente al lector ruso, tiene la necesidad de concluir por ello de la forma más puntual[321]. La vitalidad del pensamiento político, en Rusia, actualmente es infinitamente más intensa que la observada en las masas saciadas de la Europa extremo-occidental.

El estómago vacío parece ser más estimulante que el estómago lleno. En la actual prensa rusa se encuentra lo mejor y lo peor, es cierto. Pero existe movimiento y curiosidad — esto ya no existe, precisamente aquí, en la parte más occidental de Europa. Aquí, en Francia, en Alemania, la saciedad material se corresponde con un embrutecimiento en lo intelectual, terrible, total y absoluto.

Con el estómago lleno, el carrito del supermercado repleto de detergente y salami, el plebeyo acepta supinamente la ocupación estadounidense sin rechistar.

Dice «soy estúpido y estoy orgulloso de serlo».

George Orwell, en su ya clásica novela visionaria *1984*, describió el totalitarismo cruel en un universo de miseria. Una visión muy de izquierdas. Orwell, cuyo verdadero nombre era Eric Blair, fue policía en Birmania (el ahorcamiento estaba muy en boga) y sus obsesiones se centraron especialmente en la pobreza y la miseria. Para comprender las obsesiones y los fantasmas de Orwell es necesario conocer su vida personal, gris y destartalada, recientemente descrita por Bernard Crick[322].

Por el contrario, Aldous Huxley ha descrito un mundo totalitario en la abundancia, en la saciedad, antes en *Un mundo feliz* (1931) y después en *Retorno a un mundo feliz* (1956).

Huxley, intelectual, hijo de la burguesía iluminada y escéptica, vaticinó «El mundo estadounidense» que nosotros sufrimos ahora.

Este mundo futuro, descrito por Huxley, está hoy implantado en Londres, Frankfurt y desde Copenhague a Roma. Nos hemos hartado, se hace sexo libremente, se nos imbeciliza con ficciones televisivas (incluso la historia se ha reescrito como función bíblica), nos ahogamos en el fútbol.

Yo aconsejo, invito encarecidamente a mi lector ruso instruido,

---

[321]José Cuadrado Costa, *L'Union Soviètique dans la pensée de Jean Thiriart (1960-1969)*, opúsculo de 25 páginas, 1983.
[322]CRICK, *George Orwell*

leer y comparar los Mundos Futuros de Orwell y de Huxley[323].

Se encuentra en abundancia materia de reflexión para todos aquellos que quieran examinar, comprender y dominar la política histórica de los tiempos venideros.

El estómago demasiado vacío impide pensar bien. También el estómago demasiado lleno. ¿Entonces, qué hacer?

L'Europe jusqu'à Vladivostok, Julio 1992,
publicado en «Orion», nº 96, septiembre de 1992.

---

[323] HUXLEY, *Un mundo feliz y nueva visita a un mundo feliz*. Huxley muestra su íntima percepción de los valores helénicos antiguos en su libro *L'Ange et la bête* (ed. francesa *La Jeune Parque*, París, 1951, N.d.T.). En su obra *El animal más tonto* Huxley afirma que Vilfredo Pareto es el autor al cual él debe más. Lo comparto. Huxley es de un escepticismo culto y refinado. Lo que nos compensa por la pseudocultura actual con sus filósofos de diez centavos y sus baratijas neopaganas.

Febrero 1968. Año II, nº 2 — Milán

la nazione europea

Gennaio 1968 - Anno II - N. 1   Direzione: Via Conca del Naviglio, 9 - 20123 Milano   Sped. abb. post. - Gr. III - L. 100

L'INGHILTERRA BUSSA AL MEC

[VEDI PAGINE 4 e 5]

Enero 1968. Año II, nº 1 — Milán

Apuntes y críticas a los escritos de Jean Thiriart

- Heinrich von Lohausen

Nota bibliográfica del número de «Orion»:

INICIADO EN LAS COLUMNAS del pasado número 96, continuamos el debate con Jean François Thiriart publicando un escrito del general austriaco Jordis von Lohausen, experto en geopolítica. El artículo ha sido publicado en la revista «Nation Europa» en mayo-junio de 1981, con motivo de la publicación en Alemania de los escritos de Jean Thiriart.

Aunque anticuado (el marco general actual es completamente diferente del existente en 1981) el texto que aquí presentamos mantiene toda su validez.

En los próximos números Jean Thiriart debería responder a las críticas con una serie de artículos, pero desgraciadamente la noche entre el 25 y el 26 de noviembre Thiriart falleció[324].

Una pérdida grave para todo el mundo de la alternativa global al sistema.

---

[324]**N.d.T.:** En «Orion» se informa que la muerte de Thiriart sobrevino la noche entre el 25 y el 26 de noviembre de 1992. Como se ha podido comprobar, la fecha exacta del fallecimiento es, en cambio, el 23 de noviembre de 1992.

Nota sobre el autor del número de Orion (actualizada):

Heinrich Jordis-Lohausen (o en su pseudónimo: Jordis von Lohausen) nació en Villach en 1907. En 1925 se convierte en oficial de artillería del Ejército Austriaco y, después, en 1936, en General Staff Instructor. Frecuenta la Academia de guerra en Berlín entre 1938 y 1939. Durante la guerra participa en las campañas de Polonia, Francia y África del Norte, donde es oficial vinculado a Rommel a través de la división italiana Ariete, y en Rusia. Desde 1943 es agregado militar en la Embajada alemana en Roma. Al final de la guerra es comandante de un regimiento de artillería en Hungría. Hecho prisionero por las tropas soviéticas, vuelve a su patria en 1948. En 1955 retoma el servicio en el ejército austriaco y es nombrado agregado militar en la embajada austriaca en Londres primero, y posteriormente en París.

Su obra está enteramente consagrada a la geopolítica, ciencia a la cual ha dedicado una decena de obras. Entre estas son fundamentales *Mut zur Macht. Denken in Kontinenten* (*Coraje en el poder. Piensa en continentes*), también publicado en Francia por las Editions du Labyrinthe con el título de *Les Empires et la puissance. La Géopolitique aujourd'hui* (*Imperio y poder. Geopolítica hoy*).

Murió el 31 de agosto de 2002.

* * *

El Imperio de Europa

Jean-François Thiriart, hombre dotado de diplomas y títulos. Presidente de la Sociedad Europea y de la Sociedad Belga de Optometría, colaborador de eminentes asociaciones científicas, paracaidista, se postula entre los defensores de la unidad europea, cuya ideología está entre las más fecundas. Su proyecto global de política europea evoca los testimonios de Spengler, Clausewitz, Nietzsche, Maquiavelo, Madariaga, Paul Valéry y Ortega y Gasset. Se trata de una declaración de guerra clara, concisa y lógica en dos direcciones: por una parte contra las ilusiones del mundialismo y por otra contra los sueños nacionalistas.

Thiriart quiere una «Europa Nación», una Europa de los pueblos pero no de las «patrias», no una Europa de Estados tradicionales, especialmente no un Estado federal ni una asociación de Estados, sino un Estado unificado según el modelo de la vieja Prusia. Solo una concentración tan rigurosa le garantiza un futuro de autodeterminación europea: solo ella, según él, puede asegurar la propia supervivencia.

Para sobrevivir «es necesario que una nación tenga una dimensión mínima adaptada al propio siglo. Por ejemplo, Francia poseía todavía tal dimensión en el siglo XVII... En el siglo XIX, sin embargo, tuvo que transformarse en un imperio y potencia colonial para mantenerse en el rango de las grandes naciones. Reducida hoy a sus fronteras del siglo XVIII, ha caído entre las naciones de segundo orden. Esto es igualmente válido para Inglaterra, Alemania, Italia y España».

«Solo las dimensiones de Europa en su totalidad le permiten, en el siglo XX, la medida indispensable para su independencia». Todo lo que es pequeño permanece como «un sueño romántico».

El papel dirigente de Europa es una necesidad y no solo para los europeos. También lo podría perder —ha escrito Ortega— si le pudieran encontrar un sustituto: «Pero no se percibe ni la sombra de su sucesor». «El desequilibrio actual en el mundo proviene de la expectativa de que Moscú y Washington podrán dividirse el mundo entre ellos». Estos poderes están en gran medida sobrecargados a este respecto. La paz tiene necesidad de equilibrio y no de caos. «La división del mundo en dos debe dar lugar a una división en cuatro».

Los enemigos

«A pesar de que a nosotros nos resulte evidente que se debe crear una Europa unida, es igualmente evidente que para los estadounidenses y los rusos esto no debe ser así». Los estadounidenses son partidarios, evidentemente, de esta Europa, «la Europa atlántica, como han definido este monstruoso fenómeno... pero en realidad todos se esfuerzan por sabotear a Europa». «La Primera Guerra Mundial permitió a Estados Unidos construir su fortuna a costa de Europa, la Segunda Guerra Mundial ha proporcionado la ocasión para suplantar nuestra supremacía política. Dos veces en un siglo, los Estados Unidos han explotado científica y sistemáticamente nuestras desgracias, nuestras guerras civiles... El hecho es que, mientras tanto, hemos perdido lo que nos han robado, pero eso no disminuye un ápice nuestra responsabilidad... la invasión de Europa (1944), su ocupación (1945) y las razzias territoriales consecutivas estaban programadas...

Cada vez que el comunismo ha ocupado el lugar de Europa en el mundo, lo debemos a la funesta política estadounidense».

El duelo aparente con Moscú es un juego predecible. La presencia estadounidense en Europa occidental —revela Thiriart— justifica la de los rusos en el Este y viceversa. Un pretexto que alimenta otro.

«La última cosa que Washington desea —escribe— es la retirada de las tropas rusas de la Europa oriental, lo último que Moscú desea es la retirada estadounidense de la Europa occidental». Solo un completo idiota puede desear un replegamiento unilateral de los rusos. «Quien quiere que los rusos se vayan también debe querer que lo hagan los estadounidenses». Thiriart continúa: «La moral de este ocupante recuerda de manera sorprendente a la del *gangster* bueno A que defendía su medio negocio del *gangster* malo B. El gangster bueno B velaba por su mitad del negocio contra las redadas del malvado gangster A. Uno justificaba la existencia del otro: una complicidad ideal... El Tratado de Yalta de 1945 ha hecho lo mismo sobre el plano mundial».

Las dos potencias tienden a la sumisión de todos los pueblos, quieren conquistar el mundo, los rusos a su modo. Los estadounidenses mediante el dólar. Europa ha caído bajo el lazo del dólar. «Inglaterra, en grave peligro, pide ayuda a los Estados Unidos en el invierno de 1941-1942. Es así como terminan generalmente las guerras civiles. El perdedor pide ayuda al exterior. Los gobernantes de Inglaterra, a finales de 1942, llevan a cuestas la pesada responsabilidad de haber introducido (por segunda vez) a Estados Unidos en la política europea». «La opresión ejercida por los rusos es sólida e indiscutible, pero existe otra forma de sumisión... no menos humillante: una catástrofe en la Bolsa de Nueva York significa el hundimiento de innumerables empresas en Europa. Quien tratase de liberarnos de tal juego sería rápidamente apartado de todos los recursos y materias primas de ultramar. Debemos recuperar el acceso a ellas, de otro modo no podremos ser independientes. No seremos independientes si antes no hemos recuperado lo que Estados Unidos nos ha usurpado. Y Thiriart no vacila al afirmar: «Con total lucidez recordaremos el pasado de explotación de nuestras desgracias y haremos pagar muy caro una posible ayuda. Cada cosa que vendamos será pagada en oro o procurará a Europa una ventaja política determinada». «¡Occidente —se pregunta Thiriart— no lo conozco! ¿Dónde estaba en 1945 en Dresde, o en Budapest en 1956, o en Argelia en 1962? ¿Dónde estaba más tarde en Mozambique, en Angola o en Rhodesia? ¿Dónde está hoy en el Sudeste o en Sudáfrica?».

«Aquellos que buscan protectores, encontrarán amos», de los dominadores visibles e invisibles. Estados Unidos reina sobre sus colonias europeas con sus intermediarios: por una parte los gobiernos, los bancos, los partidos políticos europeos, los trusts; por otra parte a través de la prensa, el cine y la música. «Los estadounidenses han sido muy astutos al no asustar a los pueblos que dominan. Al no alterar las formas tradicionales de poder. Con este objetivo se han servido de los dirigentes locales con todos los matices políticos, de todos esos notables que salieron arrastrándose de sus agujeros... después de 1945. De la izquierda a la extrema derecha, ellos disponen de una gama completa de políticos a su disposición».

«Este proceso de colonización, esta dominación tras la fachada de los notables locales, ha anestesiado a los pueblos europeos... haciéndoles creer que son dueños de su destino». Que al mismo tiempo «nuestros receptores de fondos de 1945 se han convertido en nuestros deudores» no tiene para ellos ninguna consecuencia desde hace mucho tiempo «la gran mayoría de los capitalistas europeos han puesto en subasta nuestra soberanía, aunque manteniendo sus intereses privados». El dinero de los europeos no les pertenece. «El sistema monetario europeo gravita en torno al dólar... y la sumisión de nuestros politicastros tiene como resultado que nosotros financiamos con dinero una política que no es la nuestra».

¿Unidad sin hegemonía?

A pesar de que la Europa unida constituye un imperativo de la razón, es poco probable que ella pueda ser creada de un modo únicamente racional... una Europa sin envidiosos, una Europa sin enemigos... «Una Europa que solo sería la sede de la Cruz Roja, al estilo de Suiza, y gran distribuidora de leche en los países subdesarrollados... una Europa de este tipo permanecerá siempre como un fantasma, un sueño de profesores racionalistas... Europa no se nos va a ofrecer. Debemos conquistarla». «Solo las grandes naciones son independientes... y solo las que llevan a cabo una política de apertura...». «La libertad de los ciudadanos está siempre vinculada al poder de su patria».

Hasta el día de hoy la historia no ha conocido la unión de países o de Estados en una entidad superior con capacidad de acción, sin líderes de tropas. En los orígenes siempre ha habido una hegemonía. Esto ha sido así en relación a sus vasallos. Señores de la Ile de France, los Capetos reunieron pacientemente, trozo a trozo, los territorios franceses en un Estado centralizado. Los Grandes duques de Moscú han unificado del mismo modo el territorio ruso. En un cuadro más limitado, como Italia o Suiza, las grandes ciudades —Berna, Milán, Génova, Venecia y Florencia— se han puesto a la cabeza de las pequeñas. Siempre hay un Estado en el Estado, un territorio privilegiado, un núcleo rígido, bien delimitado desde el punto de vista geográfico, a partir del cual han sido reunidos países y pueblos. En España fue Castilla, Inglaterra en Gran Bretaña, Austria en la región danubiana, Prusia y el Piamonte en Alemania e Italia respectivamente. Fue la unificación de Europa la que fracasó de manera ininterrumpida después de las trágicas divisiones del Reino de los Francos que siguieron a los nietos de Carlomagno. Los primeros emperadores alemanes fueron controlados por los papas, los papas por los emperadores, más tarde por los Habsburgo, Napoleón cae sobre Rusia, y así Hitler. Su impetuosidad le condujo más allá de Europa. Para el uno como para el otro, la invasión de Rusia venía impuesta por la necesidad de encontrar la potencia indispensable en la defensa de un enemigo principal. El enemigo siempre estuvo más allá del mar, en Inglaterra para Francia, en Estados Unidos para Alemania.

Si los europeos quieren saber lo que les une, es suficiente con observar un mapa: al Este Rusia, en el Oeste Estados Unidos, al Sur el frente islámico. «La unidad se hace siempre obligatoriamente contra algo» y «no son los pueblos los que han forjado la historia» dice Oswald Spengler, sino que «es la historia la que ha hecho a los pueblos». Las restricciones, las necesidades, las privaciones, siempre han estado en la base del acontecimiento. La unidad se forja en el peligro reconocido, en el bien que el individuo aislado es incapaz de realizar, con la presa conquistada en común. Algunas guerras fueron a veces iniciadas solo en la medida en que ellas se oponen a otras naciones: Bismarck tuvo necesidad de Napoleón para unificar Alemania y el conde de Cavour de los alemanes y de los austriacos para unificar Italia.

Sin embargo, hoy Europa no tiene estadistas de este temperamento, ni la voluntad de reconocer a los propios enemigos como tales. Se adormece en una distensión que, por otra parte, fue inventada sólo para este fin. Los pueblos no deben sentir sus cadenas, ni las cadenas doradas de Occidente, ni los férreos anillos tras el Telón de Acero. Deben permanecer como son: una masa de Estados, por ahora más bien prósperos, pero privados de poder.

«Los tecnócratas del Mercado Común preparan algo que podría asemejarse a un Estado europeo... una Europa de los tratados, de las convenciones», una credibilidad sofisticada, «una Europa sobre el papel... Pero no quieren crear para nada una Nación. Buscan la forma, no el contenido... Esta Europa de las discusiones y de los pesebres no se convertirá en una Europa de carne y hueso. La verdadera Europa no nacerá gracias a los juristas y diputados, nacerá gracias a los revolucionarios».

¿La unidad gracias a un partido?

Esta es la razón por la cual Thiriart exige la «creación de un partido europeo», un partido que marche hacia la conquista del poder, «de un grupo decidido y sólido de revolucionarios sin fronteras, dispuestos a todo, y a esperar el momento justo para realizar su objetivo».

Entonces, y solo entonces, los federalistas se alinearán, así como los europeos de las patrias y los europeos de la comunidad de Estados.

«Cualquier revolución tiene necesidad de un periodo inicial, de fases sucesivas, antes de alcanzar su apogeo.

Bonaparte, como inmediato sucesor de Luis XVI sería impensable. Robespierre en 1789 habría impactado a los franceses, así como Lenin habría impactado, en 1914, a la gran masa de rusos».

¿Podrá nacer Europa realmente de un partido?

Thiriart define a los partidos de las dinastías modernas. Son ellos y no son los pueblos, los herederos de las familias reinantes: sus exigencias son similares y superan en gran medida a las viejas dinastías en la autosatisfacción, la infalibilidad y la hipersensibilidad ante las ofensas de lesa majestad. Sin embargo, ningún partido, ni siquiera los que han resistido a la usura de los siglos y han atravesado todas las crisis, ha fundado nunca un Estado nuevo, como han hecho ciertas dinastías del pasado. El partido siempre se ha dedicado a controlar lo que ya existía.

Al final de su reinado los Habsburgo gobernaban doce pueblos, algunos de los cuales eran muy rebeldes, como los Checos y los Hungaros. El mando se expresaba en alemán, lengua oficial, en los regimientos del ejército imperial austriaco, pero en otras ocasiones, con tantas lenguas como nacionalidades había, este ejército, sin embargo, que solo era responsable ante la persona del emperador, ha resistido junto a sus aliados durante años, a los ataques de casi todo el mundo y no en una triunfal y brillante ofensiva, sino en el curso de una dura guerra defensiva, con grandes pérdidas, desmoralizantes. ¿Un partido habría sido capaz de ello?

Los partidos, privados de una instancia que le sea superior, privados de lo que existía en la Inglaterra clásica («his majesty opposition»), degeneran o se escletorizan, se transforman rápidamente en una especie de mafia o en una gigantesca institución de asistencia. Las dinastías del Antiguo Régimen no han sufrido tal evolución en varios siglos. Cuando reinaba Federico el Grande y María Teresa, los Habsburgo tenían el poder ya desde hacía 500 años y los Hohenzollern desde hace más de 300 años.

Ni siquiera los grandes aventureros han nacido de un partido. Han creado un partido para su uso personal, como Lenin, Mussolini o Hitler, o como disponían desde el principio —como Napoleón, Franco o Kemal Ataturk— de un instrumento mucho más eficaz, de un ejército.

Un partido nunca ha reunido a países desmembrados por diferentes razones. Lo que ha reconstruido el Reich alemán, después de 1848, aunque en una forma reducida, no fue el partido de la gran Alemania, ni el de la pequeña Alemania; fue únicamente el poder real de Prusia y, pese a todo, «todavía ha sido necesario un Canciller de hierro» (Hans Dietrich Sander). Del mismo modo en Italia, no han sido los Carboneros, ni Mazzini y Garibaldi quienes despertaron el *Risorgimento*, han sido los Conde Cavour, la Casa de Saboya y —especialmente— las bayonetas francesas.

¿Partido u Orden?

Thiriart habla de partido, pero quiere decir un Orden: «Para nosotros la política es algo sagrado. Ella comporta la más alta responsabilidad humana. Es una moral vivida, una filosofía en acción». Él quiere un partido por encima de los pueblos, por encima de los partidos, un orden que dirija la vida. Su objetivo es la creación de Europa, de la nación europea. Finalmente, es necesario un partido que dirija a pesar de ponerse al servicio del bien público.

Los modelos son suministrados por los Jesuitas y los Masones;

los primeros tienden a Dios, los otros a un Estado Mundial. Pero, a la larga, sólo los jesuitas respondieron a la exigencia antes citada. Tanto los unos como los otros, así como los comunistas, basan sus acciones en un marco mundial. La extensión inmensa, sin fronteras, del campo de acción representa el factor esencial de su fuerza. Ellos pueden retirarse, exiliarse de país en país. Pero el poder, la verdadera potencia, tampoco lo pueden ejercer más que en un país que les preste su brazo allí donde ellos tienen subyugado a un pueblo. Los Jesuitas lo han conseguido de forma muy limitada en el siglo XXI, los masones de forma más amplia en el siglo XIX, pero los comunistas más oficialmente en el siglo XX.

Ellos solo han asumido el nombre del partido. En su cabeza la *Nomenklatura* forma una oligarquía de nuevo tipo. Una sexta parte de la faz de la tierra les sirve de fortaleza (Socialismo en un solo país) y de base para sus incursiones. El pacto que han concluido con el nacionalismo ruso les asegura una doble fuerza: el partido y sus ideólogos actúan sobre el plano internacional. El orgullo del paneslavismo, su potencia y su número, sobre el plano interno. La hegemonía de los rusos sobre las etnias no rusas es incontestable. Solo el ruso es lengua imperial.

El partido europeo deberá afrontar tal alianza. Una potencia mundial nunca caerá como una fruta madura, como sucedió para el Partido Comunista de la Unión Soviética en 1917. La imagen de nuestro subcontinente ha sido modelada por la ley de 5 naciones aportadoras y 25 naciones cooperantes.

El ejemplo ruso no se sostiene. La unión de Europa a través de una hegemonía ha fracasado montones de veces y, finalmente, Rusia no ha sido creada por un partido, sino que es la herencia de un partido.

Unión a través de la liberación

Los partidos pueden minar a los Estados desde el interior, dominarlos, entregarlos, pero también pueden conferirles nuevas fuerzas, sin embargo ningún partido ha conseguido hasta hoy crear un Estado que no existiera con anterioridad. Nadie lo ha intentado, salvo cuando se ha tratado de la decadencia de un Estado preexistente, percibido como Estado enemigo, de la autonomía de una provincia o de una colonia, de la liberación violenta de una dominación extranjera, como en América en su momento o, recientemente, en el sudeste asiático o en el Norte de África.

«Aquí —dice Thiriart— la historia contemporánea ha demostrado que un núcleo revolucionario puede crear una nación... Ha tenido éxito en Túnez con el Neo-Destour, en Marruecos el Istiqlal, en Argelia con el FNL». Ha tenido el mismo éxito en la India, este caso es con diferencia el más interesante ya que aquí, solo aquí, se trataba de un imperio multiétnico, de un subcontinente en su totalidad. Pero también en este contexto —sin diferencias respecto a lo que ocurre en Argelia, en Indonesia y en toda el África negra— no fueron los autóctonos sino los blancos los que pusieron las bases indispensables. Los ingleses han unificado a la India en mucha mayor medida que el Partido del Congreso. Este último simplemente se acuesta sobre una cama ya hecha. A veces fue simplemente la liberación, la separación de una región, por tanto la reducción de un marco existente y no su aprobación, la unificación y reunión de Estados o pueblos separados desde hace mucho tiempo o siempre, como es el caso de Europa.

¿Los rusos harán lo necesario? Ellos solo están animados por la necesaria voluntad de poder. Todavía comparten la hegemonía con los estadounidenses. ¿La desvinculación de estas dos grandes superpotencias, la liberación del peso de su tutela, favorecerá un día la unión de todos los europeos? Los occidentales todavía no están preparados para esto. Algunos pretenden incluso que su maduración sería el progreso.

Napoleón III fue, tiempo atrás, el padrino de la unión italiana. Él la puso en marcha, sus ejércitos la conquistaron.

¿Será la unión de Europa patrocinada por China?

El Imperio de Europa - II parte

La cuestión de saber si Europa estará unida antes de la inminente catástrofe es una cuestión de razón, y la razón solo actúa en su favor, todo lo demás le es contrario: «Europa, esta perla del mundo, —escribía Paul Valéry antes de 1914— ha cometido la imprudencia de confiar su propio destino a las masas». ¿Qué podría hoy impulsar a esas masas, llenas de bienestar y saturadas de semicultura hasta en sus gobiernos, a levantar barricadas? ¿Puede darse el peligro reconocido — pero también el peligro no percibido, no visto, que nadie reconoce ni quiere admitir?

Hasta que no nos veamos atacados por el hambre, hasta que no tengamos más gasolina en nuestros fetiches de cuatro ruedas, los europeos no nos levantaremos ni nos uniremos. Incluso se preguntaran contra quién. Es así como hacen imperturbablemente el juego al ocupante, tanto al ocupante invisible como al ocupante visible, que basan todo en la distensión y en que su colaboración es perfecta.

El nacionalismo del tiempo que fue, el de los pueblos enemigos, tuvo su hora de gloria en 1914. Desde 1940 estaba ya prácticamente superado. Los europeos se han detenido entre este nacionalismo y el del futuro, el de la unión de los pueblos. Para ellos una nación es lo que depende de las mismas autoridades administrativas — al nivel de la ONU. El análisis se detiene en este punto.

Este nacionalismo, todavía vigoroso, de los viejos tiempos, nació sobre los mares, se desarrolló a partir de los grandes descubrimientos. Cuando no se tendía a la hegemonía sobre el propio subcontinente, se luchaba por la conquista de tierras de ultramar, para sus mercados, para sus materias primas, para sus vías y puntos de apoyo para tales vías. La mayor parte de estas conquistas se han perdido en nuestros días y no podrá, en la mejor de las hipótesis, ser reconquistadas en común.

Es así que el nacionalismo de antiguo cuño se ha vaciado de todo su sentido. Ha conducido a la autodestrucción, por celos recíprocos y por las repetidas alianzas con potencias extraeuropeas.

«La pérdida de Argelia —escribe Thiriart— ha marcado la muerte del nacionalismo francés. Todavía era bastante razonable y justificado cuando el trapo tricolor ondeaba en Saigón y en Tananarive, en Beirut y en Argel, en Túnez y en Rabat. En el presente es ridículo. El nacionalismo francés ha dejado de ser una realidad; es un sueño lleno de humo. Cuando se ha perdido la *grandeur* más allá de los mares, ésta debe reencontrarse en casa. Sobre el propio continente». «Antes de los años 40, Casablanca era más cercana a París de cuanto lo fuese Frankfurt. Rotterdam era más cercana a Batavia que a Dusseldorf. Todo ha cambiado. En un tiempo, antes de 1940, Europa se asemejaba a una casa con múltiples apartamentos, todos con acceso a la calle, pero sin acceso a las habitaciones. Nuestras puertas hacia el exterior, hacia Asia y África están tapiadas. De modo que estamos obligados a forzar las nuevas puertas, hacia los demás países europeos».

Pero cuando no se puede hacer más que en común acuerdo y sobre la base de la igualdad de derechos, abandonando cualquier espacio confiscado (por ejemplo, los territorios alemanes del Este), restituyendo el espacio habitado por poblaciones usurpadoras y liberando a todas las minorías populares de la violencia de las autoridades que les han sido impuestas.

Solo ocho pueblos europeos, sobre un total de 30, solamente los castellanos y los portugueses, los franceses y los ingleses, los escandinavos y los holandeses, y más lejos hacia el Este, los checos y los serbios, viven en torno a un Estado fundado y —hecha abstracción de las influencias extraeuropeas— en un Estado determinado por ellos.

Un derecho tal, que parece obvio, ha sido alineado por otros pueblos de Europa: su número llega a veinte. Para ellos la condición primaria es su propia unidad y la unidad europea solo tiene sentido si se realiza la primera. Se pone aquí la piedra angular del movimiento paneuropeo.

Los errores de 1919...

Es justo sobre este punto que los europeos, desde Friande a Dobrudja; desde la desembocadura del Vístula en Albania y en Macedonia, han acumulado los obstáculos y han bloqueado su unificación, durante un tiempo imprevisible, debido a los tratados de paz establecidos en 1919. Ellos tienen acceso a una hipoteca sobre su propia casa que, lejos de reducirse, ha aumentado gradualmente. Sobre la base de las regulaciones de paz anunciadas por Wilson en 1919, aquellos «dictats» han tomado territorios del pueblo alemán, húngaro y búlgaro, y a sus habitantes, anexionándolos a Estados limítrofes y hostiles. Tal rapiña territorial y humana ha sido practicada por todos los vecinos invictos; a excepción de Suiza y los Países Bajos. Más de diez millones de seres humanos se vieron directamente afectados. Entre ellos los eslovacos en su totalidad, fueron sometidos a la autoridad de los checos. Los croatas y los eslovenos tuvieron que sufrir, en su gran mayoría, el juego de los serbios que odiaban (el resto pasó a Italia) y millones de rusos blancos y ucranianos se vieron expuestos a la voluntad de los polacos. Los autores del Tratado de Versalles eran perfectamente conscientes de los desastres que provocaron. En estos Tratados, explicaba el Mariscal Foch a sus oficiales — «hay suficiente carga explosiva para más de una guerra». Si en aquella época se hubiera concebido ya la ulterior unidad europea, no se podría haber torpedeado mejor. Se daba una mitad de Europa con habitantes y fortunas, a la otra mitad con la mirada atenta para después presentar como una amenaza para la paz el hecho de que la mitad sacrificada tratase de afirmar su propio derecho. Tal situación tuvo como consecuencia inmediata la Segunda Guerra Mundial, la primera de la serie prevista por el Mariscal Foch. Ésta ya ha terminado. Para evitar las sucesivas se debe partir del principio de que «cualquier intento de salvar la propia piel a costa de otros europeos es solo una ilusión».

...todavía se resienten

Mucho más que a sus enemigos internos (Entente pequeña y grande) estos tratados sirvieron ya entonces a los enemigos externos de Europa. Ellos sabían como explotarlos y lo confirmaron de manera evidente en cada punto, cuando tuvieron la ocasión, con toda libertad, en Yalta 25 años más tarde.

Podían limitarse a poner en fuera de juego todos los territorios limítrofes con Rusia y estas fronteras que fueron modificadas a favor de Italia y en perjuicio de otros Estados, para terminar todo con un acto de expulsión realizado con una crueldad sin parangón, perfeccionando la Versalles de los europeos con un súper-Versalles de los no-europeos. ¿Debe Europa encontrar en sí misma las fuerzas para cambiar todo esto? Los vencidos, por sí solos, son incapaces. Nada se cumplirá, nada cambiará, si ellos sucumben a la tentación de renunciar a sus derechos. Europa no se construirá sobre pueblos invertebrados y alienados. Incluso las piedras «esculpidas» de los constructores de catedrales soportan su carga sólo si están bien unidas y son duras y resistentes.

El derecho a la autodeterminación es inalienable. Europa debe volver a los 14 puntos de Wilson, debe reencontrar la posición a partir de la cual todo el duradero orden europeo fue anulado o todos los cambios fueron falseados y dirigidos no hacia sino contra Europa.

La esperanza de Europa

¿Las potencias de 1919 serán capaces de superar sus sombras? ¿Abolirán su dictat? El precio a pagar es alto pero mucho más grande es el beneficio a extraer. Lo que pueden rechazar no es más que un lastre, un valor mal adquirido, del cual no se puede disfrutar plenamente, y lo que pueden recibir a cambio es Europa. Ellas solo pueden realizar esta transformación, sin una guerra. La paz solo vale para lo que valen los últimos vencedores, «Los alemanes —dice Thiriart— deberán saber entonces que, salvo los ambientes nacional-europeos, nadie, nadie en Europa y nadie en el mundo (salvo, quizás, China y —bajo ciertas condiciones— Rusia) desea la reunificación de Alemania. Solo la Europa unificada, solo la gran Nación de Europa puede dejar libre curso a la fuerza vital alemana... El cuarto Reich será Europa».

Estos ambientes nacional-europeos representan los fundamentos de la gran Nación. ¿Al desarrollarse llegarán a superarse?

La decadencia de los valores

Europa ha renunciado a todo su impulso: a sus élites, a sus dinastías reinantes (comprendida la de los Bonaparte), a sus bastiones, como la flota británica, el Imperio Austro-húngaro y el ejército prusiano, a la conciencia de su superioridad e, incluso, al principio de la preeminencia de la cualidad sobre la cantidad, del genio sobre las masas, del número vivo sobre la pura nada.

Europa ha sido seducida por estas nulidades. Por ellas está gobernada. Europa se ha convertido en igualitaria. ¿Quién impedirá que caiga cada vez más en la decadencia?

Los ejemplos históricos

Thiriart dice: la Nación Europa. Ciertamente, no es la que simboliza el bien conocido círculo de estrellas sobre un fondo azul, sino, más bien, la que asumirá como símbolo el fascio de lictores romano. Todos los niños en Europa deberán conocer este símbolo. No ha sido difícil para las potencias mundiales romper una varilla tras otra para que, como dice la leyenda, solo lo que está atado y soldado es irrompible. Roma creó una nación partiendo de las siete colinas que dominaban el Tíber. Los pueblos de Europa pueden convertirse en una nueva Roma, o bien, cediendo una colina tras otra, encontrarse colonizados por amos extranjeros.

Los pueblos tienen en común su origen, las naciones tienen futuro. La primera constituye una comunidad de experiencias, la segunda una comunidad voluntaria. Las dos estructuras se refuerzan en la medida en que se cubren. Para Europa no es posible. Entonces es necesario encontrar algo que supere la comprensión característica a los alemanes, franceses, italianos etc. En los tiempos de las Cruzadas era la fe. ¿Qué podrá sustituirla?

«Es la voluntad política la que une las naciones» insiste Thiriart.

¿Cuál es el catalizador de tal voluntad? En general, el problema de la comunidad sólo galvaniza a la gente cuando su egoísmo ya no tiene salida. Solo las vibraciones más profundas, sólo las crisis políticas y económicas, sólo la caída de la fachada consumista, podrán realizar lo que es deseable. Una misma lengua y una misma raza no es capaz por sí sola en cuanto a tal: los antiguos griegos eran de la misma raza y hablaban la misma lengua. Sin embargo nunca formaron una nación. Por el contrario, Roma nació de un curioso conjunto de pueblos, pero poseía una voluntad política — también Prusia, modelo indiscutible, en su estadio final de Estado unificado, de nación coherente, era en sus inicios un mosaico de inmigrados venidos de Francia, Flandes, Holanda, del Pueblo de Vaud y del Palatinado».

¿. . . pueden señalar el camino?

Quienes conocen la historia romana y prusiana saben cómo interpretar estas palabras. Oswald Spengler ya se vio afectado por ciertas similitudes.

Sin duda un sustrato similar: sobre un estrato probablemente sabino la raíz latina, sobre un estrato wendo-lituano la raíz bajo-alemana. Como la sal sobre la menestra, la aportación de los Húngaros, y a Roma sin duda la de los Etruscos. Toda esta mezcla en la caldera del Estado unitario exactamente como en Inglaterra, en Francia o en España. Pero ni en Francia ni en Inglaterra, ni en España y mucho menos en Prusia constituyen un modelo para la Europa a unificar. Estos países fueron todos el crisol de un solo pueblo y de algunas minorías periféricas. Para ellos el Estado unitario, probablemente, se imponía. En cambio Thiriart lo exige para

Europa. En su opinión, será suficiente con limitar la competencia de los pueblos a las actividades religiosas, culturales y educativas; todo lo demás quedará reservado a la entidad europea superior, en particular todo el derecho, toda la política y toda la administración superior.

Ejemplo: la vieja Austria

Existe un ejemplo de un Estado de este tipo, en esta ocasión un verdadero Estado multiétnico, el único en la historia de Occidente: la monarquía danubiana de los Habsburgo, modificada en 1867 tras las presiones del más arrogante de sus pueblos, el magiar, en doble monarquía, en unión real de dos Estados.

Este imperio austro-húngaro presenta un interés particular para la futura Europa. Austria acordaba con sus pueblos el libre uso de sus lenguas, de sus particularismos; no era así en Hungría. Este imperio era entonces similar a una casa con dos apartamentos. Ciertos pueblos —como alemanes, rumanos, croatas y ucranianos— cohabitaban pero ninguno de ellos tenía una habitación para sí mismos. Las fronteras de los países austriacos de la Corona, así como los de los Comités Húngaros, no cortaban las fronteras de los pueblos que hospedaban. Sobre 14 países de la Corona, once eran multilingües. Los alemanes ocupaban 12 de estos países. Los eslovenos estaban presentes en cuatro. Había checos e italianos en tres países croatas y ucranianos en dos países, y solo Polonia y Rumanía cubrían cada una un solo país. Por el contrario, había alemanes, croatas, rumanos, ucranianos, serbios y eslovacos en Hungría y, finalmente, serbios y croatas en las tierras imperiales de Bosnia.

La doble contradicción

Solo los alemanes, fundadores de este Imperio, poseían su país de origen, la Alta y la Baja Austria y Salisburgo, sin divisiones. Pero tampoco a ellos, como a los demás pueblos, se les concedió la autogestión. Ningún pueblo poseía un Estado propio. Solo los húngaros tenían uno. El cual superaba en gran medida su territorio poblado y sometía a la mayoría magiar a otros pueblos presentes en el país. Esta doble contradicción —desigualdad de los pueblos en Hungría e igualdad en Austria aunque sin autogestión— permitió a los vencedores de 1918 destruir una estructura única en su tipo. El imperio desapareció con su vieja cultura, contra cualquier lógica geopolítica y toda racionalidad económica. Su armadura, el Estado unitario (incluso el doble Estado) desapareció. El Gran Duque que quería renovarla desde la base fue asesinado, por precaución, en 1914, dando así la señal del inicio de la conflagración mundial.

La nostalgia de la vieja Austria

Cuando la digna protectora del ejército imperial cedió en 1918, no existía un sustituto, es decir, el de los pueblos autogestionarios. Intoxicados por la propaganda enemiga, seguros de que le habían robado, se precipitaron, ebrios de libertad ilusoria, sobre los Estados nacionales cortados a medida, renegando de lo que había producido su pertenencia a un Estado superior, la común «nación» imperial, el único precursor de la nación europea. ¡Todos estos pueblos —al menos aquellos que habían estado sometidos a la hegemonía austriaca— más tarde lamentaron amargamente su deserción! «Si hubiera podido, la habría destruido con mis propias uñas (la vieja monarquía)» reconocía en 1945 un legionario checo en la secretaría de un ministro austriaco, en Lubianka.

Un organismo viviente siempre representa más de la suma de sus partes pero, por el contrario, no es nada sin ellas: y esto es lo que ambas partes reconocieron demasiado tarde.

Aquellos que pueden vivir libremente sus particularidades, se superan más fácilmente que aquellos a los que tal libertad le fue rechazada (es esta la razón, por ejemplo, por la cual los croatas y los ucranianos de la vieja Austria, se fiaban más del imperio de cuanto lo hicieron los croatas y los ucranianos de la Hungría contemporánea).

Lo que estos pueblos han vivido más tarde, unos después de 1919, los otros después de 1939 o 1945, es solo el preludio de un futuro europeo total siempre posible: «Para todos los europeos se trata de una cuestión de vida o muerte».

Europa y sus pueblos

«Una Europa —piensa Thiriart— en la que cada cual permanece como lo que es, un bávaro como un bávaro; un flamenco como un flamenco; un siciliano como un siciliano, sería un absurdo». ¿Piensa en un crisol? ¿Piensa en otra América?

«Ser europeos —dice— consiste en definirse respecto a los extranjeros». Y más adelante: «Cualquier civilización que se encuentre aislada en relación a sus raíces, se vuelve estéril. Se esclerotiza y tiende a recaer en la barbarie, incluso si esa barbarie es rica en dólares».

Europa está enraizada en sus pueblos. Ella es lo que es gracias a su diversidad y a la variedad de sus paisajes, a la alternancia de sus lenguas y de sus literaturas, a la armonía de sus artes.

Europa solo es el techo del edificio, las columnas son los bávaros, los flamencos y los sicilianos ya citados, así como los alsacianos y cualquier otro grupo étnico. Ellos forman las piedras fundamentales, insustituibles e inmutables, cada una tomada de forma separada. No se trata de diluir un grupo étnico en los demás sino de una competencia. El hecho de que en el ejército alemán de 1914 fuésemos, más allá del ejército real prusiano, un ejército real bávaro, sajón o de Württemberg, no ha perjudicado la potencia del conjunto. Más bien al contrario, ha sido una competencia. Aquellos que recientemente han tenido la oportunidad de establecer relaciones sobre la colaboración, a menudo excelente, entre antiguos enemigos en los mandos integrados de la joven OTAN, conocen el creciente estímulo provocado por la transformación de la hostilidad en colaboración. El problema permanece en la lengua. Si, obligatoriamente, en una Europa unida, hay igualdad de derechos para todos los pueblos, lo mismo debe ocurrir con la lengua. Y si entonces cada lengua tiene derecho a estar presente, será necesaria una lengua, o más, practicada por todos. Pero ningún pueblo podrá verse favorecido o desfavorecido por tal lengua común. Una lengua que sea tanto cercana como lejana respecto a todos los europeos, a pesar de ser europea, no existe, a excepción del griego antiguo. El latín daría ya una injustificada preponderancia a la parte romana de Europa. Entre las lenguas vivas, el español es, entre otras, la lengua de Sudamérica: el inglés de Norteamérica; la lengua eslava, en su expresión rusa, la de Asia del Norte. Estas son las lenguas de los grandes crisoles, de una entidad que es exactamente lo opuesto a lo que debe ser Europa.

El inglés —lengua mundial— ha sido conservada por los indios como lengua administrativa de la India porque no favorecía a ningún pueblo autóctono y porque los ocupantes a los que favorecía ya se habían marchado. Pero para conservar su cohesión, los indios no tienen necesidad de ninguna otra lengua más allá de las sagradas escrituras. Lo que unía a la India eran sus Dioses, sus castas y la certeza de la salvación eterna.

En China, el segundo subcontinente, que puede ser comparado con Europa, no se plantea el problema de una lengua vehicular general. Ella viene sustituida, desde siempre, por una lengua ideográfica que permite a todo hombre culto hacerse entender por sus iguales, independientemente de cualquier dialecto.

Suiza como modelo

Ni el ejemplo indio ni el ejemplo chino deben considerarse para Europa. Por el contrario, existen dos modelos en la misma esfera europea. En primer lugar, y una vez más, Austria. Se hablaban once lenguas (13 si se incluye a Hungría). Una lengua, el alemán, tenía la preeminencia incontestable sobre las demás, y se trataba de la lengua materna de poco más de un tercio de la población austriaca (algo menos de un cuarto incluyendo a Hungría). El alemán era la lengua del emperador, de la capital, de los ministerios comunitarios y austriacos del mando del ejército, de la alta administración (austriaca) y de la mayor parte de las universidades. El alemán era la lengua de los ambientes cultos y de los judíos —lo cual era determinante—, una de las cinco principales lenguas de Europa. Lo mismo sucedía con el italiano, pero después de 1866 los italianos no representaban más que una minoría de algunos centenares de miles de personas en Austria.

El segundo modelo es Suiza. Aquí, cuatro lenguas autóctonas se encuentran yuxtapuestas con igualdad. Dos de ellas, el francés y el alemán, son preponderantes. La minoría de habla francesa espera de la mayoría de habla alemana que esta última utilice el francés en una medida mucho más amplia de lo que ellos hacen con respecto al alemán, mientras que el tercer grupo lingüístico, el italiano, feliz de poder utilizar su lengua, no alberga sueños de este tipo. La población de habla romanche de los Grisones (así como los ladinos del Tirol del Sur) elige preferentemente el alemán como segunda lengua. También el Imperio Romano era bilingüe: el latín era la lengua de la política, del derecho, del ejército y de la administración, mientras que el griego lo era de la filosofía, de las ciencias, de la literatura y de las bellas artes.

La oferta de Charles de Gaulle

La idea de de Gaulle era también la de un bilingüismo de tipo suizo cuando propuso a la República Federal enseñar el alemán en todas las escuelas francesas como primera lengua extranjera y el francés en todas las escuelas alemanas. De tal modo lanzaba un guante a Estados Unidos. El gobierno alemán, demasiado débil para participar en el juego, lo rechazó bajo el pretexto de la competencia federal en materia de programas escolares, no para satisfacer a Shakespeare sino para satisfacer a Manhattan. La propuesta vino demasiado tarde. Adenauer ya había desaparecido, los «Carolingios» estaban privados de un jefe. La dirección de los negocios estaba en manos de los «atlantistas», Erhard y Schröder. Esta propuesta parecía cicatrizar, al menos en parte, una vieja herida superficialmente cerrada y que pesaba sobre las relaciones franco-alemanas. Fue abierta a finales del siglo XVII cuando Luis XIV invadió Alemania meridional y devastó ambas orillas del Rhin con la intención de poner definitivamente un pie francés en Alemania eliminando al emperador, arrebatándole, mientras estaba enfrascado en una lucha a muerte con los turcos, la Alsacia alemana y anexionándola a su reino.

El problema de Alsacia-Lorena

Desde entonces los franceses se encuentran tanto en tiempo de paz como en tiempo de guerra, salvo con una interrupción de 48 años posteriores a 1870 y otra de solo cinco años después de 1940. La Alsacia francesa es el recuerdo viviente de la primera alianza directa contra Occidente, de una potencia europea con una potencia extraeuropea: la del «cristianísimo» rey con el sultán y contra el emperador «apostólico». Thiriart, él mismo francés (valón) de nombre y de lengua, puso el dedo en esta llaga sin piedad alguna. Sería muy peligroso, según él, «volver a hacer política en función de los principios de una justicia sin reservas. Si se parte de los criterios de la lengua, de las costumbres y de la historia reciente, se debe constatar que Alsacia es alemana, alemana por el dialecto de su población campesina, por los vestidos de las mujeres, por su cocina y su arquitectura. No se puede negar. ¿Pero sería inteligente pretender restituir Alsacia a Alemania antes incluso de la unificación de Europa? ¿En nombre del derecho a la autodeterminación de los pueblos? La respuesta está clara: no sería inteligente desde el punto de vista político (aunque se preserve la lengua). Francia llevará Alsacia a Europa...». Los habitantes de Alsacia-Lorena serán europeos como los demás en la Europa unida. En condiciones de determinarse ellos mismos por primera vez, podrán aceptar definitivamente su historia y también podrán, en su libre elección, decidir la lengua que más les conviene. Como todos los europeos convertidos en responsables, los alsacianos tendrán tiempo para reflexionar y ninguna instancia administrativa de una lejana capital tendrá el poder para condicionar su decisión.

El derecho a la autodeterminación como arma

Si Europa quiere convertirse en Europa, sus pequeños grupos étnicos deben sentirse tan a gusto allí como los grandes pueblos europeos. Los vascos, los bretones, los friulanos no menos que los italianos o los franceses. El concepto de «minoría» será entonces abolido. En caso contrario esta Europa tendrá una consistencia tan débil como la de 1919. Las estructuras creadas respecto al derecho de autodeterminación de los pueblos, por ejemplo como la Checoslovaca, o ciertos trazados arbitrarios de fronteras, a veces seguidos de una expulsión, no tendrán lugar alguno en la Europa del mañana, de otro modo no habrá mañana para Europa. La solución de la cuestión alemana ya se ha encontrado en la solución europea, así como la solución europea puede contribuir a resolver los problemas de los demás continentes. El derecho a la autodeterminación también es la esperanza de centenares de pueblos no europeos. Bernanos ha escrito: «Para millones de hombres en el mundo, Europa es la última posibilidad». *Repetidamente traicionado* (los 14 puntos de Wilson, *la Carta del Atlántico,* la descolonización en favor de nuevas potencias, mucho más crueles), este derecho a la autodeterminación confiere a quien lo realiza sin reservas en su propio territorio un poder insospechado. Para aquel que, por primera vez, no dé piedras en lugar de pan, este poder se convierte en un arma. Según Hans Dietrich Sander, esta arma podría convertirse en la más poderosa de la que dispone Europa: *«la honda de David contra los Goliat de Oriente y Occidente».*

Publicado por *Orion* nº 96, Año I
(nº 11 de la nueva serie),
diciembre 1992, cit. pp. 10-17.

Parte IV

Claudio Mutti y Jean Thiriart

Marzo 1967. Año I, n⁰ 2 — Milán

Precisiones necesarias

- Pietro Missiaggia

LOS ARTÍCULOS QUE PRESENTAMOS AQUÍ fueron escritos en los años 60 por un joven militante del movimiento «Jeune Europe», fundado por Thiriart, del cual «Giovane Europa» fue su rama italiana. Los artículos, aquí incluidos (a excepción del «Homenaje a Jean Thiriart» publicado en «Orion») representan los intereses que un militante del movimiento creado por Thiriart podía tener: el interés por el maoísmo y la teoría de la guerra revolucionaria que Mao Tse-tung o Lin Piao habían teorizado, el interés por la sociología de Pareto o de Mosca y, obviamente, por los experimentos socialistas en el Este de Europa como en el caso de Bulgaria.

Claudio Mutti, autor de estos textos y relatos es actualmente editor de las Edizioni all'Insegna del Veltro de Parma[325] y dirige la revista de Geopolítica «Eurasia[326]», instrumentos editoriales a través de los cuales promueve los textos de Jean Thiriart, al que todavía considera como uno de sus maestros.

El artículo *Rumanía 1966* en el país del Este de Europa es un reportaje o más bien un relato de un viaje efectuado por Thiriart en 1966 al país de la Europa oriental, lo consideramos interesante para el público italiano con el fin de que comprenda que él no solo estaba interesado por el ejemplo político representado por los «nacional-comunismos» europeos, sino que también quería entenderlos en su cotidianidad y en las pequeñas cosas.

---

[325]https://www.insegnadelveltro.it
[326]https://www.eurasia-rivista.com

Abril 1967. Año II, nº 3 — Milán

Homenaje a Jean Thiriart

«Estamos en medio del peligroso carnaval de la neurosis nacionalista, donde toda razón, por más sutil que sea, ha huido, y donde las vanidades de los pueblos más mezquinos y de segundo orden claman por su derecho a una existencia separada y a la soberanía[327]».

EN EL MOMENTO HISTÓRICO de la degeneración micronacionalista, que el gran Inactual calificaba hace cien años con estas palabras de denuncia y de desprecio, ha desaparecido Jean Thiriart: otro Inactual, que, denunciando incansablemente las mismas mezquindades en la época comprendida entre la invasión de Europa y la ruina tribal de los últimos años, nos enseñó a amar el grandioso ideal del Imperio europeo.

El movimiento fundado y dirigido por Thiriart en el curso de los años sesenta no fue una simple aventura grupuscular «transnacional». Fue una escuela de pensamiento político, cuya herencia espera todavía ser descubierta y valorada.

Una relectura de los libros de Thiriart, de sus numerosas entrevistas, de los volúmenes de revistas como «Jeune Europe», «La Nation Européenne», «L'Europe Communautaire», y también de los diarios en lengua italiana como «Europa combattente» y «La Nazione Europea», proporcionarían a las nuevas generaciones estímulos e impulsos de gran valor.

Jean Thiriart fue, por lo que respecta a su visión del mundo y del hombre, una suerte de estoico en versión sobrehumana, con todas

---

[327]F. Nietzsche, *Opere*, ed. Adelphi, VIII, I, cit. p. 57.

211

las cualidades éticas pero también con los importantes límites de orden espiritual que se vinculan a una posición de este tipo.

Sin embargo, no es aquí donde buscamos lo vital del pensamiento de Thiriart. El aspecto positivo de su discurso debe ser diferenciado en su gélido realismo, en su feroz y desdeñosa aversión por las abstracciones ideológicas de cuño iluminista y por las ensoñaciones pseudopolíticas dictadas por el sentimentalismo. Se consideraba, en la línea de Mosca y de Pareto, un «maquiavelista»: y como Maquiavelo, Thiriart unía la frialdad racional del análisis, nutrida por una vasta cultura histórica, al impulso de un alma proyectada hacia la grandeza.

Realismo y grandeza, precisamente se combinan en lo que constituye el legado más característico de la actividad de Thiriart: la elaboración científica del mito de Europa, geopolíticamente diferenciada, en una primera fase, «desde Brest a Bucarest», y sucesivamente «de Dublín a Vladivostok».

Otro elemento fundamental del pensamiento de Thiriart es la concepción del «partido histórico». Reflejando el puntual fracaso de los intentos de unificación europea que se basaron en la idea de una «nación guía» en el interior de Europa. Thiriart concibió el proyecto de la construcción del «partido europeo»: no una federación o una liga de grupos y movimientos franceses, alemanes, italianos etc., sino un orden militante unitario organizado a escala continental y dirigido desde un único centro, un partido que prefigurase, en su estructura integrada, la Europa unitaria del mañana.

El mismo día en el que nos llegaba la noticia de la muerte de Jean Thiriart, leíamos en un nuevo periódico polaco las siguientes proposiciones: «Rechazamos la idea de la Gran Polonia así como rechazamos la idea de una Gran Alemania, de una Gran Rusia, de una Gran Hungría o de una Gran Rumanía. Somos nacional-revolucionarios europeos, no nacionalistas polacos».

¿Por qué no intentarlo?

Mao-Tse-Tung — «La guerra revolucionaria»

En PRIMER LUGAR, si quisiéramos expresar un juicio sobre este tratado de arte militar revolucionario, deberemos disociarlo de su contenido doctrinal y de sus eslóganes de propaganda, por no considerar sólo lo esencial.

De hecho, la teoría según la cual la guerra sería exclusivamente el resultado de las contradicciones económicas no convence a nadie; así también resulta risible la concepción de la «guerra emprendida para eliminar la guerra».

La guerra revolucionaria contiene dos tesis: «Problemas estratégicos de la guerra revolucionaria en China» y «Problemas estratégicos de la guerra partisana antijaponesa».

La primera se remonta a diciembre de 1936 y está destinada a los oficiales del ejército rojo chino; la segunda, de mayo de 1938, está dirigida a los miembros del Partido.

El valor de la primera tesis reside en la perspicacia del análisis dirigido por Mao Tse-tung después de haber definido las características de la guerra revolucionaria respecto del carácter particular de la «guerra revolucionaria en China»; él condena la falta de previsión y el servilismo de los comunistas que, justo como los teóricos ortodoxos enviados por Stalin, quieren seguir, casi como una guerra civil, los criterios adoptados por la Revolución rusa de 1917.

En apoyo a su concepción realista, Mao-Tse-tung enumera las condiciones particulares existentes en China en los tiempos de la guerra contra Japón, condiciones completamente diferentes de las que existían en Rusia en 1917.

En la segunda tesis, el autor habla de las directivas que guiaban la acción de los partisanos: iniciativa, elasticidad, coordinación con las operaciones de los soldados regulares, creación de bases de apoyo, defensiva y ofensiva, guerra de movimiento, relaciones en el seno del mando.

Gaetano Mosca y la teoría de la clase política

La «TEORÍA DE LA CLASE POLÍTICA», que se encuentra expuesta en el último capítulo de las Doctrinas Políticas, fue publicada en 1933.

Gaetano Mosca afirma que las clasificaciones tradicionales de las diferentes formas de gobierno formuladas por Aristóteles y Montesquieu son defectuosas por dos motivos.

1. las clasificaciones de estos dos filósofos están basadas en la observación de un solo periodo de la historia de los Estados. De hecho, Aristóteles estudia las condiciones de existencia de la ciudad-Estado del siglo IV y V a.C., mientras que Montesquieu analiza las formas organizativas de los Estados europeos de su época;

2. Aristóteles y Montesquieu basan sus clasificaciones en criterios superficiales; consideran mucho más las características aparentes y exteriores de los Estados que sus cualidades esenciales.

La característica esencial de un Estado es su clase política, es por esto que aquellos que estudian la política deben examinar de cerca la formación y organización de la clase política. Maquiavelo, Guicciardini y Rousseau han intuido la importancia de la necesidad de la clase política.

La clase política justifica su poder con el consenso o con la confianza que el pueblo le testimonia generalmente en una época dada. Esta justificación se llama fórmula política. El derecho divino, la noción de pueblo elegido, la voluntad popular etc, son fórmulas políticas.

Cuando una fórmula política no corresponde más a la mentalidad del pueblo, se verifica una transformación política. La Revolución francesa estalló cuando los Franceses no creyeron más al rey por derecho divino.

Cuando, al contrario, la fórmula política está en armonía con los sentimientos del pueblo, esta armonía impone límites a la acción de los gobernantes y sublima la obediencia de los ciudadanos transformando la coerción en aceptación espontánea del mando.

La organización de la clase política ha sucedido según tres sistemas: el sistema feudal, el sistema burocrático y el sistema de la ciudad-estado helénica y romana.

El sistema feudal coordina difícilmente las fuerzas de un pueblo para un objetivo único, dado que el territorio del Estado es despedazado en un gran número de partes y en cada una de estas partes el representante del líder supremo asume poderes soberanos. Cada parte del Estado puede adoptar entonces una posición, por así decirlo, independiente hacia el poder central. Solo la presencia de un hombre excepcional a la cabeza del Estado, o un poderoso sentimiento nacional, pueden garantizar la cohesión de las diferentes partes.

En el sistema burocrático, las diferentes funciones de gobierno (judicial, militar, financiera etc) son confiadas a jerarquías de funcionarios.

En la ciudad-estado helénica y romana y en el municipio del Medievo, la clase dirigente era aparentemente más numerosa, porque incluía una gran parte de la población de la ciudad hegemónica. En realidad, sin embargo, las asignaciones más importantes eran atribuidas a los miembros de un cierto número de familias eminentes. Dónde tal concentración de poder no tuvo lugar, el Señorío reemplazó al Municipio.

Cuando la ciudad-estado y el Municipio se desarrollaron, su ordenamiento político se modificó.

Roma, extendiendo su dominio sobre todo el Mediterráneo, se

transformó en Estado burocrático. La influencia de esta forma de Estado ha contribuido a la formación del Estado liberal caracterizado por la transmisión del poder de lo bajo hacia lo alto. Por el contrario, los viejos imperios orientales, el imperio romano etc. eran Estados autocráticos.

En el sistema aristocrático, el líder supremo designa a sus colaboradores inmediatos, los cuales, a su vez, designan a los funcionarios subalternos.

En general los regímenes liberales son menos duraderos y necesitan, para mantenerse, de la prosperidad económica y de una cierta agitación intelectual. No es el consenso de la mayoría quien sostiene estos regímenes, aunque ellos se justifiquen con esta fórmula política. En las elecciones la verdadera lucha se lleva a cabo entre grupos restringidos y organizaciones que detentan los medios para influenciar a la masa de los electores. Sin embargo, en la lucha política, cada grupo se esfuerza en ponerse, al menos en apariencia, al nivel de los sentimientos de la masa; la clase dirigente sufre entonces, por esta razón, la influencia de los elementos más numerosos y, al mismo tiempo, menos conscientes de las necesidades reales de la sociedad.

También es importante estudiar los métodos adoptados por la formación de la clase política. El criterio principal es la posesión de cualidades personales idóneas para la función de dirección de la sociedad. Estas cualidades sufren variaciones continuas que siguen los cambios de las condiciones en las que se encuentra cada pueblo. Paralelamente, el ordenamiento político y administrativo también evoluciona.

Si los cambios son lentos, los nuevos elementos que entran en la clase dirigente no modificarán el espíritu. Esta tendencia, que Mosca llama aristocrática, no puede ser eliminada, porque los padres transmiten a los hijos los medios y los conocimientos que les permiten ocupar los mejores puestos.

Si, por el contrario, los cambios surgieran bruscamente, acompañados por una sustitución rápida y casi completa de la vieja clase política dirigente, se vería prevalecer la tendencia que Mosca llama democrática; ni siquiera esta tendencia puede ser eliminada, porque el modo de pensar y las condiciones de existencia de cada sociedad están en perpetua transformación.

El materialismo histórico atribuye a la propiedad privada de los medios de producción la causa de la herencia de la influencia política. Mosca recuerda haber demostrado cómo, cuando los medios de producción son nacionalizados, la posibilidad de «facilitar» la carrera de los propios hijos o de los propios protegidos pasa a los gobernantes que concentran en sus manos tanto el poder político como el poder económico.

En la antigüedad la renovación brusca y, por así decirlo, total de la clase dirigente fue provocada por las invasiones de los bárbaros. El autor cita las invasiones de los Hicsos, de los Godos, de los Árabes etc. En cambio, en épocas recientes los cambios rápidos y violentos de las clases políticas se deben a fuerzas políticas que surgen en el interior de varios países. A las invasiones les suceden las revoluciones.

Los regímenes más estables son los regímenes mixtos. En estos regímenes no prevalecen ni una dirección autocrática ni una dirección liberal y la tendencia aristocrática es frenada por la renovación lenta y continua de la clase política. Las condiciones de estabilidad de un régimen mixto son: la separación del poder político y del poder religioso, la ausencia de monopolio del poder económico en beneficio de los administradores del Estado, el hecho de no reservar a una particular categoría de ciudadanos el derecho a hacer carrera en las fuerzas armadas, la preparación cultural y técnica como condición indispensable para formar parte de la clase política.

Además, es necesaria una larga educación que impida que los instintos de violencia y de maldad se vinculen con el espíritu de dominio.

Autostop en Bulgaria

TAL VEZ SÓLO LA HOSPITALIDAD RUMANA pueda compararse con la sincera y cálida amabilidad de los búlgaros. Tuve la oportunidad de apreciar las cualidades de esta amable gente nada más cruzar la frontera búlgara: tres funcionarios de aduanas me acompañaron espontáneamente hasta el campamento de Durankulak, que se encuentra a pocos kilómetros de distancia.

En Bulgaria (como también en Rumanía y en Yugoslavia) mis peregrinaciones nunca han sido solitarias: es imposible no encontrar guías improvisados en la visita de las ciudades que ofrecen una limonada o un café (la cerveza y el vino son, por así decirlo, inexistentes).

Es cierto, el tráfico se encuentra reducido al mínimo. Por algunas calles pasa un camión cada veinte minutos. Pero puedes estar seguro de que, cuando un conductor pasa cerca de ti se detendrá sin necesidad de que se lo indiques. Es así como he podido viajar en coches modernos de fabricación checoslovaca, en viejos camiones soviéticos y en autobús (en los que, por supuesto, he viajado gratis) y, finalmente, en carros tirados por caballos, cuyos conductores se hubieran sentido ofendidos en caso de no aceptar el viaje que me ofrecían.

Hacer autostop es mucho más fácil aquí que en Rumanía, donde «la ocasión» (es así como los rumanos llaman a un viaje obtenido a través de un medio de suerte) es practicada a una gran escala (por ciudadanos y campesinos, hombres, mujeres, jóvenes y viejos) pero mediante pago, es una pequeña sombra de lucro con el contacto humano en la sociedad rumana, que, generalmente, está marcada por una sincera solidaridad.

La única dificultad, en Bulgaria, es la lengua. En general, aparte del búlgaro, la única lengua extranjera conocida es el ruso. En el extremo norte del país he encontrado muchas personas que sabían un poco de rumano y que, hablando conmigo pretendían, en cuanto a italiano, que les comprendiera perfectamente. Me he encontrado solo con unas pocas personas en condiciones de hablar alemán o francés. Por lo que he podido constatar, el inglés es, por así decirlo, desconocido. Pero, como siempre, es el lenguaje de los gestos el que resuelve muchos problemas. (A este respecto, una particularidad curiosa, cuando un búlgaro quiere decir que sí, mueve la cabeza de izquierda a derecha, como cuando nosotros queremos decir que no; al principio crea una cierta confusión pero luego te acostumbras).

Con el fin de desarrollar el turismo, Bulgaria ha suprimido hasta finales de 1967 la obligación de visado para entrar en el país. Además, ha empezado a organizar terrenos destinados a la acampada (para 1967 se han proyectado crear 146), ha creado complejos de albergues modernos (el de Nesebar es una copia del de Mamaia: quizás un poco demasiado «cuadrado», un poco demasiado «estilo termita»).

Y después, importantísimo, de todos los países socialistas Bulgaria es el menos caro: una buena comida no cuesta más de una leva y media, es decir, menos de 50 francos belgas. El salario de un trabajador es de cerca de 120 levas al mes, entre 180 y 200 para un trabajador especializado. El alquiler de una habitación cuesta entre los 6 y los 10 leva al mes (el lev tiene un valor de cerca de 20 francos belgas).

La única molestia que he experimentado en Bulgaria me ha venido de la policía. Me encontraba en la carretera que va de Nova Zagora a Svilengrad y prosigue por la Turquía europea, cuando un oficial de policía, en el lenguaje internacional de su categoría, me pide la documentación. Yo se la muestro y él me invita a seguirlo hasta la comisaría de Radnevo. Allí un oficial examina cincuenta o sesenta veces mi pasaporte, después me dirige una serie de preguntas en búlgaro y más tarde, sin duda para hacerse comprender mejor, en ruso. Al ver que yo respondo solo a las preguntas cuyo sentido intuyo, los policías hacen uso de un manual de conversación en alemán, pero solo pueden decir: «Sprechen Sie deutsch?». Después de tres horas de un auténtico diálogo entre sordos, cuando ya he perdido la paciencia y pido que me pongan en contacto con la embajada italiana, los policías encuentran un intérprete: un octogenario que, a finales de la Primera Guerra Mundial, había estado en contacto con las tropas italianas que ocupaban Bulgaria.

El viejo me pregunta por qué motivo me encuentro en la comisaría de policía; le respondo que a mi también me gustaría saberlo. Entonces me traduce las palabras del oficial con el que había tenido, poco antes, la interesante conversación que he narrado más arriba, entonces me informan que estoy en la comisaría... ¡porque la policía quiere ayudarme!

Me quedo con la boca abierta, preguntándome de qué ayuda puede servirme permanecer tres horas en la comisaría de Radnevo, pero el viejo prosigue asegurándome que los Búlgaros aman a los italianos porque los italianos son buenos: al final de la guerra del 1914-1918 nuestros soldados trataron a los Búlgaros no como un pueblo derrotado, sino como un pueblo amigo. Y entonces, añade «nuestro rey se ha casado con vuestra princesa».

Cuando después me pregunta qué opinión tenía yo del pueblo búlgaro, yo respondo enfadado con una valoración poco amable sobre los métodos de la policía; pero poco después recupero la calma, mientras me entero de que la policía me hará llegar a Harmanli (62 kilómetros de la frontera turca) a través de un servicio regular de autobús, gratuitamente.

Me despido del octogenario y de los policías y me subo al autobús, suscitando la curiosidad de los pasajeros...

la nazione europea

Marzo 1968 - Anno II - N. 3   Direzione: Via Conca del Naviglio, 9 - 20123 Milano   Sped. abb. post. - Gr. III - L. 100

Un Convegno per l'Europa

Jean Thiriart parla al convegno di Giovane Europa a Ferrara.

Ugo GUARANY

SEMPRE AVANTI

Marzo 1968. Año II, nº 3 — Milán

Rumanía 1966

No ES UN SECRETO PARA NADIE que España debe su ajuste económico en su mayor parte a la expansión del turismo.

Yugoslavia también obtiene considerables beneficios del turismo. Rumanía lo ha comprobado y ha extraído las conclusiones: sus fronteras están ahora ampliamente abiertas.

La visa es gratis; se obtiene en unas horas.

Para ir a Rumanía he atravesado Yugoslavia. El paso de Austria a Yugoslavia se efectúa en unos segundos, sin ningún control de equipaje, no se baja del coche; es suficiente con presentar al agente de aduana-militar el pasaporte a través de la ventanilla.

Un timbre y ha terminado. El dinar yugoslavo costaba oficialmente menos en Belgrado, este verano, que en los bancos de Bruselas.

No existe ningún mercado «negro» del dinar: el curso oficial es el curso real. En la frontera no hay ningún control, ni a la entrada ni a la salida. En una ciudad como Belgrado se encuentran al menos veinticinco oficinas de cambio (instantáneo). En Rumanía no es así.

El leu siempre está sobrevalorado, al menos un 35 %. También diremos que las tarifas turísticas son razonables en el cambio oficial (una habitación para dos personas categoría Palace: 40 francos franceses, mientras que la misma habitación cuesta 70 francos en Madrid y 100 en Frankfurt) y muy ventajosas en el mercado negro. Pero el turista debe saber que el leu «negro» no es utilizable en todas partes: el albergue y el tren deben pagarse en lei adquiridos oficialmente.

Esto supone formalidades y papeleos sin fin. En mi opinión es un defecto psicológico. Aconsejamos a los servicios rumanos aplicar las técnicas realistas utilizadas en Yugoslavia: el turismo se verá

223

triplicado.

En Yugoslavia y en Rumanía las carreteras en general son buenas. En Rumanía son incluso excelentes. Una sola excepción: los 10 kilómetros entre Yugoslavia y Rumanía: ¡Mirad la foto que ilustra el artículo! La vieja carretera era de tierra y tenía menos de cuatro metros de ancho. Se construye, en este mismo momento, una carretera asfaltada ultramoderna.

La entrada en Rumanía no es, evidentemente, tan fácil como la entrada en Yugoslavia. Varios militares armados con ametralladoras pesadas, nos preguntamos por qué y contra quién; se trata de un vestigio del pasado que no puede hacer más que sonreír al turista occidental.

Búsqueda de equipaje académico: algunos segundos, una sola maleta abierta por la mitad. Declaración detallada del valor. Tres señores, que hablaban realmente bien el francés, con todo el respeto y la educación pero muy curiosos: ¿dónde vais? ¿Conoces a alguien en Rumanía?¿Tienes algún familiar? Estas buenas mujeres trataban de desanimarme para deambular por Transilvania. No hay albergues (lo que es cierto) y las carreteras están «muy sucias», me dijeron.

No lo he tenido en cuenta y así pude descubrir que las calles eran excelentes ¡hasta el pie de las montañas! Las buenas señoras de la aduana ignoraban que en mis maletas tenía una tienda de campaña y un saco de dormir... no tenía necesidad de albergues. Así mi mujer y yo pudimos pasar varios días en la montaña, en la región de los refugios alpinos de Gura Zlata, de Gura Apei y de los lagos de montaña en el «Parcul national Retezat —zona protegida— comisia monumentelor naturii» donde encontramos y fotografiamos jabalíes de un tamaño mucho más imponente que los de nuestros bosques de las Ardenas y donde podremos descubrir, con una cierta inquietud, huellas frescas de oso. Acampamos en medio de la reserva de los osos de Rumanía... Es un lugar grandioso, de una altitud media de 1800 metros, con bosques de coníferas y una enorme cantidad de robles. Durante cuarenta y ocho horas estuvimos totalmente solos, sin ningún extraño a la vista. Para un amante de la acampada con «saco de dormir», para un viejo leñador como yo, Transilvania es un

224

paraíso.

Descendiendo de la montaña nos detenemos en una *bicocca* —un refugio oficial— donde debemos aceptar una invitación a una cena colectiva de los Rumanos que se encontraban allí. Una gentileza insistente como no la habíamos visto nunca aquí, en Occidente. Debemos retrasar varias horas nuestra salida hacia Bucarest para responder a las preguntas de todo este grupo: éramos los primeros «occidentales» que se encontraban desde 1944... ¡¡¡Diez veces tuve que demostrar la suspensión hidráulica de mi Citroën!!! (de la cual todos conocían bien el principio) y deshacer mi equipamiento perfeccionado de alta montaña...

A título informativo, el deportista puede encontrar en estos refugios —generalmente a 800 metros de altitud— habitaciones modestas pero decentes a razón de 4 francos la noche para dos personas y una pequeña tienda de productos alimenticios cuyos principales clientes son los extranjeros.

En ningún momento, durante nuestra larga estancia en Rumanía, hemos estado controlados en el interior del País, nunca se nos han pedido los pasaportes. De modo que el turista puede viajar como quiera y donde quiera. Mi consejo es visitar Rumanía con un automóvil personal y, sobre todo, no hacerlo en un viaje colectivo organizado.

En Rumanía los pueblos son extremadamente limpios; más que en Yugoslavia. Una feliz iniciativa: los pueblos están adornados de flores por orden, si se puede decir así, de los municipios, que deben plantar flores en grandes cantidades a lo largo de las carreteras que los atraviesan. Es algo realmente agradable. Todo esto es extremadamente más hermoso que las innobles entradas a nuestros pueblos, aquí en el Occidente, sucias por la publicidad de cigarrillos o tabaco. La desaparición de los carteles publicitarios en los sitios rurales será una medida necesaria en la Europa del futuro. (En mis archivos tengo la foto de un paso alpino, en Italia, en la alta montaña, donde una marca de aperitivos ha plantado su publicidad en un sitio grandioso. Es sencillamente miserable).

Por una casualidad afortunada, podemos asistir a una fiesta

nupcial en un pueblo que estábamos atravesando: simplicidad y limpieza moral. La ola de inmundicias pornográficas (que tienen su origen en Nueva York...) que invade actualmente a la Europa occidental no ha alcanzado al campo en la Europa del Este. Los invitados que participaban en esta boda, al ver que les estábamos haciendo fotos, nos obligaron a brindar con ellos... otras dos horas perdidas sobre la hoja de ruta — pero felizmente. Siempre la misma amabilidad simple, no afectada: algo que ha desaparecido de nuestro mundo capitalista, donde la jungla de la lucha por el dinero ha falseado todas las relaciones humanas.

Los pueblos dan la impresión de una extraordinaria riqueza de la naturaleza, pero los gigantescos monocultivos provocan una cierta molestia. El régimen parece tolerar o animar la propiedad individual de la vaca o del cerdo: hemos visto inmensos mercados a cielo abierto. Hay gansos por todas partes, ¿miles, millones? ¿Quién puede comer tal cantidad de gansos? Sic... ¿Serán tal vez descendientes de los gansos capitolinos traídos aquí por los legionarios romanos?

En cada pueblo hay una cincuentena de nidos de cigüeña, sobre las chimeneas. Una super-Alsacia...

Por lo que respecta a la cocina de los restaurantes —fuera de los centros turísticos organizados— muy pocos establecimientos y muy mal abastecidos. Sin embargo, a lo largo del Danubio hemos podido degustar una extraordinaria sopa de pescado a base de pimentón.

Las panaderías producen una notable variedad de pan... Por casualidad llegamos a un pueblo habitado por una minoría alemana... donde hemos encontrado todo el estilo de la cocina de la Alemania del sur y de Austria. ¡Todos hablaban alemán!

Los productos lácteos son abundantes, recordamos unas exquisitas coles a la crema fresca; y en Bucarest os puedo indicar una pastelería donde elaboran batidos de nata fresca de una calidad imposible de encontrar en París o Normandía.

No hay ningún problema alimenticio en Rumanía; es una tierra bendecida por los Dioses. No obstante, la distribución está mal organizada o es inexistente: es imposible de encontrar una ELECCIÓN de fruta o una ELECCIÓN de legumbres a pesar de que estos productos existen en abundancia. El comercio «colectivista» podría aprender del nuestro.

Como conclusión de este primer artículo, el primero de una serie futura, considero que Rumanía es un país extraordinariamente próspero gracias a la riqueza de su suelo aunque la distribución y la repartición de los productos y del suelo sea muy pobre. Podrás encontrar magníficas legumbres y frutas siempre que vayas a buscarlas por tu cuenta en el jardín personal de un campesino...

Insistiré sobre el sentido de limpieza moral y de buen decoro general: en Italia una chica es constantemente acosada por bandas de proxenetas, matones y maleantes; en Rumanía todos se comportan adecuadamente. En otro artículo describiré una noche de baile en un gran albergue de Brasov.

Una sola sombra en el cuadro general: la tolerancia, cuando no se incentiva, hacia los juegos de azar en las grandes ciudades. La «Loto-promo» y los futbolines eléctricos existen también en Rumanía. Es incontestablemente una nota amarga. Es impresionante porque contrasta con el buen comportamiento general.

la nazione europea

Maggio 1968 - Anno II - N. 4   Direzione: Via Conca del Naviglio, 9 - 20125 Milano   Sped. abb. post. - Gr. III - L. 100

LA RIVOLTA NEGRA

(PAGINA 3)

VALLE GIULIA: UN INIZIO

(PAGINA 4 e 5)

IL VIET NAM VERSO LA VITTORIA

(PAGINA 6)

Mayo 1968. Año II, nº 4 — Milán

Marzo 1969. Número en espera de autorización — Parma

Postfacio: Jean Thiriart, Robespierre de Europa

- Yanick Sauveur

Entre el 16 y el 24 de agosto de 1992, Jean Thiriart estuvo en Moscú. Se encontró con una amplia gama de opositores a Boris Yeltsin. El solo hecho de estar físicamente en Moscú es una consagración para quien lucha desde hace más de cincuenta años por una Europa poderosa, soberana e independiente de la hegemonía estadounidense. El Imperio Euro-soviético desde Vladivostok a Dublín que Thiriart había esbozado algunos años antes[328] puede convertirse en realidad, aunque no sea ya en su forma «soviética». Son todo esperanzas que animan a Jean Thiriart a coger el testigo. Desafortunadamente, el *pensador de la unificación europea* moriría algunos meses más tarde (23 de noviembre de 1992).

Esta desaparición imprevista no ha sorprendido a su *entourage*. A finales de 1990, exámenes médicos más profundos desvelaron la grave insuficiencia coronaria. En junio de 1992, Jean Thiriart fue hospitalizado para que se le realizaran más pruebas, que confirmaron los diagnósticos precedentes y que le pusieron en aviso sobre los riesgos a los que se exponía si no adoptaba un cambio radical en su estilo de vida. Donde el personal médico recomendaba descanso y calma, Thiriart se implicaba en profundidad en la política, con viajes, entrevistas y, paralelamente, en la actividad comercial (la

---

[328]THIRIART, *L'Empire Euro-soviétique de Vladivostok á Dublin*, prefacio de Yannick Sauveur con apéndice, pp. 344.

empresa Opterion en Bruselas) que requería de la presencia activa de su propietario. Lo demás es historia. . .

En este mismo año 1992, los franceses fueron consultados a través de referéndum (20 de septiembre de 1992) en relación al Tratado sobre la Unión Europea firmado en Maastricht el 7 de febrero de 1992. A la pregunta: «*¿Aprueba el proyecto de ley sometido al pueblo francés por el Presidente de la República, autorizando la ratificación del Tratado sobre la Unión Europea?*», los franceses se expresaron a favor del «sí» con una escasa mayoría (51,04 % de los votos expresados).

Ahora bien, el 4 de septiembre de 1992, Jean Thiriart fue invitado a una transmisión de Radio Courtoisie, radio «de derechas», si se puede decir así. Entrevistado sobre la actualidad, se pronunció a favor del «Sí» respecto a Maastricht, reconociendo «lo mejor y lo peor». Entre los puntos sobre los que estaba en desacuerdo figuraba la adhesión a la OTAN, y Thiriart se reafirmaba en ser resueltamente antiestadounidense: «Europa debe realizarse en oposición a los Estados Unidos».

Treinta años después de Maastricht, vemos en que se ha convertido Europa. Muchos que dijeron que «Sí» en 1992 se han convertido en hostiles a esta Unión Europea —una Europa sin columna vertebral, una pseudo-Europa. ¿Estaría Thiriart con ellos hoy día?

Este ejemplo muestra, si fuera necesario, la complejidad del personaje cuyo recorrido es cualquier cosa menos lineal. Sus múltiples facetas y su evolución, sorprendente a primera vista, en el curso de más de cinco décadas de vida política, sorprenden solo a quien permanece cristalizado dentro de esquemas superados.

Jean Thiriart se coloca, antes que nada, fuera de las ideologías, de las escisiones y de las pasiones. Donde la política es, a menudo, cuestión de emociones, él se ubica en el ámbito del Político racional[329], influenciado por autores como Maquiavelo, Vilfredo Pareto, José Ortega y Gasset, Raymond Aron, Jules Monerot y Julien Freund. Desde la juventud y gracias a su cultura familiar (paterna) ha permanecido como un materialista ateo, un «comesacerdotes»,

---

[329] «Yo soy jacobino de Europa, una especie de Robespierre de Europa. . .» (*Radio Courtoisie*, 4 de septiembre de 1992).

influenciado por el barón d'Holbach como por Marx, de quien apreció
sus estudios sociológicos. Para tener una idea precisa de lo que fue
esencialmente el pensamiento de Jean Thiriart, doy a conocer que
uno de sus proyectos era la redacción de *La mutación del comunismo
— Ensayo sobre el totalitarismo iluminado*. Esta obra no verá nunca
la luz pero el título en sí mismo resulta clarificador. No nos equi-
vocamos sobre el término «comunismo»: se trata de un comunismo
a grosso modo asimilable a un «nacional-bolchevismo paneuropeo»,
un comunismo inteligente, un comunismo prusianizado, un comunismo desmarxistizado, un «comunismo espartano» o, incluso, un
«comunismo elitista», es decir, un comunismo eficaz. Se entiende
fácilmente que Jean Thiriart, que ya no busca agradar a nadie, que
no quiere ser un esclavo de una clientela de militantes, se expresa
sin eufemismos exponiéndose al riesgo premeditado de escandalizar
a quienes —demasiado numerosos— son incapaces de cuestionarse a
sí mismos, encerrados en una caja ideológica.

En privado, Jean Thiriart amaba declararse como liberal autoritario, lo que, en mi opinión, se corresponde bien a lo que él era
íntimamente, y a condición de no entender liberal en el sentido
actual — por ejemplo el liberalismo de la sociedad en materia de
costumbres.

Leer y comprender a Jean Thiriart significa desembarazarse de la
charlatanería de los politicastros y tener una visión en perspectiva,
la de los grandes espacios y de la larga duración, de la cual brota
su interés fundamental por la geopolítica. Es ya esta visión racional
(más que una reacción sentimental) la que le hizo defender a la
Argelia francesa o, más exactamente, como él mismo decía, la Argelia
europea: porque Europa se defiende y Argelia (*las fronteras de Europa
pasan por Argelia y Ciudad del Cabo*); de aquí, su apoyo activo a
los partisanos de la OAS[330].

La mayor parte de quienes se han interesado por las ideas de Jean
Thiriart se concentran esencialmente en el periodo de los años 60 y
la fundación de *Jeune Europe*, con más frecuencia por la ignorancia
de su evolución posterior. De modo que tienen una visión parcial, y

---

[330]OAS: Organisation Armée Secrète.

consecuentemente deformada, de quién fue realmente Jean Thiriart.

Ciertamente, es necesario reconocer que el recorrido de Jean Thiriart no es banal: del AGRA (Amigos del Gran Reich Alemán) al *Imperio Euro-soviético de Vladivostok a Dublín*, obra en la cual se desea la venida de un nuevo Stalin: «*Un nuevo Filipo de Macedonia, un nuevo Stalin, esto es lo que querríamos para dar vida a la Europa unitaria*» refiriéndose a Aleksandr Zinóviev[331]. Cuando se le pregunta cuáles son sus personajes preferidos, responde sin dudar: Federico II de Hohenstaufen y Stalin. Condenado, después de la liberación, por su pertenencia al AGRA, tres décadas después verá en Stalin a un hombre de Estado donde Hitler era solo un jacobino alemán cuyo racismo primitivo y estrecho le hizo perder la oportunidad de crear un Imperio europeo.

---

[331]Cfr. *Homo sovieticus*. La Maison Jaune.

Anexo: Fotografías

1) Retrato de Jean Thiriart

2 y 3) Thiriart junto a su mujer
Alice en Portugal durante el otoño
de 1983.

4) En el bosque de Rambouillet
(Francia)

5) De vuelta de Moscú, en la
terminal del aeropuerto (1992)

Fig. 1

Fig. 2

Fig. 3

Fig. 4

Fig. 5

Fig. 6

6) Moscú, agosto de 1992, redacción del diario *Sovetskaya Rossiya*. Arriba, empezando por la izquierda: Michel Schneider, director de *Nationalisme & République*, Guennadi Ziugánov (presidente del partido comunista ruso), Carlo Terracciano, geopolítico y redactor de *Orion* y el filósofo Aleksandr Duguin. Abajo, sentados al lado de Thiriart, Georg Cichin y Eduard Volodin, redactores de la revista *Sovetskaya Rossiya*, el ya órgano de prensa de la Armada Roja que, con Yeltsin en el poder, pasó bajo control de Cichin, Volodin y otros periodistas que se oponían al nuevo curso político. El informe de este encuentro en Moscú está publicado en *Orion*, n.º 98, de septiembre de 1992.

237

7) Moscú, agosto de 1992. Un acalorado diálogo con Duguin.

Fig. 7

8 y 9) Moscú, agosto de 1992. Arriba, Carlo Terracciano y M. Battarra, J. Thiriart y Geydar Dzhemal (responsable del Partido del Renacimiento Islámico) en el curso de un encuentro. La conversación continúa con los cuatro.

Fig. 8

Fig. 9

Fig. 10

10) Jean Thiriart, Nikolay Pavlov, diputado del Parlamento ruso, y Aleksandr Duguin.

Fig. 11

11 y 12) Otras dos tomas fotográficas donde más allá de los personajes mencionados más arriba aparecen Carlo Terracciano y Marco Battarra de la revista *Orion*.

Fig. 12

13) Moscú, agosto de 1992. Thiriart, Duguin y Georg Cichin, redactor de la revista *Sovetskaya Rossiya*, en el curso de un debate.

Fig. 13

14) Aleksandr Duguin y Jean Thiriart en un debate de tú a tú.

Fig. 14

15) Oficinas de la Unión Patriótica Rusa, junto al Parlamento: Moscú 1992. En la mesa, Carlo Terracciano con Duguin y Thiriart.

Fig. 15

Fig. 16

16) En la misma mesa, con Marco Battarra y Sergei Baburin con otro diputado de la Duma, de espaldas a la traductora.

Fig. 17

17) Con el periodista de la BBC que lo entrevistó en 1991.

Fig. 18

18) París 1991. Con el abogado Éric Delcroix, en el curso de la entrevista por Radio Courtoise.

241

19) Thiriart con Yegor
Ligachov (1920-2021),
uno de los políticos
más influyentes del
PCUS durante la Era
Gorbachov, opositor a
este último.

Fig. 19

20) Ferrara, 26-27-28
de enero de 1968,
Convenio de Jeune
Europe. Jean Thiriart
se encuentra en el cen-
tro de la cruz céltica.
El primero por arriba,
empezando por la
izquierda, es el joven
Claudio Mutti.

Fig. 20

Fig. 21: Moscú, agosto de 1992: Thiriart con Duguin.

Fig. 22: De izquierda a derecha: Jean Thiriart, Aleksandr Projánov, Yegor Ligachov y Aleksandr Duguin. Para una profundización sobre la figura de Projánov, redactor del diario *Den* («El Día») que publicaba artículos que desarrollaban las ideas y teorías de las más conocidas voces de la oposición nacionalcomunista al gobierno Yeltsin, véase: GRIFFITHS y UMLAND, *Aleksandr Prokhanov and Post-Soviet Esotericism*.

ANEXO

Fig. 23

Fig. 24

Fig. 25

Fig. 26

23-26) Reproducción del documento original de Luc Michel De Jeune Europe a las Brigadas Rojas. Al lado, en naranja, la portada. Arriba, a la izquierda: la crítica de Thiriart al maoísmo; folletos y documentos de algunos movimientos extraparlamentarios que emprendieron la lucha armada como las BR y la RAF; reproducción del documento conjunto entre Giovane Europa (Italia) y el Partido Comunista de Italia (Marxista-Leninista).

244

Tapis rouge pour l'extrême droite à Mosco

LE 17 août, Egor Ligatchev, l'ancien poids lourd du PC soviétique, s'est assis en face de Jean-Thiriart, un ancien Waffen SS belge, et ensemble ils ont cherché comment restaurer « la Grande Europe de Dublin à Vladivostok » ! Tel était en tout cas le projet de Michel Schneider et de ses camarades de Nationalisme et République, une fraction dissidente du Front national, en débarquant à Moscou.

D'où une série de rencontres idéologiques où l'on a dû entendre, voler, les concepts. D'un côté, une poignée de nostalgiques d'un Occident pur et dur, et, de l'autre, un quarteron de dinosaures staliniens. Parmi lesquels il convient de citer Victor An-pilov, leader des « nationaux ninistes ». Ambiance garantie.

La même semaine, une délégation de Nouvelle Résistance (qu depuis Nantes, résiste à l'odie Mickey) se trouvait également Moscou afin d'y rencontrer, pr cise son communiqué, « les repr sentants des mouvements nation listes et nationaux-bolcheviqu russes ». Comme de juste, le Par communiste ouvrier de Russie répondu présent.

Ne te réveille surtout pa Lénine, ils ne savent plus q qu'étaient les SS.

Articolo apparso su "Le Canard Enchaine" del 26 agosto 1992

Fig. 27: Artículo aparecido en *Le Canard enchaîne* el 26 de agosto de 1992, en el cual se ironiza sobre el viaje a Moscú de Thiriart. También el diario satírico de tendencias anarquistas identifica a Thiriart como enrolado en las Waffen SS, retomando una de muchas mixtificaciones de las que el teórico belga ha sido objeto.

Fig. 28: La primera página de un número de *Jeune Europe*.

245

29) El órgano de prensa de *Lotta di Popolo*, que en Italia, desde 1969, recoge en su entorno a militantes procedentes del movimiento disuelto de Giovane Europa.

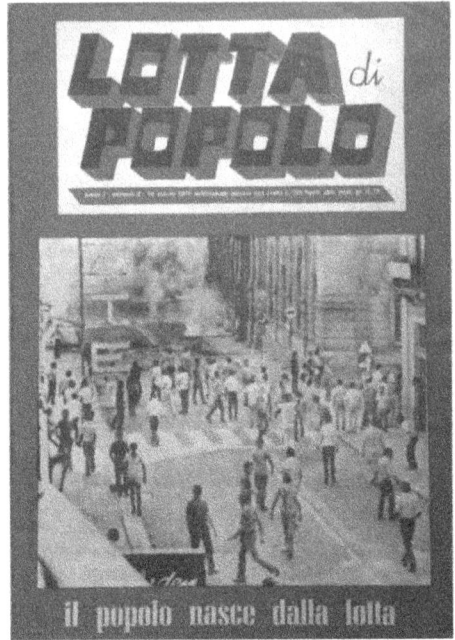

Fig. 29

30) Ilustración original contenida en el texto *De Jeune Europe a las Brigadas Rojas* de Luc Michel, que relaciona artículos de prensa a raíz de las entrevistas concedidas por Thiriart a algunas radios estatales de países del Próximo Oriente (Irak y Egipto).

Fig. 30

L'Europa è talvolta ferma, secondo giudizi frettolosi, ai limiti orientali della Polonia, ma questa è soltanto una scommessa; dal momento che, dopo il XVIII secolo, essa si annette in realtà le foreste, le pianure, le paludi, i corsi d'acqua, le città, i popoli della Russia, fino agli Urali - come dicevano i vecchi manuali di geografia. Inoltre gli Urali disegnano appena una ruga montagnosa, senza una vera altitudine e senza troppo spessore. Allora sosteniamo che una certa Europa corre, senza perder fiato, attraverso l'immensità della Siberia, fino a Vladivostok, straniera e lontana. La Russia, Europa essa stessa ed Europa particolarissima, figlia di Bisanzio e della Grecia, ha inventato la Siberia, come l'Occidente ha "inventato" l'America.

Fernand Braudel, L'Europe conquiert la planète
(estratto da: L'Europe, coll.
"Arts et Métiers graphiques", Flammarion, 1982)

Fig. 31

31) Recuadro publicado en *Orion* n.º 96, septiembre de 1992, como comentario a un artículo sobre Thiriart, comentario que sugiere las conexiones culturales del pensamiento thiriartiano.

Fig. 32

32) Comida organizada para los jóvenes procedentes de las diferentes secciones de *Jeune Europe* tomada del libro de Yannick Sauveur *Qui suis Je? Thiriart*.

247

Fig. 33

Fig. 34

33-35) Josef Stalin es para Jean Thiriart la mayor figura histórica de referencia, personaje que desde los inicios
de su militancia política hasta el final
de la misma fue central. El fundador
de *Jeune Europe* buscará un nexo con
el pensamiento de Mao Tse Tung y tratará de convencer a Zhou Enlai para
apoyar, sobre la base de un recíproco
interés, la revolución europea.

Fig. 35

Fig. 36

36) Roger Coudroy, conocido por los palestinos con el nombre de combate de Salah (Bélgica, 1935 - Palestina, 3 de junio de 1968), belga con ciudadanía francesa, como nacional-revolucionario se adhiere a *Jeune Europe*.

Después de haber estudiado y trabajado en Francia bajo la cualificación de ingeniero se trasladó a Oriente Medio para ejercer su profesión. Se implicó en la lucha de liberación de Palestina uniéndose a las milicias de Fatah, que le asignan el mando de una brigada. Atacado por la IDF (*Tsevá HaHaganá LeYisrael*, «fuerzas de defensa israelíes») el 3 de junio de 1968, fue el primer europeo en morir en la lucha contra el Estado de Israel.

Fig. 37

37) Jordis von Lohausen, geopolítico, estudiará las teorías de Jean Thiriart, a las que dedicará un artículo incluido en la presente obra.

Fig. 38

Fig. 39

38-39) Los puntos de referencia culturales de Jean Thiriart: Los hermanos Gregor y Otto Strasser.

Fig. 40: Ernst Niekish

Fig. 41: Vilfredo Pareto

Fig. 42

42) El líder soviético Josef Stalin, entre el ministro de exteriores von Ribbentrop y su homólogo ruso Molotov en el acto de la firma del pacto de no agresión de duración decenal en Moscú el 23 de agosto de 1939. Es a partir de la firma de este pacto, acontecimiento histórico en el que Thiriart verá el embrión de un entendimiento entre Moscú y Berlín, y que éste último tomó como base de sus elaboraciones históricas.

Fig. 43

43) Abajo a la izquierda: Harvey Rosenwasser, uno de los docentes del «Summer Course» con Jean Thiriart y el colega suizo Francioli en el congreso de Ginebra.

Fig. 44

44) Bruselas, 2 de noviembre de 1967. Foto de grupo de los fundadores de la «Sociedad de Optometría de Europa». Thiriart es el tercero empezando por la derecha, en la primera fila de pie.

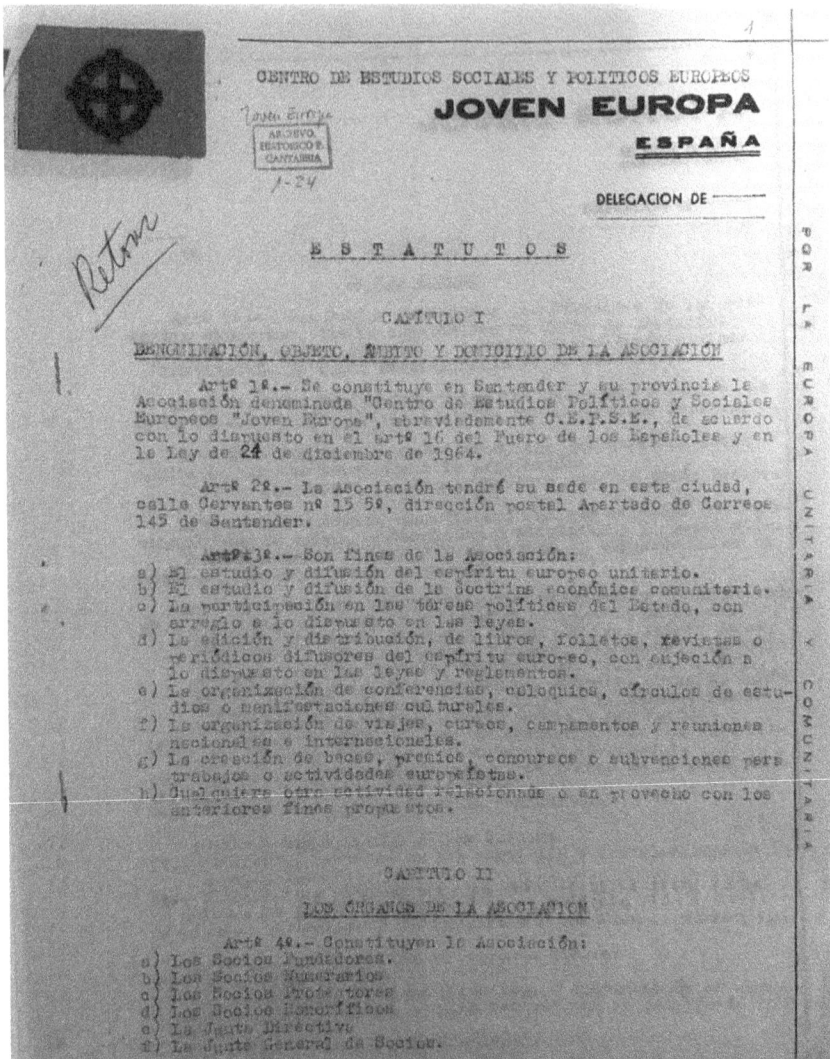

Fig. 45· Primera página de los Estatutos de la Asociación «Joven Europa», registrada en 1964 en la ciudad de Santander, y cuyos documentos fundacionales se conservan en el Archivo Histórico Provincial de Cantabria. La donación de los documentos fue efectuada por uno de los miembros fundadores de la rama española, Don Pedro Vallés Gómez, un 13 de mayo de 1988. La asociación se dedicó a la publicación de boletines, circulares, octavillas y estudios en acciones de proselitismo limitadas a círculos juveniles. Nunca sobrepasó los 25 afiliados, y estuvo integrada por trabajadores y estudiantes, especialmente falangistas disidentes. Se disolvió finalmente en 1968.

Bibliografía

AA.VV. *La Russia che dice di no*. Parma: Edizioni all'Insegna del Veltro, 1992.

ALLMAN, T.D. *Un destin ambigu: Les illusions et les ravages de la politique étrangère américaine de Monroe à Reagan*. Flammarion, 1986.

— *Unmanifest Destiny*. Traducción estadounidense. New York: Doubleday & Co, 1986.

BASTID, Paul. *Sieyès et sa pensée*. París: Hachette, 1970. URL: https://gallica.bnf.fr/ark:/12148/bpt6k3361593n.

BATALOV, E. *Filosofia della rivolta*. Cavriago: Anteo Edizioni, 2018.

BENOIST, Alain de. *Oltre l'Occidente. Europa-Terzo mondo: la nuova alleanza*. Florencia: La Roccia di Erec, 1986.

— *Quattro figure della rivoluzione conservatrice*. Nápoles: Controcorrente Edizioni, 2016.

BEREZHKOV, Valentin. *J'étais l'interprète de Staline: Histoire diplomatique 1939-1945*. Paris: Éditions du Sorbier, 1985.

— *Ya byl perevodchikom Stalina*. ruso. URSS: Mejdounarodnye Otnoshenia, 1983.

BERNARDINI, David. *Nazionalbolscevismo. Piccola storia del rossobrunismo*. Milán: Shake Edizioni, 2020.

BLANCO, Carlos X. *La izquierda contra el pueblo. Desmontando a la izquierda sistémica*. Huesca: Hipérbola Janus, 2024.

BOCA, Angelo Del. *Da Mussolini a Gheddafi. Quaranta incontri*. Vicenza: Neri Pozza, 2012.

BOCCA, Giorgio. *Il terrorismo italiano 1970-1978*. Milán: Rizzoli, 1978.

Borgognone, Paolo. *Capire la Russia. Correnti politiche e dinamiche sociali nella Russia e nell'Ucraina post-sovietiche.* Verona-Frankfurt: Zambon Editore, 2015.

Bredin, Jean-Denis. *Sieyès, la clé de la Révolution Française.* París: Editions de Fallois, 1988.

Burgio, Daniele, Massimo Leoni y Roberto Sidoli. *Il volo di Pjatakov. La collaborazione tattica tra Trotskij e i nazisti.* Milán: Pgreco Edizioni, 2017.

Cagnat, René y Michel Jan. *Le milieu des empires, entre Chine, URSS et Islam, le destin de l'Asie centrale.* París: Robert Laffont, 1981.

Chairoff, Patrice. *Dossier néo-nazisme.* París: Ramsay, 1977.

Chaliand, Gérard. *Atlas stratégique. Géopolitique des rapports de forces dans le monde.* Ed. por Jean-Pierre Rageau y Catherine Petit. París: Fayard, 1983. ISBN: 2213012040.

Clavreul, Colette. «L'Influence de la théorie d'Emmanuel Sieyès sur les origines de la représentation en droit public». Tesis doct. Université Paris 1, 1982.

Coudroy, Roger. *Ho vissuto la Resistenza Palestinese. Un militante nazionalrivoluzionario con i Fedayin.* Florencia: Edizioni Passaggio al Bosco, 2017. En español: *Yo viví la resistencia palestina.* Tarragona: Fides, 2024.

Crick, Bernard. *George Orwell.* Bologna: Il Mulino, 1991.

Cuadrado Costa, José. «Insuffisance et dépassement du concept marxiste-léniniste de nationalité. Le concept de "nationalité" chez Marx, Engels, Lénine, Stalin, Ortega y Gasset de Jean Thiriart». En: *Conscience Européenne* (9 oct. de 1984). Disponible en español, francés y ruso.

Disogra, Lorenzo. *L'Europa come rivoluzione. Pensiero e azione di Jean Thiriart.* Parma: Edizioni all'Insegna del Veltro, 2020.

Dorpalen, Andreas. *The World of General Haushofer. Geopolitics in Action.* Port Washington, N.Y.: Kennikat Press, 1942.

Duby, Georges y Robert Mantran. *L'Eurasie. XIe-XIIIe siècles.* Presses universitaires de France, 1982.

DUGUIN, Aleksandr G. *Konservativnaja revoljucija*. En cirílico. Moscú: Arktogeja, 1994. ISBN: 9785859280131.

EARLE, Edward Mead, ed. *Makers of modern strategy. Military thought from Machiavelli to Hitler*. Princeton, NJ: Princeton Univ. Press, 1943.

EVOLA, Julius. *Rivolta contro il mondo moderno*. Roma: Edizioni Mediterranee, 1998.

EYSENCK, Hans J. *The psicology of politics*. Londres: Routledge & Kegan Paul, 1954.

FAURISSON, Robert. *Il revisionismo di Pio XII*. Parma: Edizioni all'Insegna del Veltro, 2006.

FAURISSON, Robert y Serge THION. *Il caso Faurisson e il revisionismo olocaustico*. Génova: Graphos, 1997.

FREDA, Franco G. *Il Fronte Nazionale*. Padua: Edizioni di AR, 1995.

— *La désintégration du système*. Trad. por Philippe BAILLET. 2.ª ed. París: Totalité, 1980. Trad. de *La disintegrazione del sistema*. Padua: Edizioni di AR, 1980.

— *La disintegrazione del sistema*. Padua: Edizioni di AR, 1980.

GALLI, Giorgio. *Hitler e il nazismo magico*. Milán: BUR Rizzoli, 2019.

— *Piombo Rosso*. Milán: Dalai Editore, 2013.

GIL MUGARZA, Bernardo. *Entrevista a Jean Thiriart (1983)*. URL: `https://thiriart.wordpress.com/2008/03/09/entrevista-a-jean-thiriart-1983/` (visitado 30-06-2021). En francés: Jean THIRIART. «Entretien accordé à Bernardo Gil Mugarza». En: *Le prophète de la grande Europe. Jean Thiriart*. Ed. por Christian BOUCHET. Nantes: Ars Magna, 2018.

GRIFFITHS, Edmund y Andreas UMLAND, eds. *Aleksandr Prokhanov and Post-Soviet Esotericism*. Hannover: ibidem, 2023. ISBN: 9783838269634.

GROUSSET, René. *L'Empire des Steppes*. París: Payot, 1970.

GRUPO BAADER-MEINHOF. *El moderno estado capitalista y la estrategia de la lucha armada*. 2.ª ed. Totum Revolutum. Barcelona: Icaria, 1981. URL: `https://www.marxists.org/espanol/`

`tematica/guerrilla/alemania/raf-moderno-estado-capit`
`alista-y-estrategia-de-lucha.pdf` (visitado 20-10-2024).

GUÉRIN, Daniel. *L'anarchisme. De la doctrine à l'action*. París: Gallimard, 1965.

HAUSHOFER, Karl. *De la Géopolitique*. Fayard, 1986.

HUXLEY, Aldous. *Un mundo feliz y nueva visita a un mundo feliz*. Barcelona: Edhasa, 2016.

JACOBSEN, Hans-Adolf. *Karl Haushofer. Leben und Werk*. Schriften des Bundesarchivs. Boppard am Rhein: Harald Boldt Verlag, 1979. ISBN: 3764616482.

JARAY, Gabriel Louis. *Tableau de la Russie jusqu'à la mort de Staline*. Paris: Éditions Plon, 1954. Cap. XIII, págs. 345-394.

JEANNEROD, Marc. *Le cerveau-machine. physiologie de la volonté*. París: Fayard, 1983. ISBN: 978-2213013084.

KAUFMANN, Jacques. *L'internationale terroriste*. París: Plon, 1977.

KIDRON, Michael y Ronald SEGAL. *Atlas encyclopédique du monde*. París: Calmann-Lévy, 1981.

KLEEVES, John. *Un paese pericoloso. Le radici storiche di uno Stato criminale: gli USA*. 2.ª ed. Milán: AGA Editrice, 2017.

KLINEBERG, Otto. *Psychologie sociale*. París: Presses universitaires de France, 1967.

KOESTLER, Arthur. *Le Cheval dans la locomotive. Le paradoxe humain*. París: Calmann-Lévy, 1968.

KUBY, Heinz. *Provokation Europa. Die Bedingungen seines politischen Überlebens*. Colonia-Berlín: Kiepenheuer und Witsch, 1965. En francés: *Défi a l'Europe*. Trad. por Martine FARINAUX. París: Seuil, 1967.

LAZORTHES, Guy. *Le cerveau et l'esprit. complexité et malléabilité*. Paris: Flammarion, 1982. ISBN: 2080644289.

LOHAUSEN, Jordis von. *Mut zur Macht. Denken in Kontinenten*. Berg am See: Vowinckel, 1981.

MACLEAN, Paul Donald. *Les trois cerveaux de l'homme. Trois Cerveaux Hérités De L'évolution Coexistent Difficilement sous Le Crâne Humain*. Con com. de Roland GUYOT. Con notas de Roland GUYOT. París: Robert Laffont, 1990.

Małyński, Emmanuel. *L'empreinte d'Israël*. París: Ed. Hispano-françaises: Librairie Cervantès, 1926.

— *La modernidad y el Medievo. Reflexiones sobre la Subversión y el feudalismo*. Huesca: Hipérbola Janus, 2015.

Mann, Thomas. *Advertencia a Europa*. Con pról. de André Gide. Buenos Aires: Sur, 1938.

Marighella, Carlos. *Piccolo manuale di guerriglia urbana*. Red. Ancona: Gwynplaine, 2011. isbn: 9788895574172.

Maspéro, Henri. *La Chine antique*. Presses Universitaires de France, 1985.

Max, Alfred. *Sibérie, ruée vers l'Est*. Gallimard, 1976.

Medvedev, Roy A. *La Russia post-sovietica. Un viaggio nell'èra Eltsin*. Turín: Einaudi, 2002.

Michel, Luc. *Da Jeune Europe alle Brigate Rosse. Antiamericanismo e logica dell'impegno rivoluzionario*. Ed. por Marco Batta-rra. Milán: Società Editrice Barbarossa, 1992.

Mutti, Claudio. *A domanda... risponde*. Génova: Effepi, 2013.

Naville, Pierre. *Mahan et la maîtrise des Mers*. Éditions Berger-Levrault, 1981.

Nicolet, Claude. *L'Inventaire du monde. Géographie et politique aux origines de l'Empire romain*. París: Fayard, 1988.

Niekisch, Ernst. *Est & Ovest. Considerazioni in ordine sparso*. Società Editrice Barbarossa, 2000.

— *Il Regno dei demoni. Una fatalità tedesca*. Nova Europa Edizioni, 2018.

Ortega y Gasset, José. *La révolte des masses*. Trad. por Louis Parrot. París: Éditions Stock, 1961. En español: *La rebelión de las masas*. Madrid: Revista de Occidente, 1930.

— «La vocation de la Jeune Europe». En: *La Jeune Europe - revista de las SS Universitarias* (8 1942).

Pareto, Vilfredo. *Les systémes socialistes*. Vol. II. Ginebra: Librairie Droz, 1965.

— *Traité de sociologie générale*. Ginebra: Librairie Droz, 1968.

Perra, Daniele. «Grande spazio e spazio vitale nel pensiero politico cinese». En: *Eurasia* 3/2021.LXIII (), pág. 29.

PREVE, Costanzo. *Elementi di politicamente corretto*. Pistoia: Editrice Petite Plaisance, 2020.

RAUFER, Xavier. «UCC: la triple alliance contre l'OTAN». En: *Le Point* (4 de feb. de 1985), pág. 30.

READ, Anthony y David FISCHER. *The Deadly Embrace. Hitler, Stalin and the Nazi-Soviet Pact 1939-1941*. London-New York: W.W. Norton & Co Inc, 1988.

RODRÍGUEZ DELGADO, José Manuel. *Le Conditionnement du cerveau et la liberté de l'esprit*. Paris: Seuil, 1986.

ROSATI, Elia y Aldo GIANNULLI. *Storia di Ordine Nuovo*. Milán-Udine: Mimesis, 2017.

ROUGIER, Louis. *La métaphysique et le langage*. París: Denoël, 1973.

SAFRANSKI, Rüdiger. *Heidegger e il suo tempo*. Milán: Garzanti, 2019. En español: *Un maestro de Alemania. Martin Heidegger y su tiempo. Biografía*. Barcelona: Austral, 2015.

SAUVEUR, Yannick. *Giovane Europa*. Ed. por LE BLANC ET LE NOIR. Jul. de 1980. URL: `https://leblancetlenoir1.over-blog.com/2016/01/giovane-europa.html` (visitado 18-03-2021).

— «Jean Thiriart e la grande Europa». En: *Eurasia, rivista di studi Geopolitici* (24 de sep. de 2019). URL: `https://www.eurasia-rivista.com/jean-thiriart-e-la-grande-europe/` (visitado 28-12-2020).

— «Jean Thiriart et le National Communautarisme Européen». Mémoire. Charleroi: Institut d'Études Politiques de l'Université de Paris, 1985.

— «L'Organisation Lutte du Peuple, un mouvement national-bolchevik?» Conferencia de ciencias políticas (nivel 2, bajo la dirección de M. Maledin). París, jun. de 1974.

— *Qui-suis je? Thiriart*. Grez-Sur-Loing: Pardés, 2016. En italiano: *Jean Thiriart, il geopolitico militante*. Parma: Edizioni all'Inse.gna del Veltro, 2021.

SCHMITT, Carl. *El Nomos de la tierra en el derecho de gentes del "Jus publicus europaeus"*. Granada: Comares, 2002.

— *Ex Captivitate Salus*. Milán: Adelphi, 1993.

— *Risposte a Norimberga*. Bari: Laterza, 2006.

— *Teoría del partisano. Acotación al concepto de lo político.* Madrid: Trotta, 2013.

SCIALOJA, Mario. *Renato Curcio: A cara descubierta.* Txalaparta, S.L., 1994, pág. 226. ISBN: 978-8481369076.

SOLÉ, Robert. *Le Défi terroriste. Leçons italiennes à l'usage de l'Europe.* Éditions du Seuil, 1979.

SPYKMAN, Nicholas John. *America's Strategy in World Politics.* New Brunswick-London: Transaction Publishers, 1966.

STRAUSZ-HUPE, Robert. *Geopolitics: The Struggle for Space & Power.* New York: Ayer Co Pub, 1972.

STRONG, Anna Louise. *L'era di Stalin.* Milán: Edizioni Rapporti Sociali, 2006.

TARANTINO, Giovanni. *Da Giovane Europa ai Campi Hobbit. 1966-1986 Vent'anni di esperienze movimentiste al di là della destra e della sinistra.* Nápoles: Controcorrente, 2011.

TCHAKHOTINE, Serge. *Le viol des foules par la propagande politique.* Problèmes et documents. París: NRF-Gallimard, 1952.

TERRACCIANO, Carlo. *Alle radici del «Rossobrunismo».* Milán: Aga Editrice, 2020.

— *Geopolitica. Gli scritti di Carlo Terracciano in «Orion».* Milán: AGA Editrice, 2020. En español: *Geopolítica. Los escritos de Carlo Terracciano en «Orion».* Huesca: Hipérbola Janus, 2021.

— *Geopolítica. Los escritos de Carlo Terracciano en «Orion».* Huesca: Hipérbola Janus, 2021.

THE DEPARTMENT OF STATE. *La vérité sur les rapports germano-soviétiques de 1939 à 1941.* Washington, 1948, pág. 255.

THIRIART, Jean. *¡Arriba Europa!: Una Europa unida. Un imperio de 400 millones de hombres.* Barcelona: Editorial Mateu, 1965.

— *106 questions sur l'Europe. Entretien avec le journaliste espagnol Mugarza.* Charleroi: Éditions Machiavel, 1985.

— «Europe: L'État-Nation Politique». En: *Nationalisme et République* (8 jun. de 1992).

— «Inventaire de l'anti-américanisme». En: *La Nation Européenne* (23 dic. de 1967), págs. 12-18.

THIRIART, Jean. «Juan Domingo Perón, Carteggio». En: *Eurasia, rivista di studi Geopolitici* 1 (XLIX ene. de 2018): *La danza delle spade*, págs. 149-151.

— «L'erreur stratégique de Mao». En: *La Nation Européenne* (10 oct. de 1966).

— *L'Europa. Un impero di 400 milioni di uomini*. Trad. por Giuseppe SPEZZAFERRO. Roma: Massimo Costanzo, 1965. En español: *¡Arriba Europa!: Una Europa unida. Un imperio de 400 millones de hombres*. Barcelona: Editorial Mateu, 1965.

— *L'Europa. Un impero di 400 milioni di uomini*. Trad. por Giuseppe SPEZZAFERRO. Dublín: Avatar Editions, 2011.

— «L'EUROPE nous devrons la faire nous-mêmes». En: *Jeune Europe* (214 9 de jul. de 1965).

— *L'Impero euro-sovietico da Vladivostok a Dublino*. Ed. por Yannick SAUVEUR. Trad. por Claudio MUTTI. Parma: Edizioni all'Insegna del Veltro, 2018.

— *L'Empire Euro-soviétique de Vladivostok á Dublin*. Editions de la plus grande Europe, 2018.

— «L'Europe jusqu'à l'Oural: un suicide». En: *La Nation Européenne* (14 de mar. de 1967).

— «La balkanisation de l'Europe». En: *La Nation Européenne* (26 abr. de 1968): *La manipulation des particularismes*.

— *La Grande nation. 65 thèses sur l'Europe: l'Europe unitaire, de Brest à Bucarest*. Bruselas: G.Bordes, 1965.

— *La Grande Nazione. 65 tesi sull'Europa*. Milán: Società Editrice Barbarossa, 1993.

— «Le concept d'Europe unitaire». En: *La Nation Européenne* (15 mar. de 1967), págs. 26-29.

— «Les Arabes et l'Europe». En: *La Nation Européenne* (29 nov. de 1968), págs. 10-13.

— «Manifeste á la nation européenne». En: *Nation Belgique* (116 9 de nov. de 1962).

— «Pour une alliance tactique de dimension planétaire». En: *La Nation Européenne* (16 abr. de 1967), págs. 14-16.

— *The Great Nation. Unitarian Europe - From Brest to Bucharest.* Australia: Manticore Press, 2018.

— «USA: Le déclin d'une hégémonie». En: *La Nation Européenne* (18 jul. de 1967), págs. 4-8.

— «USA: un empire de mercants». En: *La Nation Européenne* (21 oct. de 1967), págs. 4-7.

— «Vers une paralysie du régime». En: *Jeune Europe* (212 11 de jun. de 1965).

ULIÁNOV, Vladímir Ilich. *Pensieri Scelti.* Roma: Tindalo, 1970.

VERHOEYEN, Étienne. «L'extrême-droite en Belgique (I)». En: *Courrier hebdomadaire du CRISP* n° 642-643.16 (abr. de 1974), págs. 1-43. ISSN: 0008-9664. DOI: 10.3917/cris.642.0001.

VILLANO, Alfredo. *Da Evola a Mao. La destra radicale dal neofascismo ai «nazimaoisti».* Milán: Luni Editrice, 2017.

WEINBERG, Albert K. *Manifest Destiny: A Study of Nationalist Expansionism in American History.* Baltimore: The Johns Hopkins Press, 1935.

Hipérbola Janus
Otros títulos publicados

Carlos X. Blanco
La izquierda contra el Pueblo: Desmontando a la izquierda sistémica

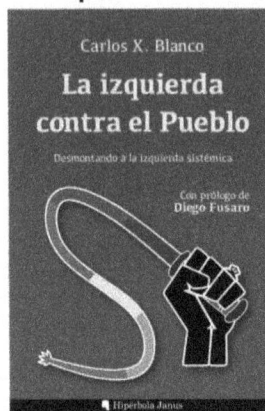

En este breve ensayo Carlos X. Blanco nos ofrece una crítica original a la actual izquierda neoliberal dominante en occidente. Utilizando un lenguaje directo y sin prescindir de la necesaria contundencia, nos describe aquellos elementos que caracterizan a lo que viene a definir como «izquierda arco iris» o «izquierda fucsia». Una izquierda totalmente funcional y complementaria a los intereses del capitalismo financiero transnacional, que ha prescindido de la teoría y la acción revolucionaria para terminar metabolizándose con las formas más extremas de un liberal-capitalismo profundamente deshumanizado y centrado en las identidades subjetivas, convirtiéndose así en un garante del mismo en la esfera cultural y de los valores.

La obra viene precedida por el prólogo del célebre filósofo marxista Diego Fusaro, una de las voces más autorizadas frente al globalismo y la izquierda sistémica en Italia.

Págs.: 102
Fecha: 29/01/2024
ISBN : 978-1-961928-08-4
https://amzn.to/3UjLuG9

Aleksandr G. Duguin
La geopolítica de Rusia: De la revolución rusa a Putin

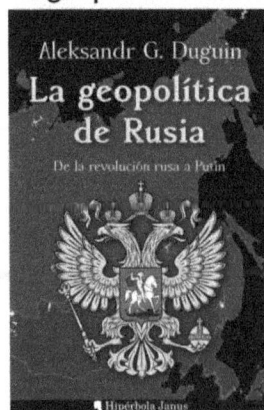

Este libro nos presenta el análisis geopolítico de Rusia desde el final de la Primera Guerra Mundial (1917-1918) hasta la actualidad más reciente.

De forma sencilla y sistemática se podrá entender —desde el punto de vista geopolítico— el desarrollo de los acontecimientos que llevaron al surgimiento y caída de los diferentes regímenes políticos que han dirigido los destinos de Rusia en los últimos cien años. Cómo cayó el Imperio, cómo se levantó y se derrumbó la Unión Soviética, y cómo se dio paso al presente sistema federal de Rusia. Además, a lo largo de la trayectoria histórica, nos permite ver la aplicación práctica de algunos conceptos geopolíticos fundamentales.

Estamos ante una obra clave que nos da las bases para entender el comportamiento de Rusia en el escenario internacional actual y, además, poder prever futuros movimientos y futuros acontecimientos del país más extenso del mundo. Con ellos podremos, por lo tanto, aprender mucho más sobre el mundo que nos ha tocado vivir y sus dinámicas.

Págs.: 200
Fecha: 25/05/2015
ISBN : 978-1512375176
https://hiperbolajanus.com/libros/geopolitica-rusia-aleksandr-duguin/

Otros títulos publicados

Sepehr Hekmat y Alí Reza Jalali
Justicia y Espiritualidad: El pensamiento político de Mahmud

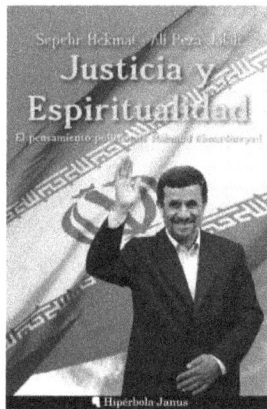

El ex-presidente iraní Mahmud Ahmadineyad (Aradan, Irán, 1956) ha sido, sin lugar a dudas, uno de los principales protagonistas de la política internacional durante la primera década del siglo XXI. Gracias a su nueva forma de hacer política, y en acuerdo a las tradiciones islámicas y unos principios y valores que han marcado una nueva línea en la política de su país, Irán ha vuelto a situarse en la encrucijada de los acontecimientos internacionales de los últimos años.

Su forma de hacer política, sus discursos, sus alianzas con países iberoamericanos, su intransigencia y oposición ante las políticas norteamericanas y cualquier forma de colonialismo en el territorio iranio, han generado multitud de opiniones y reacciones en todo el mundo. Pero para entender el origen de su gobierno y las ideas que lo han guiado es necesario conocer las raíces del Islam chiíta, que es donde se encuentran radicados los principios de «Justicia» y «Espiritualidad», que dan título a la presente obra y definen los puntos de referencia fundamentales seguidos por Ahmadineyad, tanto en Irán como en el exterior. Del mismo modo no conviene olvidar que dio sus primeros pasos en la escena política con la irrupción de la Revolución Islámica en 1979, y considerándose un continuador de la vía trazada por el Ayatolá Jomeini.

Págs.: 194
Fecha: 01/07/2016
ISBN : 978-1535009638

https://amzn.to/29bkxvw

Boris Nad
Después del virus: El renacimiento de un mundo multipolar

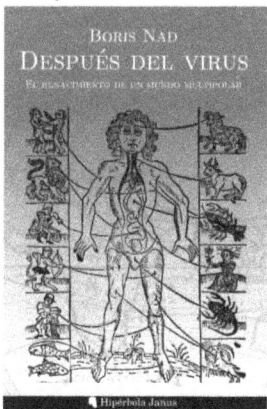

Todas las señales nos sitúan ante el siguiente escenario: el orden mundial del Occidente moderno dominado por los Estados Unidos de América no sobrevivirá al siglo XXI. El «Fin de la historia» proclamado después de la Guerra Fría se ha mostrado como una ilusión y una falacia, y ha dejado a muchos desguarnecidos ante la crisis, los conflictos y los cambios catastróficos que se ciernen sobre nosotros y están por venir.

Después del virus: El renacimiento de un mundo multipolar, de Boris Nad, es una invitación al lector para adentrarse en un proceso de catarsis en el que descubrirá que no existe una sola civilización sino muchas civilizaciones, y que los horizontes del futuro están abiertos y presentan un arraigo en el pasado y el presente. El autor nos propone un ensayo sólido y compacto, a través de una compilación de artículos desarrollados entre 2017 y 2022, con la desafiante tesis que apunta al final de una era, al «fin del mundo», pero solo de uno, que nos acerca de nuevo al auge y caída de las civilizaciones y al cambio de ciclo, a la fundación de un nuevo paradigma histórico.

Esta obra nos ofrece una lectura imprescindible para reflexionar, para tomar conciencia y revelar las intuiciones del mundo que viene, que se está forjando en nuestros días.

Págs.: 380
Fecha: 05/11/2022
ISBN : 979-8362187439

https://amzn.to/3U8QydC

www.ingramcontent.com/pod-product-compliance
Lightning Source LLC
Chambersburg PA
CBHW030310100426
42812CB00002B/646